普通高等教育“十二五”规划教材
全国职业教育规划教材·信息技术系列

信息检索方法与实践

主　编　高庆殿　孙志春　伏立霞
副主编　耿庆军　朱肖颖　王　静

北京大学出版社
PEKING UNIVERSITY PRESS

图书在版编目(CIP) 数据

信息检索方法与实践 / 高庆殿，孙志春，伏立霞主编. —北京：北京大学出版社，2015.9
（全国职业教育规划教材 · 信息技术系列）
ISBN 978-7-301-25922-1

Ⅰ.①信… Ⅱ.①高… ②孙… ③伏… Ⅲ.①情报检索–高等职业教育–教材 Ⅳ.①G252.7

中国版本图书馆 CIP 数据核字（2015）第 121216 号

书　　名	信息检索方法与实践
著作责任者	高庆殿　孙志春　伏立霞　主编
策划编辑	李　玥
责任编辑	李　玥
标准书号	ISBN 978-7-301-25922-1
出版发行	北京大学出版社
地　　址	北京市海淀区成府路 205 号　100871
电　　话	邮购部 62752015　发行部 62750672　编辑部 62765126
网　　址	http://www.pup.cn　　新浪微博：@北京大学出版社
电子信箱	zyjy@pup.cn
印 刷 者	北京鑫海金澳胶印有限公司
经 销 者	新华书店
	787 毫米×1092 毫米　16 开本　12.5 印张　296 千字
	2015 年 9 月第 1 版　2015 年 9 月第 1 次印刷
定　　价	28.00 元

前　言

信息素养是文化素养的重要组成部分，是人们通过后天习得养成的。学习信息检索是学生信息素养养成最直接、最有效的途径。大学毕业生是服务于现代经济社会一线的主力军，其信息素养越发显得重要：懂得如何快速获取信息和处理、利用信息成为其学习力和竞争力的重要因素之一，信息获取能力强的人成功的概率也会更大。

本书结合当今青年学生的特点和高校图书馆文献信息资源收藏、利用状况，定位于青年学生群体，立足于认识、利用图书馆，主要内容涉及文献及书目数据库、数字化资源及其检索方法，包括中文全文数据库、数字图书馆、网络信息资源以及标准和专利文献的检索等。本书特别设计了 Web OPAC、IPAC、CALIS 在线目录检索案例，对推广公共图书馆和中国高等教育文献资源保障系统有着一定的积极作用；书中设计了众多的示例、课题实践项目，各项目的导语和问题导入为本书增添了不少趣味性和文化性元素。本书特色如下：

第一，体例独特，异于普通教材体例结构。各项目单元从引言、导语类文字入手，通过问题导入，从基础知识简要介绍到许多示例展示，将专题实践操作呈现给读者。

第二，内容新颖，亮点呈现。本书既普及知识、倡导大众阅读，又让读者从阅读的视角，了解信息检索的基础知识和基本技能。其中采集不少网络平台新版本系统的应用及新的知识信息，是其他同类教材所不具备的。

第三，图文并茂，重视实践。本书案例教学简单、直观、易懂；专题训练学练结合；知识适用、简明扼要；图例丰富、图文并茂。本书原创性较强，资料信息丰富。

本书是由高校图书馆学教学经验丰富的一线教师根据多年大学生信息素养课程的教学实践经验，针对当前大学生信息检索课程的要求和特点编写的。全书共设计 10 个教学项目，每个项目设计若干教学任务，体现出现代大学教育项目引领、任务驱动、重视实践的课程特色。全书由山东省济宁职业技术学院高庆殿、山东省济宁职业技术学院孙志春、山东职业学院伏立霞担任主编，山东聊城大学耿庆军、山东理工职业学院朱肖颖、济宁卫生学校王静担任副主编。本书由高庆殿策划、统稿。

结合当今社会全民阅读浪潮，本书既可以作为高等院校学生“信息检索”课程的教材，为青年学生信息获取提供基础知识和技能，也可作为大众读者获取文献信息知识的参考用书。

在此，衷心感谢北京大学出版社李玥老师的指导与帮助，同时也对北京大学出版社山东办事处老师们的热情关心深表谢意。由于时间紧张和编者的水平有限，本书不足与疏漏之处在所难免，敬请广大读者批评指正。

编　者

2015 年 7 月

Contents

目 录

项目1

图书馆文献分类排架

项目目标

通过本项目的学习，掌握以下知识内容和相关技能：

1. 图书馆的内涵、职能与工作内容。
2. 文献的内涵、构成元素及其相互关系和文献类型划分。
3. 图书馆文献分类法与图书排架规则。
4. 图书开架检索借阅方法和技巧。

信息作为推动社会发展的新动力日益受到人们的重视，与能源、材料一并被看作人类生产与生活必不可少的三大资源。人们的衣食住行离不开信息，社会交流与沟通离不开信息，科技进步与经济发展离不开信息，国家民族的繁荣富强更离不开信息。因此，人与人之间、企业与企业之间以至国家之间的竞争，在相当程度上是信息的竞争：“谁先掌握了更多的信息，谁将立于不败之地”。所以，文献作为信息的重要媒体之一，是社会文化传承与发展的重要载体，文献信息又是信息检索的重要内容；谈论信息，就不能不从认识图书馆开始。谈论图书馆，就不能不谈及文献。

文献是学生获取信息、学习知识的重要途径之一。古往今来，从传统的图书报刊，到现代的数字化文献媒体，任何时代的学生的学习和生活都离不开文献。传统的纸质文献是历史上应用时间最长久的文献媒体类型，因其具有其他文献类型不可替代的优越性将会长期陪伴人们的学习和生活。

任务1　了解图书馆及其文献

图书馆是社会发展和文化传承的重要产物。作为以文献信息资源为物质基础，以读者服务为核心价值的文化教育机构，图书馆承担着人类文化传承的重要作用。图书馆收藏社会文化资源，传播人类进步的信息，丰富社会大众的精神生活，为教学、科研与文化、技术的发展提供智力资源支撑。高校图书馆更是对现代教育与科学研究起着不可估量的作用。

问题导入

图书馆文献，您知道多少？

中国国家图书馆馆藏丰富，品类齐全，古今中外，集精结粹。作为国家藏书机构，国家图书馆依法接收国内各出版社送缴收藏的出版样书，以及国内非正式出版物如高校的博士学位论文等；国家图书馆也是图书馆学专业资料集中收藏地和全国年鉴资料收藏中心。从藏书量和图书馆工作人员的数量来看，中国国家图书馆是世界上最大的国家图书馆之一，也是亚洲规模最大的图书馆和世界著名的国家图书馆。其藏书可上溯到700多年前的南宋皇家缉熙殿藏书，最早的典藏可以追溯到3000多年前的殷墟甲骨。馆藏文献中珍品特藏包括善本古籍、甲骨金石拓片、中国古旧舆图、敦煌遗书、少数民族图籍、名人手稿、革命历史文献、家谱、地方志和普通古籍等260多万册（件）。

截至2012年年底，中国国家图书馆的藏书总量达3119万册，其中价值连城的古籍善本就有200余万册，还有著名的《永乐大典》《四库全书》等。其中尤以“四大专藏”即“敦煌遗书”、“赵城金藏”、“永乐大典”和“文津阁四库全书”最受瞩目。

——根据国家图书馆简介整理，资料来源 http://baike.baidu.com/

国家图书馆馆藏资源恢宏，古籍文献收藏为其特色，这些丰富的文献资源记录着中国文明的发展进程。由国家图书馆资源概况可以看出，图书馆、文献、善本古籍等都是一些文化范畴的概念。作为一名大学生，对于这些名词概念的内涵知之多少呢？

基础知识

围绕图书馆文献分类与排架项目目标，本项任务的内容和知识点主要包括图书馆的概念及其职能、图书馆的构成要素及其相互关系；文献的内涵及类型划分、常用纸质文献类型及其常用排架方法，以及图书馆书库实体文献的检索方法等。

1. 图书馆的概念及其职能

图书馆给人们的一种感性认识，就是图书馆是搜集、整理、收藏图书资料以供人阅览、提供参考服务的文化机构。一般由房屋、图书报刊、工作人员和读者以及编目方法技术等构成。但是，科学地讲，图书馆到底是什么？理性地回答，答案不止一个。从图书馆学的发展历程中，曾经就出现过不少关于图书馆的论断。图书馆的概念是一个动态发展的概念。北京大学吴慰慈教授认为，图书馆是收集、整理、保管和利用书刊资料，为一定的社会政治、经济服务的文化教育机构。实际上，实体图书馆早在公元前3000年就出现了。不同的历史时期图书馆的职能不同，但其基本职能是社会文献整序、传递文献信息、保存人类文化遗产、开发信息资源、参与社会教育等职能。

2. 图书馆的工作内容

图书馆业务工作一般包括文献收集、整理、典藏和服务四个部分。文献收集，即书刊等文献资料的购买等，是整个图书馆工作的基础。文献整理包括文献分类、文献主题标引、文献著录和目录组织等工作。文献分类为编制分类目录和文献排架提供依据，也便于图书馆统计、新书宣传、参考咨询和文献检索等。文献主题标引是根据文献内容所讨论的主题范围，以主题词来揭示和组织文献的。文献分类和主题标引是揭示文献内容的重要手段，文献著录则是全面、详尽地揭示文献形式特征和内容特征的主要手段，是读者检索文献的依据和前提。图书馆把各种款目有序地组织成图书馆目录以揭示图书馆馆藏。图书馆目录是检索文献的工具，也是打开图书馆知识宝库的钥匙。文献典藏主要包括书库划分、图书排列、馆藏清点和文献保护。其中，文献保护包括图书装订、修补、防火、防潮、防光、防霉和防虫以及防止机械性损伤等。

图书馆服务工作是一项开发、利用图书馆资源的工作，包括读者发展、读者研究、文献流通和推广服务。推广服务包括文献外借、阅览服务、文献复制服务、馆际互借、馆藏报道、阅读辅导、参考咨询和文献检索、读者教育等。新的网络媒体平台，如图书馆网站、读者服务群、微信、微博等则成为图书馆新形势下主要的宣传交流手段和途径。

3. 文献的内涵

文献是图书馆工作的主要对象，也是人们日常学习、工作和生活不可或缺的文化产品，是家庭、机关、学校必备的智力资源。文献无处不在，大到图书馆馆藏，小到手头上的报纸、杂志，以至手机上的电子文本资料等，都是人们记录、传播和继承知识的有效手段。文献的科学定义，一般从国际标准和国家标准中获得。

1983年中华人民共和国颁布的《文献著录总则》（GB 3792.1—83）将“文献”科学地定义为“文献是记录有知识的一切载体”。其中，“知识”是文献的核心内容，“载体”是知识赖以存在的物质外壳，即可供记录知识的物质材料。同年颁布的《文献情报术语国际标准（草案）》（ISO/DIS5127）中规定：“为了把人类知识传播开来和继承下去，人们用文字、图形、符号、声频、视频等手段将其记录下来，或写在纸上，或晒在蓝图上，或摄制在感光片上，或录到唱片上，或存贮在磁盘上。这种附着在各种载体上的记录统称为文献。”

因此，概括地说，文献是记录知识或信息的一切载体，即用文字、图形、符号、声频、视频等技术手段记录人类知识的一种载体。也就是说，除书籍、期刊等出版物外，凡载有文字的甲骨、金石、简帛、拓本、图谱乃至缩微胶片、视盘、声像资料等，皆属文献的范畴。如甲骨文献、碑刻文献、帛书、图书、连续出版物、录音磁带、缩微平片、电影片、光盘文献等。

4. 文献的构成要素和属性

由“文献是记录有知识的一切载体”可知，文献是多个元素的综合体，知识是文献的内核，载体是文献的物质外壳，记录方式是文献知识内容与物质外壳之间的媒介和桥梁，符号系统是文献的表现形式。知识、载体、记录方式和符号的完美结合则构成了文献。

文献的形成传播了知识，继承了传统，发扬并创新了人类文化。所以，文献具有知识性、记录性、物质性等基本属性，具有存贮知识、传递和交流信息的功能。

载体材料是记录知识和信息符号的物质媒介，是文献存在的物质形态和外壳。如纸张、感光材料、磁性材料等；从古到今，文献载体大体经历了古代两河流域泥板、古代尼罗河流域莎草，欧洲的羊皮，中国的甲骨、金属、竹木、缣帛、石头、纸张、胶片、光盘等，如图 1-1-1 和图 1-1-2 所示。

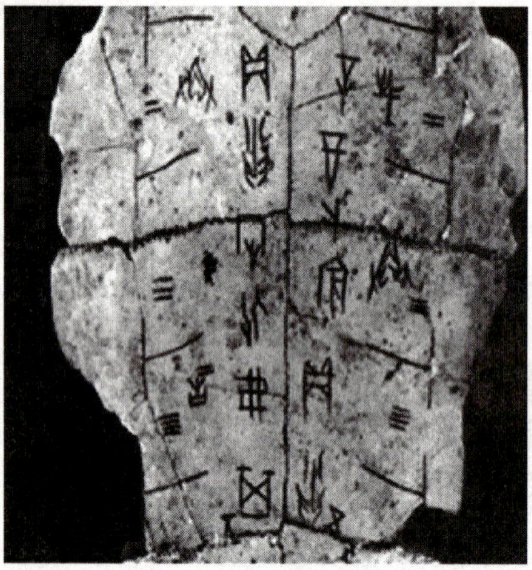

图 1-1-1　甲骨文献

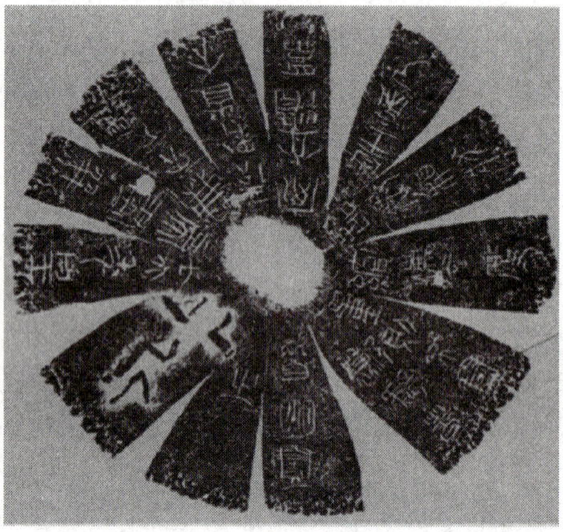

图 1-1-2　金文文献

符号系统是记录文献的符号集合，包括文字、书法、绘画、代码、图形、音频、视频等。

记录方式就是将文献符号系统所代表的信息内容通过特定的人工记录手段和方法使其附着在一定的文献材料上，主要包括刻画、书写、印制、拍摄、录制、复印和扫描等特定机器录入等。

符号系统和记录方式是信息内容和载体材料二者联系的桥梁和纽带。因此可以说，文献只是检索的对象所依附的载体，信息才是检索的对象；文献只是一种外在形式，信息才是本质内容；文献检索的实质是信息检索。只有将知识用文字、图像、声频、视频、编码等各种符号，采用书写、印刷或其他诸如光学、电磁学等方法记录在一定物质载体上，才叫文献。

小知识

泥板文献与纸草文献

泥板文献（Clay Tablet）即以泥板为载体的文献。公元前 4000 年至公元若干世纪使用于从波斯至地中海地区。公元前 4000 年以前，居住在两河流域的苏美尔人就利用当地的泥土制成泥板作为书写材料。因泥板无法“装订”，所以篇幅较长的文献须压刻在大块泥板或多块泥板上，多块泥板的文献需在每块泥板上都要刻上文献名称和编号，并在泥板末端刻上该文献的关键词或主题词，如图 1-1-3 所示。

纸草文献即书写在纸草材料上的文献（见图1-1-4），从公元前30世纪初至公元4世纪，流行于古埃及的地中海沿岸。纸草又称纸莎草，属莎草科，是生长在尼罗河三角洲地带的一种沼泽植物。

图1-1-3　泥板文献

图1-1-4　古埃及的莎草文献

5. 纸质文献类型

纸质文献以印刷为主要记录方式，也称为印刷型文献，是文献的最基本方式。纸质文献分为图书、期刊、报纸、专利、标准、会议文献、科技报告、学位论文、产品资料等。

图书是指凡篇幅达50页以上构成一个书目单元，以单本形式刊行的出版物，包括专著、汇编本、多卷本、丛书等。

期刊是指一种汇集多位著者论文，定期或不定期的连续性出版物，每期版式基本相同，有固定的刊名和连续的年、卷、期号。其出版周期短，报道速度快，数量大，内容新，发行面广。期刊按照频率分为月刊、双月刊、季刊、年刊。期刊能迅速反映国内外各学科专业的水平和动向。

学位论文是指高等学校或研究机构的毕业生为申请学位而提交并在导师的指导下完成的科学研究、科学试验成果的书面报告。学位论文具有选题新颖、引用材料广泛、阐述系统、论证详细的特点，一般偏重理论，所探讨的问题比较专深。学位论文对研究工作有较大的参考价值。

会议文献是指国际学术会议和各种国内重要学术会议上发表的论文、报告。会议文献一般集结出版成会议论文集。会议文献学术性很强，代表了某一学科或专业领域的最新研究成果、国内外的水平及发展趋势。

专利文献是指发明人或专利权人申请专利时向专利局所呈交的一份详细说明其发明的目的、构成及效果的书面技术文件，经专利局审查，公开出版或授权后的文献。专利文献具有法律效力，包括专利说明书、专利公报（摘要）、商标、设计公报以及检索专利的工具等，具有技术性、新颖性、独创性、实用性等特征，是重要的技术经济情报来源。

标准文献是指国家权威机构对工农业产品和工程建设的质量、规格及检验方法等方面所作的技术规定及共同规范，一般由主管部门颁布，是企业从事生产、管理的一种共同依据和准则，包括标准、规范、技术要求等，具有约束性、适用性、统一性、可靠性、协调性特点。

科技报告是指各学术团体、科研机构、大学研究所的研究报告及其研究过程中的真实记录，是关于某科研项目或活动的进展或者正式报告。其内容大多详尽、专深、新颖，理论性强，数据可靠，能代表一个国家的研究水平。

小知识

美国著名四大科技报告

科技报告是指研究成果的正式报告或关于某项研究的阶段性进展总结报告。世界上影响较大的美国四大科技报告是PB、AD、NASA、DE四种类型的科技报告。

PB报告即美国商务部出版局的科技报告，其内容主要侧重民用工程技术方面，如土木建筑，城市规划，环境保护等。

AD报告最早是美国军事技术情报局专门收集美国陆海空三军科研单位、公司企业、大专院校、外国科研机构和国际组织以及美国军事部门翻译的各国部分文献，经过整理出版形成的科技资料，即ASTIA（Armed Services Technical Information Agency，美国国防部技术情报局）的Document，用其两个首字母AD来命名。

NASA报告即美国航空与宇航局的科技报告。其资料来源是研究中心与实验室、承包公司、企业和大学资助单位等，收集的内容有科研成果、技术总结报告、专业技术文件、实验报告、数据资料、会议文献、实验成果资料、进展报告、年度报告、技术译文、专题文献目录等。

DE报告先后由美国原子能委员会、能源研究与发展署和美国能源部出版。

任务2 了解图书分类法与排架规则

走进图书馆，当大家看到图书馆书库整齐地陈列着数以万计的图书资料时，是否产生过这样的疑问：这么多的图书是按照什么的方法排列的呢？如何才能更便捷地查找图书呢？文献是图书馆工作的主要对象，对其分类和排架是图书馆的基础性工作，是为读者服务的前提和条件。如果想掌握文献检索方法，首先就应该了解文献的分类与排架。

问题导入

助推全民阅读风尚快速形成

近年来，全国各地的文化宣传、知识共享活动助推全民阅读，从而不断促成国民为中华民族的伟大复兴而读书。据《北京日报》2014年4月21日消息说，由中国新闻出版研究院组织实施第十一次全国国民阅读调查结果显示，2013年我国成年国民图书阅读率为57.8%，数字化阅读率为50.1%；成年国民人均纸质图书的阅读量为4.77本，人均电子书阅读量为2.48本。2013年中国成年国民阅读量人均4.77册图书，与2007年法国人均阅读图书20册相比，差距很大。法国人把读书视为最具文化价值的活动。3/4的法国青少年认为读书最有意义，读书成为法国人日常生活中休闲的首选方式。

图1-2-1 《深圳特区报》2011年11月3日

国民可到公共图书馆借阅图书，大学生可到本校图书馆获得大量文献，采取不同的阅读方式和方法，汲取知识和信息。充分利用现有资源，让文献阅读成为人们的日常生活需求。那么，如何到图书馆浩瀚如烟的图书中去获取所需的图书呢？这就需要了解图书馆的文献分类和排架知识，以便查询图书有效便捷、事半功倍。

文献阅读既是一种个人行为，也是一种社会文化风尚。全民阅读能够衡量一个国家的社会文明程度。建设创新型国家就必须夯实学习型社会基础，开展全民阅读活动，在全社会营造浓郁的读书氛围，对社会个体阅读产生积极影响，也能激发全民的学习热情，提高全民族科学文化素质。阅读也是潜心、静雅、有品位的生活！

基础知识

围绕图书馆文献分类与排架项目目标，本项任务的内容和知识点主要包括图书馆图书分类法、图书标引规则、索书号的构成规则和作用、纸质图书排架与开架借阅检索技巧等。

1. 文献分类

文献分类是指根据文献内容和形式特征，按照一定的分类体系和技术方法系统地组织和区分文献的过程。分类工作包括编类和归类。归类是指具体的文献分类，是分析文献内容的学科属性，确定所属类目，予以提示藏书，并将它们分门别类地组织起来。文献分类工作是一项十分细致而带有一定学术性质的工作，其程序包括查重、主题分析、归类、给分类号、给书次号或者图书种次号等几个步骤。

目前，中国大多数图书馆采用《中国图书馆分类法》（简称《中图法》）（Chinese Library Classification，CLC）进行分类。《中图法》以马克思主义、列宁主义、毛泽东思想、邓小平理论，哲学、宗教，社会科学，自然科学，综合性图书 5 个部类为基本序列，并在此基础上展开设置 22 个基本大类，大体按“上层建筑—经济基础—意识形态”，即“政治—经济—文化”的次序排列。22 个大类分别用大写英文字母 A、B、C、D、E、F、G、H、I、J、K、N、O、P、Q、R、S、T、U、V、X、Z 表示，具体结构如下：

第一部类	A 马克思主义、列宁主义、毛泽东思想、邓小平理论	
第二部类	B 哲学、宗教	
第三部类	C 社会科学总论	H 语言、文字
	D 政治法律	I 文学
	E 军事	J 艺术
	F 经济	K 历史、地理
	G 文化、科学、教育、体育	
第四部类	N 自然科学总论	S 农业科学
	O 数理科学和化学	T 工业技术
	P 天文学、地球科学	U 交通运输
	Q 生物科学	V 航空、航天
	R 医药、卫生	X 环境科学、安全科学
第五部类	Z 综合性图书	

自然科学各大类的排列则按学科的属性遵循从一般到特殊、从简单到复杂、从低级到高级、从理论到应用的次序进行，并形成“基础理论—技术科学—应用科学”三个层次。不同的层次之间形成了具有联系的类目结构。

类目结构举例：

类目之间存在从属关系、并列关系、相关关系等。

从属关系是指一个类与其直接分出来的小类之间具有上下位关系。如图 1-2-2 所示，显示出明显的上下位关系。下位类具有其上位类的属性；下位类的含义要通过其上位类来理解；上位类概念包含其所属的各级下位类概念；从属关系为缩检和扩检提供了便利。

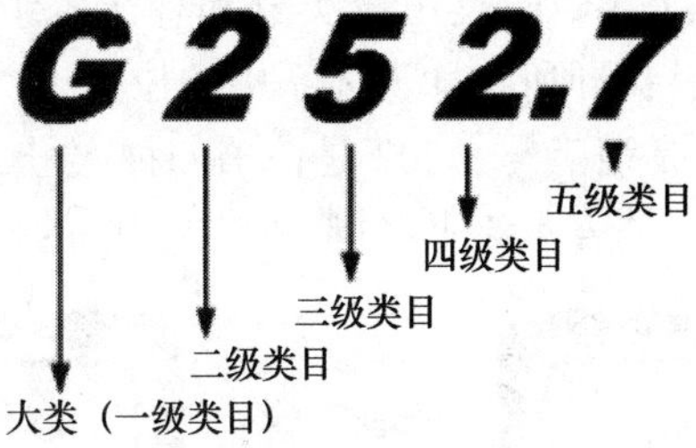

图 1-2-2 图书分类号的结构

并列关系是指一个上位类的所有直接下位类之间具有并列关系。并列概念之和等于其直接上位概念；并列类未能枚举出所有同级类目，则最后一个并列类目应该是“其他”类。

相关关系是指两个类目在概念上具有相似性，但不属于同一上类位。这样可通过其上位类判断，也可以通过附注了解其区别。

【示例 1-2-1】

从属和并列关系：

B 哲学

B0 哲学理论

B1 世界哲学

B2 中国哲学

B20 唯物主义与唯心主义（总论）

B21 古代哲学

B22 先秦哲学（前 221）

B23 秦汉、三国晋、南北朝哲学（前 221—589）

B24 隋、唐、宋、元、明、清哲学（589—1840）

从上例可知，在 B 大类中，B 是一级类目，而 B0、B1、B2 是二级类目，一、二级类目之间属于从属关系；在 B2 类目下 B20、B21、B22、B23、B24 之间属于并列关系；而 B2 与 B20、B21、B22、B23、B24 之间属于从属关系。

图书馆期刊是按照《中国图书馆分类法〈期刊分类表〉》进行分类的，其分类结构体系与图书一样。文献分类体系有助于建立与利用图书馆目录，有助于快速、准确地查找所需文献。

2. 索书号的构成

索书号又称排架号，是指图书馆赋予每一种馆藏图书具有一定结构并带有特定意义的号码。在藏书体系中，每种索书号都是唯一的，一个索书号代表或者对应着一种图书，并且准确地确定馆藏图书在书架上的排列位置，是读者查找图书非常必要的代码信息。通俗地说，索书号是每种图书在书库中所处位置的唯一标识，也是读者索书和图书排架、藏书清点的标志和依据。

索书号由分类号和著者号或者图书种次号构成。一般地，分类号按照图书分类法给出并放在索书号上面，著者号由著者姓氏首字母和数字组成，一般通过著者号码表查出，并放在索书号下面；种次号表示该种书到馆的先后次序，是由计算机编目系统随机自动生成，种次号同著者号一样放在分类号下面。

如图1-2-3所示，是两个不同构成的索书号书标。左图I247.5/L780是由分类号和著者号组成的索书号，右图I247.5/202是由分类号和种次号组成的索书号。书标上边号码为分类号，表示该书所属类目，即所在知识体系中的位置，代表中国当代文学中的中长篇小说；书标下边的号码L780是著者号，202是该书的种次号，表示该种书在这一类图书中第202种。种次号和著者号都是表示该书在同一类书刊中的排架顺序。

图1-2-3 图书书标

3. 图书排架规则

图书馆图书排架是以图书的索书号为依据进行分类排列的，如图1-2-4所示。图书排架采取从前到后、从左到右，从上至下的顺序；先排分类号，再排种次号或著者号，即分类号完全相同时，比对图书种次号或者著者号，按照字母先后顺序以及数字大小排列。具体排架及规则如下：

图1-2-4 图书分类排架各种标志

第一，分类号排架法。分类号排架是按照中图法分类字母A-Z顺序排列。相同类号的图书分别集中排列；分类号相同的图书，比对数字部分排列，采取逐位对比原则，即第一位数字相同时，比较第二位，第二位相同时，比较第三位，依次类推。如图1-2-5所示。

【示例1-2-2】

TP类图书有下列一些类号：TP2 TP12 TP131 TP112 TP11

排架顺序为：TP11→TP112→TP12→TP131→TP2

第二，分类号/著者号排架法。著者号排架法是按照中图法分类字母A-Z顺序排列。类号相同的图书分别集中排列；类号相同，比对著者号码，著者号码字母相同的，比对数字部分排列，采取自然数排列原则。分类号/著者号格式，如TN914.3/L36。

图 1-2-5 图书馆书库书架分类排列

【示例 1-2-3】

索书号为：TP11/B0 P11/A05 TP11/A1 TP11/B5 TP11/A15 TP11/A2

排架顺序为：TP11/A05→TP11/A1→TP11/A2→TP11/A15→TP11/B0→TP11/B5

第三，分类号/种次号排架法。“分类号/种次号”索书号排架法对同种书按照到馆的先后顺序排架。

【示例 1-2-4】

K206/001→k206/002→k206/003→ K206/004→ K206/005→ K206/006

第四，特殊符号排架规则。著者号特殊符号排列：对于著者号中出现的特殊符号“＝”为同种图书不同版次的区分代码；“(　)”为同一著者不同著作的区分代码，“—”为不同著者的区分代码。著者号中特殊符号的排列顺序为：“＝”→“(　)”→“—”。

【示例 1-2-5】

H319. 4/W5→H319. 4/W5＝2→H319. 4/W5(2)→H319. 4/W5(3)→H319. 4/W5-1

第五，分类号中含有类目复分符号的排列。分类号中用“—”复分号组合数字的形式，来表示特定的图书类型。如：—44 习题集；—61 字典；—62 手册。类目复分的图书排列规则是按照数字大小，排在原分类号的最后。

【示例 1-2-6】

H31→H31-44→H31-61→H31-62→H310

第六，分类号中含有组配复分符号排列。分类号中用“:”组配复分号组合分类号的形式，来表示科普、英汉对照类图书。组配复分的图书排列规则是有组配复分的图书排在原分类号的最后，组配复分号后面的分类号按照索书号排列规则排列。

【示例 1-2-7】

H31→H31-62→H31：F→H31：F27→H31：F45→H31：K12

图 1-2-6　大学生检索获取图书

图书馆文献排架方法重要，检索方法更加重要，所以结合当前的全民阅读，倡导民众多读书、读好书将成为社会文化潮流的必然。图书不仅仅有纸质的，也有其他介质的；图书馆不仅仅有纸质文献，也有活生生的其他类型的知识传播载体。2014 年 5 月 6 日，《新华日报》转载中国江苏网刊登的一篇题为"'真人书图书馆'亮人眼"的新闻报道。"真人图书馆"是一个新名词，这篇报道揭示了"真人图书馆"的内涵。下面请看这则新闻：

新华日报："真人图书馆"亮人眼

一场名为"人生之书真人阅读"的"真人图书馆"活动近日在无锡举行，20 本内涵各异的"真人书"在读者面前一一打开，引起了人们浓厚的阅读兴趣，引来读者的啧啧称赞。

"真人图书馆"是一种读者与各种各样的人面对面交流以获得知识的活动。工艺美术大师乔瑜是无锡市非遗文化"留青竹刻"的传人，她的讲解和现场展示的精湛的"留青竹刻"技艺，让源自民间的非遗文化真正面对大众，使得艺术家才能找到真正的生命活水。

第一次参加"真人图书馆"活动的香港社工梁嫣红一边把其"自助助人、关爱社会"的社工经历与读者分享，一边如饥似渴地吸收反馈的信息。"真人阅读不是单方的输入，而是一种双向的互动。通过与读者分享，我也获得了很多有价值的感悟。"醉心考古的严锡生抓住机会，把每一本与此相关的"书"翻了个遍，对书画、雕刻、古董等又有了新的认识。活动现场，每一位读者都能找到一本激起心底共鸣的"书"，同时也向"图书馆"捐赠了真正的纸质图书，这些募得的书籍将赠送给无锡崇安区新市民子弟学校的孩子们。

这则新闻诠释了"真人图书馆"的内涵。其实"真人图书馆"是一种文化传播活动，它以活生生的人物作为知识传播载体，传播民间遗传文化等非物质文化遗产的内容，使读者（受众）通过人与人之间的互动活动传播和吸收知识信息。这种活动形式引起读者的兴趣，形式活泼，双向互动，内容新颖。

任务3 文献分类排架认知案例

对人才较强的动手实践能力的市场需求，引起了高校对学生职业素养教育的重视，从而促进大学生职业教育和综合素养不断提高。在此形势下，学生的文献信息检索技能教学也需要加强，学生的信息获取与处理能力亟待提升。只有这样，学生的日常学习、文献阅读、资料获取、知识拓展、能力提升等才能够得心应手，水到渠成。

1. 案例陈述

图书馆图书排架让我茫然!

一天，某高校新生报到。一名女学生进入图书馆流通书库参观，看到排排的书架、满架的图书有规则地排列着。“没见过这么多图书，我们中学图书室肯定没这么多”，女生自言自语，于是感慨并赞叹道，“还是大学图书馆好，那我真得好好读书!”

走过排排书架，站到文学类图书书架前面，看到了如此多的经典文学名著以及各种各样的图书分类标志，不知所措，感到茫然：“我怎么才能快速查到需要的图书呢?”

书库阅览区有不少学姐学哥在学习。新生走过去，问其所思。一学姐告诉她，解其疑惑：“图书报刊一般是按照索书号码整齐地排列在书架上的。”

学哥学姐告诉了她如何快速查询图书。要想在数以万计、十万计的图书书库中快速查阅自己需要的图书，就需要学习图书排架规则，因为，这也是当前图书开架借阅自助查询的基本技能。

图书馆馆藏图书是当前高校确保教育、教学和科研发展的智力资源保障。图书不仅服务于教学和科研的过程需要，而且对在校大学生的人文素养和职业素养的养成教育更加重要，因此，文献获取是高校学生必须掌握的信息能力之一。

2. 案例分析

图书查询获取也是竞争力

图书馆书库一般是按照文献的种类、语种等标准进行书库划分，以便典藏不同文献。一般地，图书典藏排架划区按照从前到后，从左至右，遵循图书从 A—Z 的大类进行分布排列，图书书架侧板上一般装有架标，标志着本架书所属大类及相关图书的起止号码。如图 1-2-5 图书书架架标，标有书架顺序标识，表示本架图书类别。

对于一排书架的图书排架按照从左到右，从上到下的顺序；对于图书具体排架则按照图书分类号和种次号或者著者号码组合进行排架。如图 1-2-3～图 1-2-5 所示，同一类图书按照分类号排列；同一种书，其顺序按照索书号中的种次号码的先后顺序排列。

思考练习：图书馆文献分类排架

▶知识掌握

1. 图书馆的概念是什么？
2. 图书馆的构成要素有哪些？
3. 图书馆的五项职能是什么？
4. 图书馆的工作内容有哪些？
5. 印刷型文献分为哪些种类？
6. 文献的构成要素及其关系是什么？
7. 历史上出现过哪些文献载体类型？
8. 《中国图书馆分类法》的基本结构是什么？
9. 图书索书号的构成及其作用是什么？
10. 图书馆的图书排架规则有哪些？

▶知识应用

1. 写出下面互联网的知识分类类目级次及其关系：

T 工业技术；TP 自动化技术、计算机技术；TP3 计算机技术；TP39 计算机的应用；TP393 计算机网络；TP393.4 国际互联网

2. 分析下面两组索书号，分别简要说明其内涵及其结构的异同：

H314/C66 和 I266/Z26（10）；U472.9/014 和 I267.4/046

▶专题实践

实训情景：某学院图书馆新到 15 批图书，大约 1500 册。这些图书验收合格，并经过图书馆采编人员对相应馆藏环节处理，给出其索书号，做好了相关的事务性加工。其中一部分图书索书号号码分为 3 组，分别为：

第 1 组：B013/058　B082/255　B142/024　B202/133　B313.3/059　B351.2/036

第 2 组：F121.22/358　F540.8/456　F302.7/125　F321.1/345

第 3 组：H319/H28-3　H319/H28a　H319/54　H319/H56　H319/H66

实训课题：学会按照索书号排序。

任务要求：

1. 按照分类法/种次号排架规则分别排列 1～2 组。
2. 按照分类法/著者号排架规则排列第 3 组。

作业要求：

撰写实训报告，内容包括实训情景、实训课题，任务要求、实训过程和心得。

项目2

图书馆书目信息检索

项目目标

通过本项目的学习，掌握以下知识内容和相关技能：

1. 信息、知识和情报的基本内涵及关系。
2. 图书馆文献目录的基本内涵，目录的类型和结构。
3. 图书馆自动化系统的基本功能和OPAC系统的使用方法。
4. 布尔逻辑运算符的基本内容和应用方法。
5. 利用布尔逻辑和OPAC系统检索图书馆书目信息。

在现代信息社会，人们对信息生产、传递、处理和利用的能力有了很大提高，信息的作用也发生了质的变化，信息产业已经成为社会发展的主导产业。从现实社会信息的应用来看，信息具有八大功能，即生存的资源、知识的源泉、决策的依据、控制的灵魂、思维的材料、实践的准绳、管理的基础、组织的保证。所以，信息作为当今信息社会推动社会生产力发展的新动力日益受到人们的重视。信息、能源和材料被看作人类生产与生活必不可少的三大资源。人们的衣食住行离不开信息，社会的交流、沟通离不开信息，科技的进步离不开信息，经济的发展离不开信息，国家和民族的繁荣富强更是离不开信息。

图书馆的文献收藏十分丰富，是为读者提供信息服务，满足科研和教学以及休闲阅读需求的文化场所。无论是大学图书馆，还是公共图书馆，读者在借阅图书之前一般要查找所需图书的书目信息，详细地了解本人所需目标文献的基本内容。这样，读者就要使用图书馆OPAC系统，通过分类或者主题等检索语言、题名或著作者等检索途径实施检索，进而查阅所需图书的书目信息。

任务1 了解信息、情报和知识

信息是知识、情报的重要源泉；情报就是信息、知识，它是被激活、传递而用于某些领域解决科研、生产中的具体问题所需要的一部分的特定知识。人与人之间、企业与企业之间以至国家之间的竞争，在相当程度上是信息的竞争："谁先掌握了更多的信息，谁将立于不败之地"。信息十分重要，信息素质更是成为现代人基本素质养成的重要因素。

问题导入

7个字的代价

朝鲜战争前，兰德公司向美国国防部推销一份题为"如果美国出兵朝鲜，中国的态度将会怎样?"秘密课题的第一项研究成果，其主题词只有7个字，要价500万美元。

当时美国国防部对华政策研究室认为兰德公司是敲诈而不予理睬。但几年后，美军在朝鲜战场上被打得丢盔卸甲，美国国会开始辩论"出兵朝鲜是否真有必要?"的问题，在野党急忙用280万美元买下已经过了时的那项研究成果，作为辩论的理由。研究结论只有7个字："中国将出兵朝鲜"，其后附有长达600页的分析报告，详尽地分析了中国国情，充分证明了中国不会坐视朝鲜的危机而不救，必将出兵并置美军于进退两难的境地。兰德公司并且断定：一旦中国出兵，美国将以不光彩的姿态主动退出这场战争。美军总司令麦克阿瑟将军得知此事后，感慨道："我们最大失策是怀疑咨询公司的价值，舍不得为一条科学的结论付出不到一架战斗机的代价，结果我们在朝鲜战场上付出了830亿美元和十多万名士兵的生命。"

——中国将出兵朝鲜：信息经济学经典案例

上面关于"中国将出兵朝鲜"的案例，其实质内容是一条关于朝鲜战争的重要情报的价值问题。这份情报的媒体是一份价值昂贵的研究报告，研究报告是一种特种类型的文献。可见，情报信息与这份研究报告的关系密切。既然我们已经了解文献的内涵，那什么是信息呢？信息和情报有什么异同，二者又是什么关系呢？

基础知识

围绕信息检索基础知识项目目标，本项任务的内容和知识点主要包括信息的含义、信息的构成要素、信息的分类和特征、信息的传播途径、信息的社会意义，以及情报和知识的价值等内容。

1. 信息的含义

信息是所有事物的存在方式和运动状态的反映，并借助于一定的物质载体传输和存储。信息是客观存在的，无论自然界还是人类社会，信息无处不在，无始无终。当今世界是一个充满信息的世界，不管人们身在何处都能感受到丰富多彩的信息内容。可以说，凡是通过感官感受到的事物及其变化都包含着丰富的信息。

【示例 2-1-1】

西方上古传说诺亚方舟在洪水中飘荡很久以后，放出的飞鸽衔回一束橄榄枝，那时人们通过这一现象了解到了洪水已退的信息。

【示例 2-1-2】

唐朝诗人李白的《望庐山瀑布》中的诗句“日照香炉生紫烟，遥看瀑布挂前川，飞流直下三千尺，疑是银河落九天。”带给人们关于庐山瀑布的相关信息。

到底什么是信息？对于信息的内涵是否有较为科学的论断？

美国控制论创始人诺伯特·维纳（Norbert Wiener）在《控制论——动物和机器中的通讯与控制问题》中认为，“信息是人们在适应外部世界，并使这种适应反作用于外部世界的过程中，同外部世界进行互相交换的内容和名称”。该定义一度曾被作为经典性定义加以引用。

意大利学者朗高在《信息论：新的趋势与未决问题》中认为：“信息是反映事物的形成、关系和差别的东西，它包含于事物的差异之中，而不在事物本身。”

信息论的奠基人香农（C. E. Shannon）于 1948 年在《通信的数学理论》中认为，“信息是用来消除随机不确定性的东西”，这一定义又被人们作为经典性定义并加以引用。

美国信息管理专家霍顿（F. W. Horton）认为：“信息是为了满足用户决策的需要而经过加工处理的数据。”

我国著名的信息学专家钟义信认为，“信息是事物的存在方式或运动状态”。

随着时间的推移、科学的不断发展以及人们认识领域的变化，信息的内涵也在动态变化着。中国国家标准《情报与文献工作词汇基本术语》（GB/T 4894—1985）规定：信息是物质存在的一种方式、形态或运动形态，也是事物的一种普遍属性，一般指数据、消息中所包含的意义，可以使消息中所描述事件中的不定性减少。

根据现有的研究成果，本书认为，科学的信息概念可以概括为：信息是人们对各种客观事物的运动状态和变化的主观反映，是人们对客观世界的感知和认识。

2. 信息的构成要素

信息的外在表现形式数不胜数，如声音、图片、温度、体积、颜色等。信息分类也不计其数，如电子信息、财经信息、天气信息、生物信息等。所有这些现象和信息类型都说明信息的构成元素是多维的。一般来说，信息由信息源、信息内容、信息载体、传输方式渠道、接受者等要素构成。信息形态一般有数据、文本、声音、图像四种。

3. 信息的分类

第一，信息按照其性质和所反映的领域分为自然信息和社会信息。

自然信息是指宇宙间、自然界客观存在或随机发生的各种事物的信息，是物质运动和生物生存活动发出的信息。

【示例 2-1-3】

自然信息：天气变化、地壳运动、天体演变、自然奇观等都是自然信息，这些信息随着事物的存在而存在，随着事物的变化而变化，是自然界的客观反映。自然信息包括生命信息、动植物信息及物质物理信息等，如虎啸、鸟鸣、体温升降等。

社会信息是指在人类或社会维系生存、生产和发展过程中所产生、传递、利用的信息，是人和人之间交往的产物，也是人类从事一切活动的基础。

【示例 2-1-4】

社会信息：经济信息、政治信息、法律信息、文化信息、军事信息、科技信息、社会生活信息等。人类越进步、社会越发达，所产生的社会信息就越多。

一般来说，目前人们较多感知或认识的信息是社会信息，而对自然信息的感知深度则是随着科学技术的发展而逐渐渐加大的。

第二，按信息的功能划分，信息可分成功能性信息和非功能性信息。

功能性信息主要由科学信息、技术信息和生产信息所组成，是人们从事社会活动和工作所必需的，对社会的生存与发展具有重要意义。非功能性信息一般指文学、艺术、电影、音乐等文化信息以及人们的衣、食、住、行等生活信息。

第三，按信息的运动状态划分，信息可分为动态信息和静态信息。

动态信息是指那些时间性很强、处于不断变化的信息，如新闻、市场信息、金融信息等；而静态信息是指相对稳定、固化的信息，如存在于各种文献中的信息。

第四，按信息的感知性划分，信息分为显性信息和隐性信息。

显性信息是指人们已经感知到了的信息，如一条新闻、一则广告，或对某事物特征、状况的报告和描述等。只有显性信息才能直接为人类所利用。隐性信息是指人类还未能感知到的事物所包含的信息。隐形信息尽管客观存在，但目前还不能直接被人类利用。

第五，按信息处理、加工程度来划分，信息分为一次信息、二次信息、三次信息。

一次信息是指未经加工或略微加工的原始信息，如会议记录、论文、专著、统计报表等。二次信息是指在原始信息基础上加工整理而成的供检索用的信息，如文摘、书目、索引等。三次信息是指根据二次信息提供的线索，查找、使用一次信息和其他材料，进行浓缩、整合后的信息，如研究报告、综述、述评等。

4. 信息的特征

信息是一种客观实在，是对万事万物运动状态的反映，具有真实性、知识性、客观性、指向性、共享性、时效性、增值性、依附性等特性。

真实性，是指对事物存在、运动、变化特征与规律的客观描述。因为，只有真实性信息才能被利用，只有依据可靠、真实的信息才能做出正确的决策。因此，真实、准确是信息的首要特征。

知识性，是指信息内容一定是未知的，能消除人们认识上的未知性或不定性。这种特性使得人们通过信息对客观事物发展有了新的认识。信息改变了人们的知识状态，由不知到知，或由知之较少变为知之较多，从而使自己的认识发生转化。可以说，一切知识都是信息赋予的，人们获得了信息，也就是获取了某种知识。

客观性，是指信息是客观现实的反映，不随人的主观意志而改变。如果人为地篡改信息，那么信息就会失去它的价值。

指向性，表现为人们对信息进行有目的的选择和利用；信息朝着需要的用户进行有目的的定向传播。人类分工越细，有效信息传播和利用就越专业化；信息数量越多，选择信息的难度就越大。

共享性，是指信息作为一种资源，同一信息可在同一时间被多个主体共有，还能够无限复制、传递，供全世界、全人类共同享用。如，1 篇文章，1 人和 100 人看，提供的信息量都是一样的，但看的人越多，信息的利用价值就越大。

时效性，是指信息的价值与作用体现在一定的时空范围之内，不但取决于信息内容本身，还取决于该信息是否能被人们及时获得。过时的信息贬值，甚至毫无价值。信息只有在得到及时利用的情况下才会有理想的使用价值。

增值性，是指人们在加工与使用信息过程中，经过选择、重组、分析、统计等方式处理，可以获得更重要的信息，使原有信息增值，从而更有效地服务于不同对象或不同领域。

依附性，是指信息存贮、传递和交流必须依附于一定的物质载体。信息附着在某种载体上，以一定的形式表现出来，人们才能获得信息。获得信息，首先要获得携带信息的载体，通过对载体的利用，才能解析出其中的信息内容。

5. 信息的传递途径

信息是可以传递的，但是随着社会的发展，由于生产力水平的不同，其传递方式和途径也大不相同。现代信息传递主要通过以下途径。

第一，有线通信传输。有线电话、传真、电报、电视、计算机网络等。

第二，无线通信传输。对讲机、移动电话、收音机、卫星、天线等。

第三，数字通信传输。Internet 及电脑终端设备、电视网络及数字电视等。

第四，纸质媒体文献。图书、报纸、杂志等。

当代信息传递依托计算机网络，传递的信息量大、信息多样化，传递的速度极快、跨越了时间和地点限制，可以实现资源共享。

6. 信息的作用

在现代社会，人们对信息生产、传递、处理和利用的能力有了很大提高。信息的作用也发生了质的变化，信息产业已经成为社会发展的主导产业。从现实社会信息的应用来看，信息具有八大功能，即生存的资源、知识的源泉、决策的依据、控制的灵魂、思维的材料、实践的准绳、管理的基础、组织的保证。其作用表现在以下三个方面。

第一，支持科学决策。决策是管理的核心，实行科学管理必须保证决策的科学性。信息反映了客观事物的属性，所以它成为科学决策的依据。决策过程中的目标确立，分析、优选、组织实施与监测方案，每个环节都离不开完整、准确、可靠的信息支持。

第二，支撑科技进步。广泛收集、引进、吸收国内外科学技术信息是推进科技进步最简单、最有效的手段。科技信息使人们及时掌握国内外最新的研究动态和现有的研究成果，帮助人们直接采用先进技术，使得科技进步始终处于高的起点。

第三，保证市场竞争。企业发展离不开市场竞争。市场既是企业生产的起点，又是企业生产的归宿。为此，市场调查和商品销售成为企业经营活动的主要内容，其本质就是对各类市场信息进行搜集、获取、加工、整理和分析；商品销售的过程也包含将经过加工、处理的信息以广告、宣传和实物输出的形式向市场传递的过程。显然，市场竞争，在很大程度上是信息竞争，市场信息已经日益成为当今世界经济结构的核心。

7. 情报的概念

我们知道，情报的价值有时是不可用金钱来衡量的。从兰德咨询公司对朝鲜战争的预测来看，“7 个字的代价”不仅是几百万美金的经费问题，更是涉及数以几十万计人的生命的问题，而人的生命是无价的。那么到底什么是情报呢？

对于情报的概念描述不一。在日本情报学中，情报主要指信息、资讯和消息；英美国家则认为，情报就是关于某种带有机密性质、在一定领域内有价值的消息和报告。

《牛津英语词典》将情报解释为“有教益的知识的传达”“被传递的有关情报特殊事实、问题或事情的知识”。

英国情报学家布鲁克斯认为，“情报是使人原有的知识结构发生变化的那一小部分知识”；苏联情报学家米哈依洛夫认为，“情报是作为存储、传递和转换的对象的知识”；我国情报学界代表性的解释是：“情报是运动着的知识，这种知识是使用者在得到知识之前是不知道的”“情报是传播中的知识”“情报就是作为人们传递交流对象的知识”。

多数学者认同的情报定义是：情报是为实现主体某种特定目的，有意识地对有关的事实、数据、信息、知识等要素进行劳动加工的产物。情报就是信息，就是知识，不过它是被激活、传递而用于某些领域解决科研、生产中的具体问题所需要的一部分特定知识。

8. 情报的基本属性

情报具有知识性、传递性、实效性三个基本属性。

知识是人的主观世界对于客观世界的概括和反映。随着人类社会的发展，每日每时都有新的知识产生，人们通过读书、看报、上网、听广播、看电视、参加会议、参观访问等活动，都可以吸收到有用知识。这些经过传递的有用知识，广义上说，就是人们所需要的情报。因此，情报的本质是知识。没有一定的知识内容，就不能成为情报。知识性是情报最基本的属性。

知识之成为情报，还必须经过传递，知识若不进行传递交流、供人们利用、就不能构成情报。情报的传递性是情报的第二基本属性。

情报的实效性表现为启迪思想、开阔眼界、增进知识、改变人们的知识结构、提高人们的认识能力、帮助人们去认识和改造世界。情报为用户服务，用户需要情报，实效性是衡量情报服务工作好坏的重要标志。情报经过用户使用产生效益。情报不仅取决于情报源，也取决于情报用户。

9. 情报、知识、信息与文献的联系与区别

情报、知识、信息与文献四者的关系密切。从信息系统来看，信息系统包含信息、知识、情报三个不同外延的层次（如图 2-1-1 所示）。信息是知识与情报永不枯竭的源泉；知识是一种特定的人类信息，只有将反映自然现象和社会现象的信息经过加工，上升为对自然和社会发展客观规律的认识，这种再生信息才能构成知识，知识是认识了的那部分信息，是经过浓缩、系统化和优化了的信息；而情报又是知识中针对特定需要的那部分适用知识。文献也是知识和情报的重要来源。

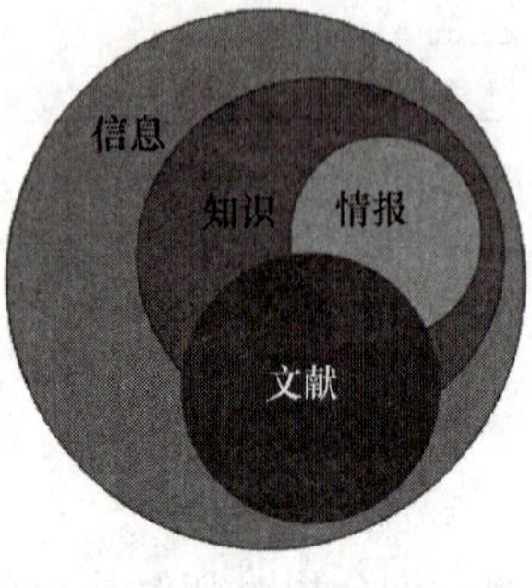

图 2-1-1　知识、信息、情报与文献的关系

第一，存储载体不同。信息的存储载体无处不在，任何物质都可以成为信息的载体；知识的存储载体包括大脑以及文献的各种介质；情报是知识的一部分，所以其存储载体也等同于知识的存储载体。文献存储载体多种多样，从古至今发生了巨大的演变。

第二，形成方式不同。信息是人们通过五官（或仪器）所能感知的现象，是事物存在方式和运动状态的反映，是事物的客观存在；知识是人的大脑对大量信息通过思维加工重新获得的认识，是大脑思维的产物；情报

的形成是对知识和信息的进一步挖掘。文献是知识运用某种特定的记录手段和符号系统，将某些信息和知识记录在一定载体上形成的。

信息是重要的，存在于世界万物以及自然与社会的变化过程中。情报是信息，也是知识，并且是更重要的知识。在我们日常生活看到的电影以及科学、经济、军事事务中，情报具有狭义的内涵。如电影《永不消逝的电波》（如图2-1-2所示）中的主人公李侠利用电台为党中央传递重要的信息，即一些重要电报的文献内容，则对我国的抗战和解放事业起到了巨大作用。

图2-1-2 电影《永不消逝的电波》剧照

小知识

ISBN介绍

ISBN为精确匹配号码检索途径，输入完整号码就能查到有关的具体信息。

ISBN是国际标准书号简称，是专门为识别图书等文献而设计的国际编号。2007年1月1日，ISBN由10位数字扩至13位数字，其扩展方法是在原来10位数字的基础上增加了3位数字978（图书商品号）。国际标准书号十位数字被三条短横线分为四段，每一段的含义不同。如，《CALIS联机合作编目手册的外封底》的ISBN下面就有一个13位的号码：978-7-301-04815-7。其中，978代表商品类别，代表“图书”，7是地区号，代表“中国”，301是出版社代码，代表“北京大学出版社”，最后一位是计算机校验码。

任务2 认识图书馆 OPAC 信息检索

中国古代藏书楼堪为人类珍视的传统文化设施。秦汉以来，私家藏书与官藏并驾齐驱，成为中华文化保存和传播的两大重要渠道。唐代雕版印刷的出现使得书籍得以普及，宋元两朝藏书渐成风气，明清则达鼎盛。宁波天一阁、杭州文澜阁、沈阳文溯阁等，都曾经记录着中国悠久灿烂的藏书历史。藏书是为了用书；用书离不开书目和检索方法，图书馆目录就是揭示、识别、检索图书馆入藏文献的工具。

问题导入

图书馆目录与 OPAC 书目检索

现代图书馆目录是编目人员通过一定的技术方法和手段，对收藏的图书期刊等文献资料，按照一定的分类标引规则和语言，借助现代化的管理系统编制的科学地揭示、识别、检索图书馆入藏文献的工具。通过揭示文献的内容和形式特征，提供识别文献的依据；文献的识别主要从文献的题名、责任者（著者）、主题、分类等方面加以指引和提供检索文献途径，并标识文献在书架上的位置。

图书馆目录除供读者参考查阅外，也是图书馆员从事文献采购、参考咨询、保管典藏等工作必不可少的工具。

随着现代图书馆管理与服务自动化和网络化的建设与发展，图书馆信息检索工具已经发展到基于 Internet 的远程公共目录联机查询，如国家图书馆的 Web OPAC（Web Online Public Access Catalogue）和上海图书馆 IPAC（Internet Public Access Catalogue）系统的应用，不但推广了图书馆的资源，而且更重要的是便利了社会大众的检索与借阅。

目录工作是图书馆编目人员从事的一项十分重要的工作，是图书馆文献借阅的基础和前提。图书馆目录是查找文献的重要工具，读者通过目录相关字段内容检索需求文献。现代图书馆的 OPAC 是以目录数据库为基础的信息检索系统，那么，OPAC 的功能和使用方法到底是什么样的呢？

基础知识

围绕图书馆书目信息检索项目目标，本项任务的内容和知识点主要包括图书馆目录的类型、结构、信息要素、图书馆管理服务信息化系统、联机公共目录查询系统及其检索应用技巧等。

1. 图书馆目录类型

图书馆目录因其分类依据不同而类型多样。常用的目录类型主要有读者目录、公务目录、题名目录、责任者目录、分类目录、主题目录、机读目录等。

读者目录，是专供读者使用的目录，以引导读者充分、有效地利用有关馆藏文献。根据图书馆的具体任务、文献内容和读者对象，读者目录通常又被区分为满足读者一般需要的公开目录和满足读者特殊需要的参考目录或内部目录。

公务目录，又称工作目录，主要记载图书馆的业务注记，包括登录号（财产登记号）、索书号、储藏地点、款目根查等，是图书馆工作人员处理文献的重要依据。

题名目录，是按文献题名（书名、刊名等）的字顺排列而成的目录。它以题名作为文献的检索途径，并提供同一文献的不同版本情况。题名目录除反映文献的正题名外，必要时还包括副题名、并列题别名以及重要的篇章题名。

责任者目录，是按照文献责任者（包括个人、机关团体或会议等责任者，通常包括著者、编者、辑者、译者、校订者、注释者、绘图者等）的名称字顺组织而成的目录。责任者目录以责任者名称提供文献的检索途径。

分类目录，是按照文献所属的学科体系，根据图书馆所采用的文献分类法组织而成的，揭示某知识门类与其他知识门类之间的关系，提供相关学科文献的检索途径。分类目录只能在熟悉分类体系的情况下才能使用。

主题目录，是按照文献主题的字顺组织而成的目录。主题目录提供从某一内容的题材方面指引查询文献的途径；揭示主题之间的内在关系，引导读者查找相关文献。

机读目录，是以编码形式和特定的结构记录在计算机存储载体上，可以由计算机自动控制、处理和编辑输出的目录，简称 MARC（Machint-Readable Cataloging），是一种图书管理的通信格式标准，用于图书馆与出版机构之间的目录信息交换。

综合性图书馆还有卡片式目录、书本式目录、缩微目录等。卡片式目录是将文献的各种特征记录在卡片上（国际标准规格为 75 cm × 12.5 cm），再将它们按照一定规则组织而成的目录。书本式目录历史悠久，中国古代的各种藏书目录大都是书本式目录。缩微目录一般指用照相的方法，将图书馆目录的内容缩小拍摄在缩微胶卷或缩微平片上，利用阅读机阅读的目录。

2. 目录信息要素

一条完整的书目信息基本体现出文献的内容特征和形式特征，主要包括题名、责任者、版次、出版地、出版者、出版时间、页数，外形尺寸、分类号、种次号或著者号构成的索书号、ISBN、复本数、价格等。

在以上书目信息著录单元中，体现出八大著录项目，即题名与责任者说明项（正题名、并列题名、责任方式等）、版本项（初版、修订版等）、文献特殊细节项、出版发行项（出版者、出版地、出版时间）、载体形态项（尺寸、页数、装帧等）、丛编项、附注项、标准编号与图书获得方式项（ISBN）。

3. 图书馆管理服务自动化系统

十多年来，随着图书馆的快速发展，图书馆工作逐步走向计算机管理和网络化服务阶段。一般的图书馆工作与服务都实现了自动化管理与网络化服务。由于图书馆管理系统的多元化以及不同图书馆的规模和服务对象的差异，图书馆引进的系统软件也各不相同，但其功能基本一致。国内开发的著名图书馆管理软件主要有汇文图书馆管理系统、ILLAS 图书馆管理系统、金盘图书馆集成馆系统（GDLS）等。

这些管理系统都是针对图书馆的业务范围及特点，设计了图书馆的业务工作系统，主要有采购、编目、打印、检索、统计、流通、阅览、信息服务等业务。可以全面实现对图书馆的采购、编目、检索、统计和流通、阅览等业务工作的计算机管理。图书馆管理系统采用智能导航式界面设计，在业务规则实现方面更加注重智能化、规范化、流程化，有助于全面提高图书馆的管理效率及服务质量。

在这些子系统中，采编系统是基础的业务工作系统，是图书馆服务的前提和基础，是数据库的存储建立系统；读者管理系统是对读者进行借书证办理、借书权限设置、超期处理等管理工作系统；图书流通和阅览是服务工作系统，是面向读者服务的工作窗口系统。查询系统主要用于查询馆藏图书书目信息，可以按财产登录号、书名，作者，出版社、关键词等简单的检索途径查询，高级检索可以通过多条件查询读者需要的图书信息。图书管理系统的查询功能实际上是系统嵌入了 OPAC 功能模块。

4. 联机公共目录查询系统

联机公共目录查询系统，即 OPAC，主要是指面向用户，功能相对单一，采用 B/S 架构，能够通过计算机终端以及网络浏览器来查询基于图书馆局域网内的馆藏数据资源的一种现代化检索方式，通过联机查找为读者提供馆藏文献信息的线索。OPAC 查询系统也包含一些面向用户的个性化服务，有些图书馆集成管理系统也嵌入了 OPAC 书目查询功能模块，在局域网内，也可实现 OPAC 书目信息查询。

通过 OPAC 查找图书的具体方式是根据文献的内容特征或者形式特征，查找本人所需要的图书馆馆藏书目信息。其中最常用的检索途径有：关键词（主题词）检索、分类检索、题名检索、著者检索、年份检索、出版社检索、号码检索等，图 2-2-1 中的检索项目都可以在 OPAC 数据库里进行检索。正确使用 OPAC，能够减少书目检索时间，达到事半功倍的检索效果。

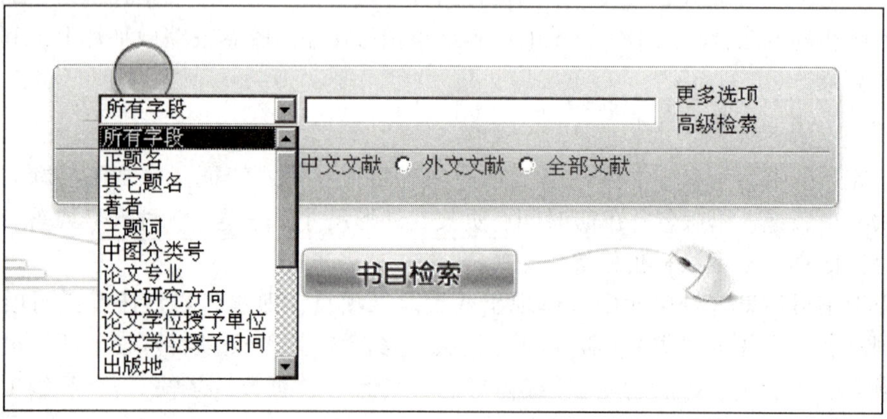

图 2-2-1 国家图书馆 Web OPAC 首页

利用 OPAC 查询馆藏书刊目录的常用途径主要有：“题名”——查询具体的某种书、刊等资料；“著者”——查询某人的著作，达到族性检索的目的，是一种批量检索；“主题词”“中图分类号”——查询某一方面的书刊资料。

【示例 2-2-1】

德国卡尔斯鲁厄工业大学图书馆 OPAC 系统书目数据库汇总了德国境内 12 所网上书目（各个州汇总的书目），奥地利和瑞士德语区内的书籍书目，“大英图书馆”“美国国会图书馆”等世界上一些重要图书馆的书目。因此，读者可以通过“卡尔斯鲁厄网上书目”查到几乎全德乃至世界范围图书馆的图书信息。

5. 国家图书馆 Web OPAC 检索应用

国家图书馆 Web OPAC 是通过 Internet 标准访问 ALEPH 500 联机目录的一个界面。Web OPAC 是一种强大而易用的检索工具，读者以匿名的身份登录进入系统。ALEPH 500 支持无限量的浏览和检索索引。

国家图书馆 Web OPAC 馆藏目录-检索系统，是以国家图书馆局域网书目信息数据库为基础，以 Internet 平台面向世界读者而实施远程在线检索。通过国家数字图书馆单击“馆藏目录检索”进入“检索首页”，如图 2-2-1。

在国家图书馆 Web OPAC 检索首页，系统默认“基本检索”，即在黑色三角下拉菜单中，有许多字段，可根据检索需要选择合适的字段实施检索。

【示例 2-2-2】

如图 2-2-1 所示，在下拉菜单中选择检索条件“正题名”，然后在“输入框”中输入“论语诠解”，如图 2-2-2 所示，单击“书目检索”，系统执行检索。检索结果如图 2-2-3 所示。

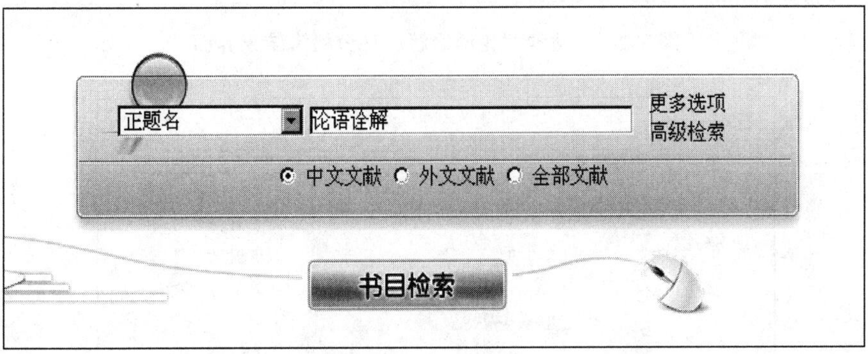

图 2-2-2 检索“论语诠解”界面

国家图书馆 Web OPAC 系统的检索途径包括基本检索和高级检索。高级检索包括多字段检索、多库检索、组合检索等。如图 2-2-3 所示。

多字段检索是一个执行单库检索的检索方式。在图 2-2-4 检索界面中，书目库包括“中文文献库和外文文献库”两个书目信息库。在使用该途径时，可选择一个特定的数据库实施检索。

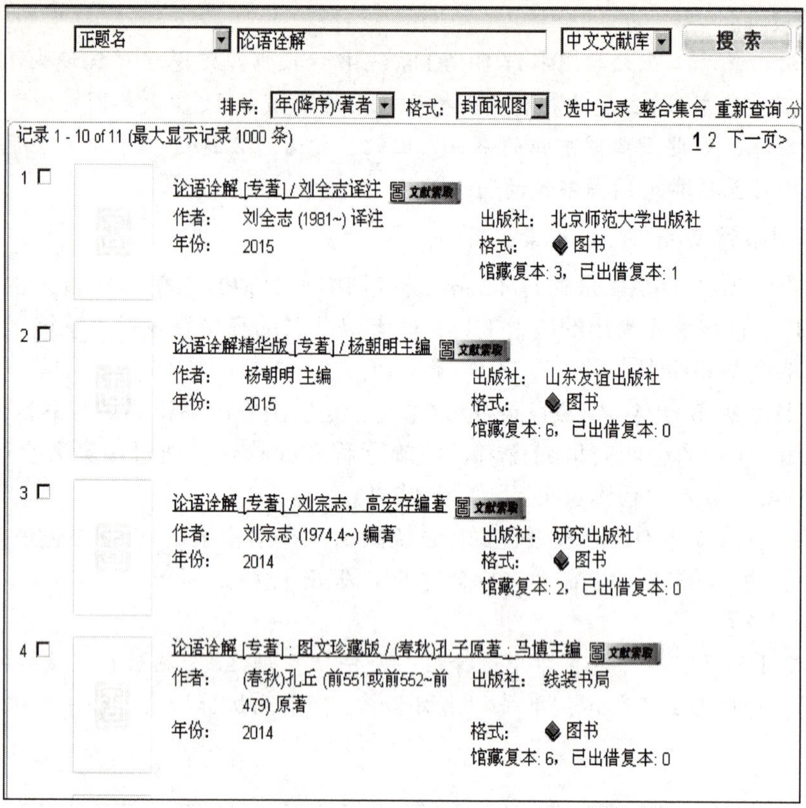

图 2-2-3 检索“论语诠解”部分检索结果界面

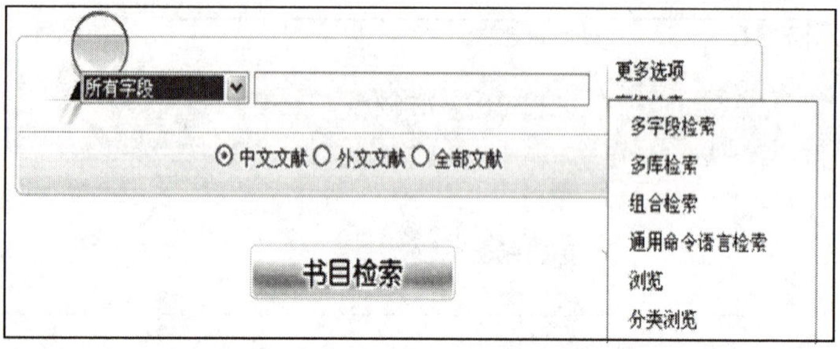

图 2-2-4 国家图书馆 Web OPAC 系统高级检索系统下拉菜单

【示例 2-2-3】

通过多字段检索途径查找“孙志春”在国家图书馆“中文文献库”中收藏的图书信息。

单击“高级检索下拉菜单”选择“多字段检索”，选择“中文文献库”，并且在输入框中输入图 2-2-5 相关信息，然后单击“确定”，执行检索与“孙志春”相关图书信息。

多库检索是同时对多个数据库执行检索，以期检索到满足需要的书目信息。“多库检索”系统界面分为三个区域：上边部分为“检索条件表单及其执行”区域，中间为“数据库选择”区域，下边为“限制条件”区域。在限制条件区域中，主要是对文献的形成时间和文献媒体类型、收藏地点等加以限制。如图 2-2-6 所示。

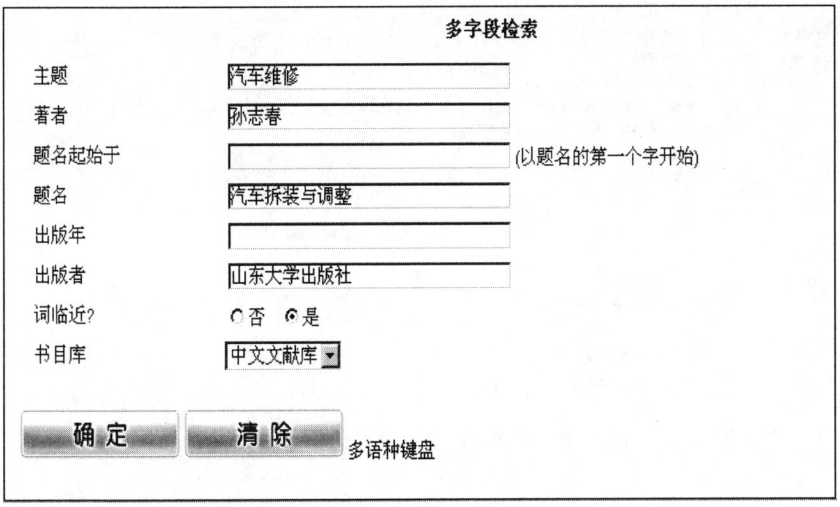

图 2-2-5　多字段图书信息检索界面

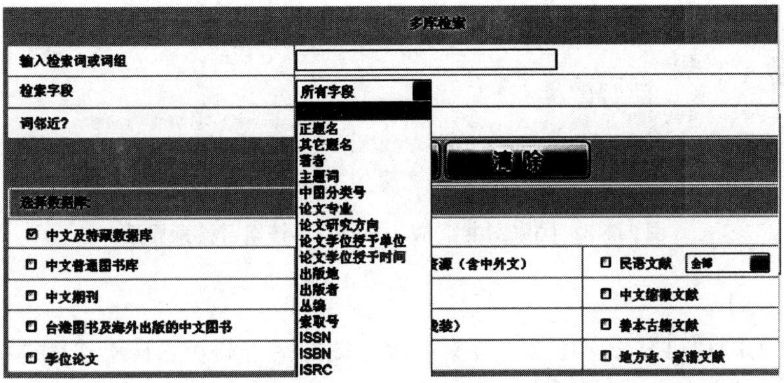

图 2-2-6　国家图书馆 Web OPAC 系统多库检索系统界面

【示例 2-2-4】

选择若干个数据库，然后在输入框中输入“information retrieval”，单击“确定”执行检索，显示符合条件的文献信息，共有 3 条。单击“学位论文”对应的条目数量值“1”，链接显示“学位论文的基本信息”，如图 2-2-7 所示，显示出详细的学位论文的书目数据信息。

组合检索系统界面主要分为两个区域。上边是检索字段选择及检索命令执行区域，下边是检索限制条件区域。如图 2-2-8 所示。

头标区	-----nam0-22----- 450-
ID 号	005317779
通用数据	20110801d2011 k y0chiy50 ea
题名与责任	外文数据库无障碍信息检索的策略研究 [硕士论文] = The research of information retrival accessibility based on foreign language databases / 王昕冰著 ; 纪晓萍指导
出版项	, 2011
载体形态项	30页 ; 30cm
语言	chi
题名	Research of information retrival accessibility based on foreign language databases
著者	王昕冰 著
附加款目	纪晓萍 指导
	东北师范大学 授予
所有单册	查看所有馆藏单册信息
馆藏	博士论文阅览出纳台

图 2-2-7　国家图书馆 Web OPAC 系统学位论文书目数据信息

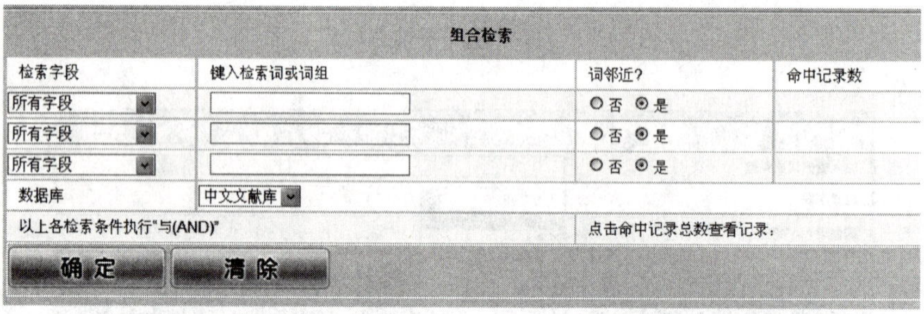

图 2-2-8　国家图书馆 Web OPAC 系统组合检索界面

【示例 2-2-5】

通过 Web OPAC 组合检索途径，检索“贾庆超”的著作：在检索字段选择区域，分别选择“著者”“出版社”“主题词”，分别输入贾庆超、中华书局、文化等信息，单击命令“确定”执行检索，系统显示检索结果。

任务3 上海图书馆 IPAC 信息检索

上海图书馆 IPAC（互联网公共查询目录系统），实际上是基于 Internet 的图书馆书目信息在线查询系统。通过基本检索和高级检索可以查询其馆藏书目信息资源，通过网络可以实现在线预约等服务。

问题导入

上海图书馆，您知多少？

上海图书馆文献信息资源异常丰富，馆藏文献达 5095 万册（件），其中历史文献最具特色。有古籍 170 万册（件），碑帖拓片 15 万件，名人手札 10 万件；历代地方志约 5400 种，朱卷 8000 余种；名人手稿等珍稀文献 5 万件。珍藏中有国家一级文物 700 种，二级文物 1300 种。最早的藏品《维摩诘经》距今已有 1400 年历史。

图 2-3-1 上海图书馆日文文献藏书

上海图书馆很早就实现了自动化建设与服务，在图书采、编、典、借、阅等业务及服务的计算机管理方面在全国居于领先地位；图书馆信息服务的远程化，依托现代的 Internet 向社会大众提供了跨越时空的服务模式。上海图书馆藏品中珍贵文献价值连城，其服务堪称世界一流，远程服务更是令读者称赞，特别是 IPAC 系统及移动阅读等网络化服务更是超前。那么，IPAC 系统功能怎样的呢？

IPAC 系统的应用便利了社会大众对上海图书馆馆藏书目信息的检索和资源利用，读者可以通过网络进行网上续借或者预约借书。对当前国家倡导构建书香社会、提倡全民阅读、提高图书馆借阅效率、增强社会服务效果起到了重要作用。

基础知识

围绕图书馆书目信息检查项目目标，本项任务的内容和知识点主要介绍上海图书馆IPAC书目信息检索系统的检索方法、检索途径及其操作方法。

1. IPAC的基本检索途径

上海图书馆IPAC系统的书目查询方法主要包括基本检索、高级检索、多项辅助检索三种。

IPAC首页为基本检索页面。基本检索，即简单检索，提供基本的单项检索功能，读者可在索引下拉菜单中选择需要的检索途径，然后在右边的文本输入框中输入检索词，再单击“开始”检索命令按钮。这样，系统便开始查询，并将结果显示在屏幕上。

基本检索包括多种检索途径，主要有题名关键词、著者关键词、主题词关键词、丛书名关键词、ISBN、ISSN、ISRC，如图2-3-2所示。

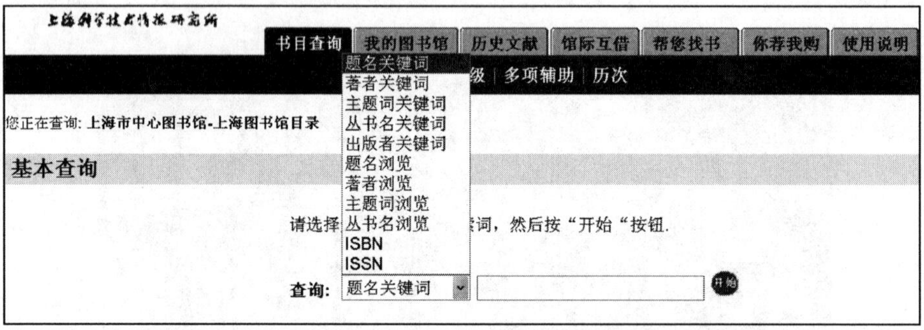

图2-3-2　上海图书馆IPAC系统功能及书目基本查询

题名关键词：图书/报刊/会议录/多媒体出版物的题名或题名中包含的词。

著者关键词：个人作者或团体作者名称，如“Hemingway”或“国际货币基金组织”。

主题词关键词：与检索内容相关的主题词，选词请参考《中国图书馆分类法》。

丛书名关键词：丛书名或丛书名中包含的词。注意通过这个途径检索的内容与“题名关键词”不重复，首先确定要查找的书名是“丛书名”还是单行本的题名。另外，检索期刊要选择“题名关键词”或“题名浏览”途径，而不是“丛书名”途径。如果知道丛书卷期号，可在丛书名后直接输入卷期号（如SPIE 1178）查找本馆收藏情况。

【示例2-3-1】

查找有关“WTO和中国”的图书

选择“题名关键词”索引，在文本输入框输入“WTO 中国”（在两个词之间空一格。所有英文字母不需大写）如图2-3-3。单击“开始”命令按钮，系统执行检索，并显示检索结果为389。系统显示结果列表页面每次显示10条书目结果。检索结果多的可单击“下页”按钮翻页。

单击检索结果中的第2条简单记录：“WTO-ITA与中国IT产业发展”，系统则链接该书的基本信息，可进入详细记录页面，了解馆藏地、索书号和状态等信息。如图2-3-4、图2-3-5所示。

图 2-3-3　基本检索信息输入

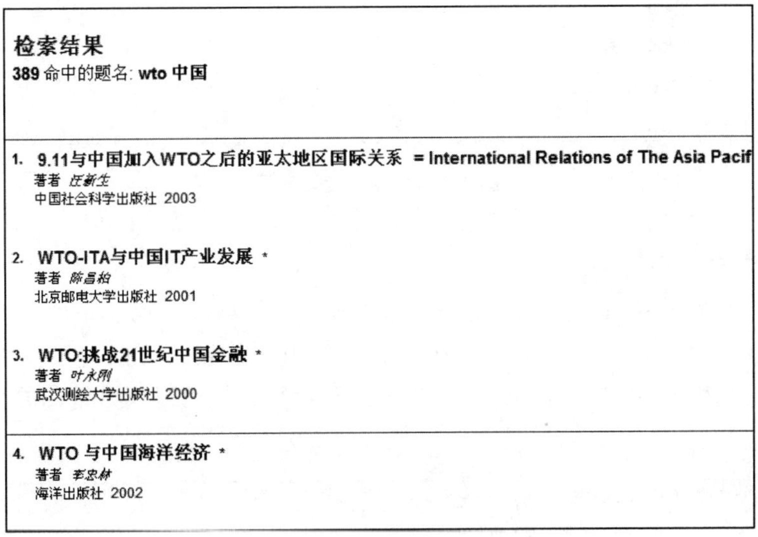

图 2-3-4　结果显示页面首页

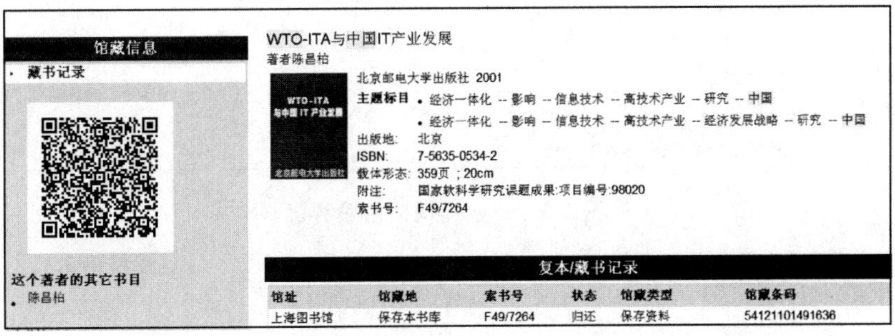

图 2-3-5　检索结果显示相关书目信息

ISBN/ISSN/ISRC 为精确匹配的检索途径，输入完整的号码方能查到有关书目。

ISBN/ISSN/ISRC：如果知道书/刊/音像资料的国际标准号，这将是最快捷精确的检索途径。

如果选择“著者”“题名”“主题词”“丛书名”各项的“浏览”索引，结果将以输入的词为第一个词的顺序排列相关的馆藏信息。

2. IPAC 高级检索

高级检索途径提供题名-关键词、著者-关键词、主题-关键词、丛书名-关键词和出版者-关键词的组合检索。可以在相应的文本框中输入检索词，并可对查询结果集预先设定限定条件和排序，这样，通过多种途径对检索加以限定，从而得到较为准确的查询结果。

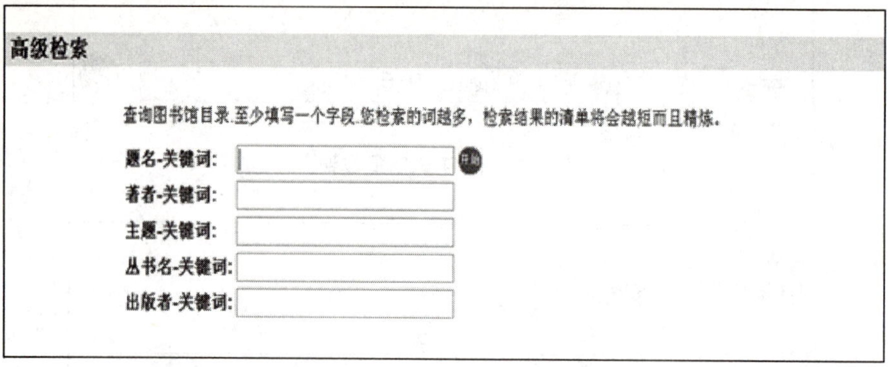

图 2-3-6　高级检索界面

3. IPAC 辅助检索

上海市图书馆的 IPAC 的多项辅助检索主要是通过布尔逻辑实现的，多项辅助检索途径在高级检索的基础上提供了更为强大的逻辑组配检索，可以对不同检索途径进行“与（AND）”“或（OR）”“非（NOT）”等逻辑运算，从而得到更精确的检索结果。如图 2-3-7 所示。

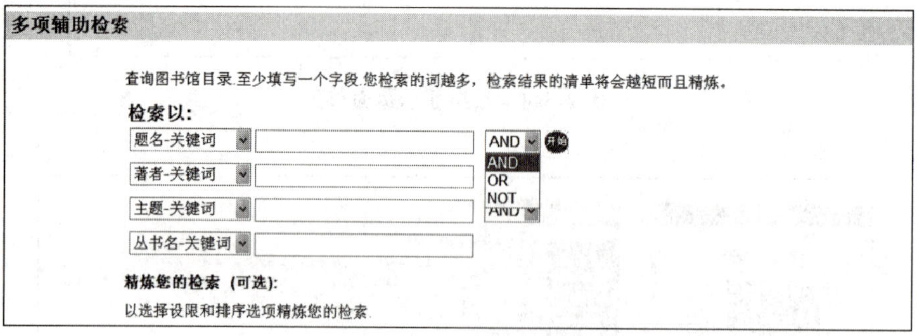

图 2-3-7　多项辅助检索界面

4. IPAC 号码检索

检索系统的号码字段检索包括 ISBN、ISSN 和 ISRC 等。

ISBN 是国际标准书号（International Standard Book Number）的简称，一般由 13 位数字组成。

ISSN 是国际标准连续出版物号（International Standard Serials Number）的简称，一般由 8 位数字组成；格式为 ISSN ××××-××××，前 7 位数字为顺序号，最后 1 位数字为校验码。

ISRC 是国际标准音像制品代码（International Standard Recording Code）的简称。音像制品包括唱片、录音带、录像带、激光唱盘等。ISRC 一般由国家、出版者、录制年、记录和记录项 5 个码数据段 12 个字符组成，如 ISRC CN-C18-90-0009-0。

ISBN、ISSN 和 ISRC 等号码是相关出版物的世界性唯一标识。所以，号码字段检索是唯一的精确匹配型检索。通过号码字段检索可提高查准率。

任务4 认知上海图书馆IPAC检索系统

上海图书馆以“积淀文化、致力于卓越的知识服务”为组织使命，以“精致服务、至诚合作、引领学习、激扬智慧”作为核心价值观，并向着“世界级城市图书馆”的目标迈进。馆内拥有阅览室、研究室、展览厅、学术活动室、影音欣赏室等，为读者提供了宽敞、舒适的学习环境。上海图书馆引入先进的技术和设备，助推读者的阅读，相继推出外借数字移动阅读器、电子阅报栏、网上委托借书、e卡通——上海图书馆电子资源远程服务、读者免费阅读等现代化数字服务。

1. 案例陈述

惊讶！老读者学会了IPAC

大众阅读助推社会文化风尚的形成，也是公共图书馆的社会价值之一。一天，一位老者来到了上海图书馆，面对图书馆新馆丰富的图书资料、完善的服务设施、现代的服务条件、舒适的阅读环境，他十分感慨：看书、阅读实在是好！在这里读书就是一种享受——享受现代的人文环境，享受经典的文献资料，享受阅读带来的欣慰！

年轻人对信息检索系统较为熟悉，但老先生对于现代的网络检索却异常生疏。阅读好，机器也好，网络发达更好！那怎么查询自己需要看的书呢?

这时，一名导读馆员走过来了解情况。通过悉心解释与把手练习，老人终于学会了使用IPAC系统，学会了查询图书。

上海图书馆是一个大型现代化综合性研究型公共图书馆，馆藏资源和现代化的服务在国内图书馆界首屈一指。上海图书馆资源丰富，其服务设施齐全完善，现代气息十分浓郁，服务设备和系统现代化程度很高，其服务理念超前。

2. 案例分析

图书馆导读工作很重要

大众阅读离不开图书馆借阅活动，这在公共图书馆显得更加重要。社会大众对现代的信息服务系统比较生疏。在知识共享、文献推广的今天，读者常到图书馆阅读，图书馆导读工作就显得更加重要。无论是Web OPAC还是IPAC的本地及远程服务，检索图书馆信息资源是现代人必须掌握的信息技术之一。只要勤奋学习并加以训练，对于查询图书一定会得心应手。

思考练习：图书馆藏书信息检索

▶知识掌握

1. 什么是计算机信息检索？
2. 图书目录信息结构是怎样的？
3. 图书目录分为哪些类型？
4. OPAC、Web OPAC、IPAC 有什么异同？
5. OPAC 检索方式的基本检索、多库检索、高级检索、组合检索各是什么？
6. 信息、文献、知识与情报的关系怎样？
7. 信息的作用是什么？
8. 情报有什么价值？
9. 信息的传播途径有哪些？

▶知识应用

举例说明 ISBN、ISSN、ISRC、CN 的含义及其结构上的差异。

▶专题实践

实训情景：某职业学院汽车专业二年级学生准备参加某市举行的汽车营销方面的专业技能比赛。这名学生需要收集对汽车营销比赛的相关知识和信息，所需文献类型包括图书和期刊论文。

实训课题：汽车营销技巧与应用策略。

实训平台：国家图书馆 Web OPAC 和上海图书馆的 IPAC 检索系统。

任务要求：

1. 简单检索：利用关键词、题名或者作者等检索字段，单库检索。
2. 高级检索：利用布尔逻辑检索式，跨库检索。

作业要求：撰写实训报告，内容包括实训情景、实训课题、任务要求、检索过程、检索结果及实训心得。

项目3

现代信息检索技术

项目目标

通过本项目的学习，掌握以下知识内容和相关技能：

1. 信息检索的内涵和原理。
2. 信息检索策略及其制定流程。
3. 信息检索步骤和常用的检索途径。
4. 信息检索语言及其类型。
5. 布尔逻辑检索方法。

信息作为当今社会推动生产力发展的新动力，日益受到了人们的重视。信息、能源和材料被看作人类生产与生活必不可少的三大资源。人们的衣食住行离不开信息，社会的交流、沟通离不开信息，科技的进步离不开信息，经济的发展离不开信息，国家民族繁荣和强大更离不开信息。因此，人与人之间、企业与企业之间以至国家之间的竞争，在相当程度上是信息的竞争，即谁先掌握了更多的信息，谁将立于不败之地。信息十分重要，信息素质更是成为现代人基本素养养成的重要因素。

现代信息检索技术是当今大学生必须具备的信息查找、获取技术。这项技术直接服务于学生的科研、学习和生活。不论在哪一个领域，无论是在科研、学习过程中，还是日常的生活中遇到一些难以解决的问题，可以通过网络查找相关资料，获取相关的信息和知识，从而寻找出解决的办法，完成课题研究和学习过程以及生活中碰到的问题。

任务 1　了解信息检索基础知识

信息检索技能是信息社会青年学生必须具备的基本素质。如果不能掌握便捷的检索方法，就不能提升自己的学习和信息获取处理的能力。当然，信息检索技术与其他课程一样，离不开一些基础的知识。只有掌握这些基础知识，才能够更好地落实实践。

问题导入

信息检索与文献获取的关系

高校学生在面临撰写毕业论文或科研论文时，会意识到材料在论文写作中的重要作用，以及论文需要的材料类型。于是，信息检索显得特别重要，如图 3-1-1 所示。信息检索就是利用一定的检索工具，从大量信息资源中迅速、准确地查找出特定信息的过程。纸质文献记载了古往今来的社会变迁、国家荣辱、文化发展，是人类社会实践的产物。纸质文献包括图书、期刊、报纸及特种文献，如会议文献、政府出版刊物、档案文献、标准文献、专利文献、产品样本等。

纸质文献信息常用 OPAC 系统检索，通过 OPAC 系统的字段查询所有藏馆图书目录，如图 3-1-1 所示。目录字段包括：书名、作者、ISBN、出版年份、出版社等等。现在的 OPAC 系统可通过互联网进行电子书目发布，如国家图书馆的 Web OPAC、上海图书馆的 IPAC 等。OPAC 系统检索途径也不尽相同，常规检索方式有书名、作者、ISBN、年份、出版社等。也可通过分类法、主题词、丛书、套书检索等途径在 OPAC 系统里进行书目信息查询。

图 3-1-1　读者查询电子书目信息

图书馆纸质文献资源丰富，因特网数字化文献信息浩如烟海。面对复杂多变的信息环境，读者有时会感到茫然，不知如何搜寻、利用那些文献信息资源。所以，读者的文献信息资源检索能力需要提高，这样才能在获取文献时事半功倍。

基础知识

围绕现代信息检索技术项目目标，本项任务涉及的知识点主要包括信息检索的基本概念、信息检索原理、信息检索的类型、信息检索语言、文献分析标引、信息检索策略和步骤、信息检索效果评价、提高信息检索效果的措施等内容。

1. 信息检索的概念

信息检索就如人们在信息的海洋里“大海捞针”一样。如何捞，需要采取一定的技术方法。例如，在《世界因你不同：李开复自传》中，李开复写道：“我相信，是‘从心选择’的力量支撑着我度过了这段日子。它让我从悲愤中渐渐地安静下来，用胸怀接受了不能改变的事情，然后激励自己用勇气来改变可以改变的事情。我从 30 万份邮件中找到了证实自己并没有违约的证据，最终在一场离职风波中赢得了回到中国工作的机会。”

李开复从 30 万份邮件中找出 20 封邮件“离开微软到 Google”的证据。其寻找的方法就是采用了把图片转换为文字，再检索。那什么是信息检索呢？

信息检索，从狭义上说就是依据一定技术和方法，从已经组织好的有关大量信息集合中，查出特定的相关信息的过程。其实质就是人们的信息提问与信息的检索标识相比较后决定取舍的过程。

2. 信息检索原理

实际上，信息检索包括信息存储和信息检索两个环节和过程，二者的方向是互逆的。前者是后者的基础和条件，后者是前者的目的和归宿。信息存储的过程包括信息的采集、著录标引、编制检索工具或者建立检索系统。信息采集是根据一定的规则收集信息；信息标引是对信息的内容特征和形式特征进行揭示和描述，并按照相应的规则记录形成信息数据库检索系统。信息检索的过程是信息存储的逆过程。用户根据信息需求，选取合适的检索词（题名、著者、主题词、分类号等），利用检索工具或检索系统查找出相关信息。信息查找的过程实际上是一个匹配的过程，即确定检索词并将检索词与标引词做相符性比较，二者一致，就算找到了符合要求的信息。如图 3-1-2 所示。

3. 信息检索的类型

按照检索对象的不同，信息检索可分为文献检索、数值检索和事实检索。信息检索利用检索词、检索条件实现过滤。

4. 信息检索语言

信息检索语言是应文献信息的加工、存储和检索的共同需要而编制的专门语言，是表达一系列概括文献信息内容和检索课题内容的概念及其相互关系的一种概念标识系统。简言之，信息检索语言是用来描述信息源特征和进行检索的人工语言，分为规范化语言和非规范化语言。

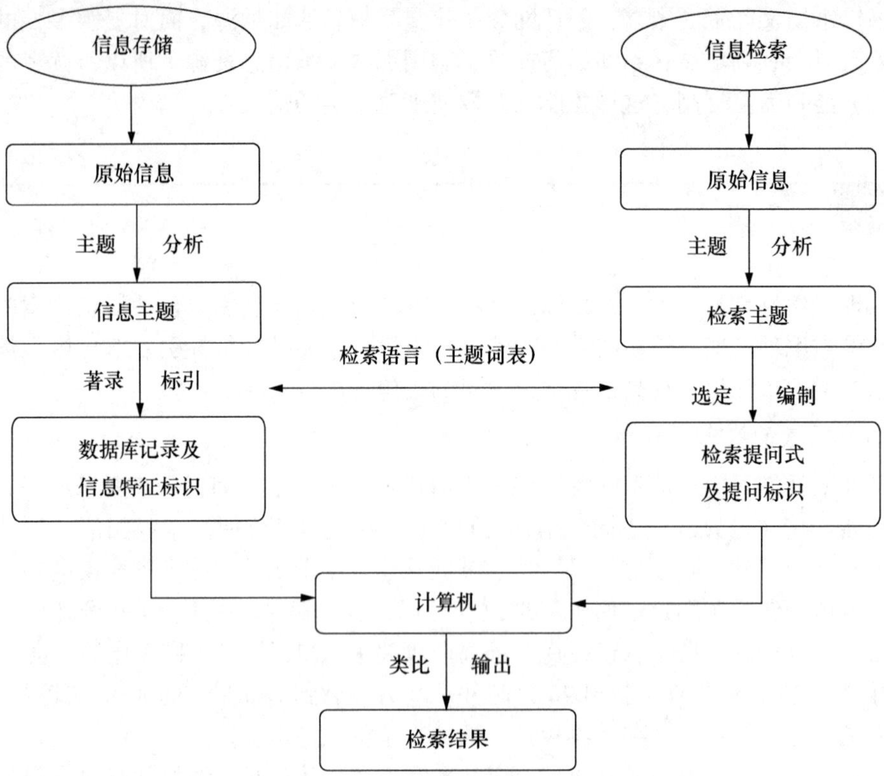

图 3-1-2　信息检索原理

信息检索语言在信息检索中起着极其重要的作用，是沟通信息存储与信息检索两个过程的桥梁。在信息存储过程中，用于信息检索语言描述信息内容和外部特征，从而形成检索标识；在检索过程中，用于信息检索语言描述检索提问，从而形成提问标识。当提问标识与检索标识完全匹配或部分匹配时，结果即为命中文献。

信息检索语言能够标引文献信息内容及其外表特征，保证不同标引者表征文献的一致性，对内容相同及相关的文献信息加以集中或揭示其相关性。有序化检索使文献信息的存储集中化、系统化、组织化，便于检索者按照一定的排列次序进行有序化检索；便于将标引用语和检索用语进行相符性比较，保证不同检索者表述相同文献内容的一致性，以及检索者与编目人员对相同文献内容表述的一致性；保证检索者按不同需要检索文献时，都能获得最高查全率和查准率。

按照标识的性质与原理，信息检索语言可分为分类检索语言、主题检索语言和代码语言等。

分类检索语言是指以数字、字母或字母与数字结合作为基本字符，采用字符直接连接并以圆点（或其他符号）作为分隔符的书写法，以基本类目作为基本词汇，以类目的从属关系来表达复杂概念的一类检索语言。以知识属性来描述和表达信息内容的信息处理方法称为分类法。分类检索语言在信息的存储环节可称为分类标引语言，在检索过程称为分类检索语言。分类检索语言主要包括《中国图书馆图书分类法》（简称《中图法》）、《中国科学院图书馆图书分类法》（简称《科图法》）、杜威十进分类法（DDC）、国际十进分类法（UDC）（如图 3-1-3 所示）、《美国国会图书馆分类法》（LC）。

主题检索语言是指以自然语言的字符为字符，以名词术语为基本词汇，用一组名词术语作为检索标识的一类检索语言。以主题检索语言来描述和表达信息内容的信息处理方法称为主题法。主题检索语言又可分为标题词、元词、叙词、关键词。主体法在存储过程也称为主题标引语言，在检索过程称为主题检索语言。

000	总论
100	哲学
200	宗教
300	社会科学
400	语言
500	自然科学和数学
600	技术(应用科学)
700	艺术、美术和装饰艺术
800	文学
900	地理、历史及辅助学科

0	总类、科学和知识
1	哲学、心理学
2	宗教、神学
3	社会科学
4	(语言)
5	数学和自然科学
6	应用科学、医学、技术
7	艺术、娱乐、体育
8	语言、语言学、文学
9	地理、传记、历史

图 3-1-3 DDC 和 UDC

代码语言是指对事物的某方面特征，用某种代码系统来表示和排列事物概念，从而提供检索的检索语言。例如，根据化合物的分子式这种代码语言，可以构成分子式索引系统，允许用户从分子式出发，检索相应的化合物及其相关的文献信息。

按照表达文献的特征，信息检索语言可分为表达文献外部特征和表达文献内部特征的检索语言。表达文献外部特征的信息检索语言主要是指以文献的篇名（题名）、著者姓名、出版者、报告号、专利号等，将不同的文献按照篇名、著者名称的字序进行排列，或者按照报告号、专利号的数序进行排列，所形成的以篇名、作者及号码的检索途径来满足用户需求的检索语言。描述文献内容特征的信息检索语言可简要概述文献的主题、观点和结论等。

5. 文献分析标引

标引就是标记、指引，是通过标记指引人们方便、快捷地找到所需要的信息。文献分析标引就是通过对文献的分析，选用确切的检索标识（分类号、标题词、叙词、关键词、人名、地名等)，用以反映该文献内容的过程。

文献分析标引是文献加工中的重要环节。文献工作者通过标引过程而赋予文献以检索标识，指明其内容特征的主题类属，而后用以配合书目信息编制出各种目录和索引，存储于计算机信息系统中以实现文献信息的检索。

按照标引语言的不同，文献分析标引分为分类标引和主题标引。使用分类语言标引文献的过程称为分类标引；使用主题语言标引文献的过程称为主题标引。主题标引又分为受控标引与非控标引。受控标引须由事先指定的叙词表（主题词表）中选用相应规范词，对文献进行标引；非控标引又称自由词标引，由编目人员直接选用文献内的自然语词，对文献进行标引。

标引的实质是按文献的内容特征对其进行主题类属的划分。主题标引包括两个工作步骤，即主题分析与用词的转换。所谓用词的转换，是指选用相应的检索语言规范词标明文献的主题类属。因此，标引是主题分析与用词表达两个步骤的结合。标引的质量对文献的检索效果有直接的决定性影响。

衡量标引的质量，一般采用两个客观上可比的指标，即穷举度与一致性。标引穷举度是指标引时是否将文献所讨论的全部主题反映出来；标引一致性是指不同标引者或同一标引者在不同时期，对同一主题文献标引时，对其主题归属的一致程度。从文献检索的角度来看，穷举度高有利于提高查全率；一致性强有利于提高查准率。由于计算机检索系统的建立和文献数据库的应用，出现了自动标引。自动标引是指利用计算机对文献进行自动标引，以代替人的脑力劳动。自动标引有两种形式：抽词标引与赋词标引。无论抽词标引或赋词标引，首先都需要将文献转化为机读形式。抽词标引以文献内词的出现频率作为是否取为标引词（用作检索标识的检索词，亦称索引词）的依据。设立频率阈时，一般以相对频率代替绝对频率效果较好。赋词标引则须将词表存入计算机系统，作为计算机对比选用标引词的依据。

6. 信息检索策略和步骤

信息检索策略就是在分析课题内容的基础上，确定信息检索系统、检索途径和检索词，并科学安排各词之间的位置关系、逻辑联系和查找步骤等形成的计划或方案。信息检索策略与检索步骤密切相关，特别是检索途径制约着检索的效果和质量。

信息检索途径主要有主题途径、分类途径、责任者途径和其他途径。其中，其他途径包括号码、代码、引文等。

信息检索步骤体现出检索者的工作过程，主要包括以下几个步骤：

第一步，信息需求分析，包括分析主题内容、学科范围、时间范围、信息类型等。

第二步，选择检索工具，包括题录、文摘、索引以及全文数据库等。

第三步，确定检索途径，包括主题、分类、责任者等途径。

第四步，选择检索方法，包括常用法、追溯法、循环法。

第五步，查找文献线索。

第六步，识别文献来源。

第七步，获取原始文献。

7. 信息检索效果评价

判断一个检索系统的优劣，主要从质量、费用、时间三个方面来衡量。质量一般通过用查全率和查准率来评价。检索效果的评价标准有两个：一是是否得到了所需要的信息；二是得到的信息是否全面、准确。

信息检索效果是指检索结果的有效程度，反映了检索系统的检索性能和检索能力。评价检索效果常用的指标有收录范围、查全率、查准率、响应时间和输出形式等，其中，查全率和查准率是最重要的也是最常用的指标。

设 R 表示查全率，P 表示查准率，M 表示漏检率，N 表示误检率，m 表示检出文献总量，a 表示检索系统中的相关文献总量，b 表示检出的相关文献总量。

查全率是指检出的相关文献量与检索系统中相关文献总量的百分比，是衡量信息检索系统检出相关文献能力的尺度，可用下式表示：

$$\text{查全率}=\frac{\text{检出的相关文献总量}}{\text{系统中的相关文献总量}}\times 100\%\text{，即 } R=\frac{b}{a}\times 100\%$$

【示例 3-1-1】

利用某个检索系统查某课题。假设在该系统数据库中共有相关文献为 40 篇，而检索出来相关文献总量有30篇，那么查全率就等于75%。

查准率是指检出的相关文献量与检出文献总量的百分比，是衡量信息检索系统精确度的尺度，可用下式表示：

$$查准率=\frac{检出的相关文献总量}{检出文献总量}\times 100\%，即 P=\frac{b}{m}\times 100\%$$

【示例3-1-2】

如果检出的文献总篇数为50篇，经审查确定其中与课题相关的文献只有40篇，另外10篇与该课题无关。那么，这次检索的查准率就等于80%。

检索效果还表现在检索系统的响应时间。检索系统的响应时间是指从发出检索提问到获得检索结果平均消耗的时间。主要包括：用户端请求到服务器的传送时间；服务器处理请求的时间；服务器的答复到用户端的传送时间；用户端计算机处理服务器传来信息的时间。

8. 提高信息检索效果的措施

提高信息检索效果的措施有：提高用户信息素质；选择好的检索工具和系统；优选检索词；合理调整查全率和查准率。不同的检索课题对文献信息的需求不同，用户应根据课题的需要，适当调整查全率和查准率，优化检索策略，以达到最佳检索效果。

提高查全率的措施是：调整检索式，提高查全率。主要方法是降低检索词的专指度，从词表或检出文献中选一些上位词或相关词。

第一，减少AND组配，如删除某个不甚重要的概念组面（检索词）。

第二，多用OR组配，如选同义词、近义词等并以OR方式加入到检索式中。

第三，执行族性检索，如采用分类号检索。

第四，执行截词检索。

第五，放宽限制运算，如取消字段限制符，调松位置算符等。

提高查准率措施是：提高查准率时，调整检索式的主要方法有提高检索词的专指度，增加或采用下位词和专指性较强的检索词；增加AND组配，用AND连接进一步限定主题概念的相关检索项。

【示例3-1-3】

信息存储和信息检索过程示例。

1. 信息存储过程

现在，有三篇外文文献，分别是文献1、文献2、文献3。

文献1：A Model of multimedia information retrieval；

文献2：The Information retrieval in chemistry WWW server；

文献3：ERIC resources；

第一步，分析标引。对以上提到的三篇英文文献进行内容分析，并用相关的检索语言对其进行标引。其标引结果如下：

文献1. 篇名（title）：A Model of multimedia information retrieval
主题（subject）：information retrieval，multimedia computer applicatons

文献2. 篇名（title）：The Information retrieval in chemistry WWW server
主题（subject）：chemistry，educational materials

文献 3. 篇名（title）：ERIC resources

主题（subject）：educational materials

对以上三篇文献标引后，这三篇文献分别被存储到数据库中。

2. 信息检索过程

如果用户输入“information retrieval（信息检索）”一词，并将检索范围限定在篇名中，则文献 1、文献 2 符合用户要求，成为检索结果。

如果用户输入“information retrieval（信息检索）”一词，并将检索范围限定在主题中，则只有文献 1 符合用户要求，成为检索结果。

如果用户输入“educational materials（教育资料）”一词，并将检索范围限定在主题中，则文献 2、文献 3 符合用户要求，成为检索结果。

如果用户输入任意其他词汇如“mathematics（数学）”，则没有任何检索结果。

这里，“information retrieval”“educational materials”等就是检索语言，即具体的检索词、篇名和主题就是检索语言的标识。检索系统就是通过它们将用户需求与信息内容进行匹配运算，最终找到检索结果的。

小知识

文献全文获取方法

课题查新与文献调研离不开原始文献，大量的题录型数据库并不能起到应有的作用。除了在图书馆查找期刊全文，还可以通过以下五种途径获取全文。

一是通过中文数据库获取原文。中文数据库包括《中文科技期刊数据库》《中国学术期刊数据库》《数字化期刊数据库》等。这三个数据库在收录的期刊上略有差别，可互补使用。

二是通过 Internet 查找作者主页，利用 E-mail 向作者索取原文。

三是通过搜索引擎搜索原文。一般综合性搜索引擎如谷歌、百度等均可承担此项任务。

四是利用联合目录检索并通过文献传递获取原文。通过联合目录找到原文馆藏地，然后通过文献传递服务获取全文。例如，中国高等教育文献保障体系（CALIS）、中国科学院国家科学数字图书馆（CSDL）馆际互借与文献传递服务系统和科技部的国家科技图书文献中心（NSTL）及其科技文献资源网络服务系统均提供原文传递服务。

五是通过文献检索论坛得到全文。文献检索论坛可以免费或者花费一定的论坛币来求助于一些检索高手传递全文。

任务2 了解布尔逻辑及其应用

布尔是爱尔兰国立考克大学的英国数学家，在19世纪中叶他首次定义了逻辑的代数系统。现在，布尔逻辑在电子学、计算机硬件和软件中有很多应用。布尔逻辑检索是计算机检索中用来表达用户检索提问的一种逻辑运算式，它由检索词和各种布尔逻辑算符、位置算符、截词符、限制符等系统允许使用的各种符号组合而成。布尔逻辑运算在信息检索过程中应用十分广泛。

问题导入

英国数学家乔治·布尔及布尔逻辑

图3-2-1 乔治·布尔

乔治·布尔（George Boole，1815—1864），1815年11月2日生于英格兰的林肯。40岁时因肺炎病逝。布尔少时家境贫寒，在协助养家的同时不断地为自己能接受教育而奋斗，最终成了19世纪杰出的数学家。

布尔16岁做了中学教师，并开办了自己的学校。他在备课的时候，不满意当时的数学课本，阅读牛顿的《数学原理》、拉格朗日的《解析函数论》和拉普拉斯的《天体力学》。在阅读伟大的法国数学家拉格朗日的论文时，布尔有了变分方面的新发现。1848年，布尔出版了第一部著作 *The Mathematical Analysis of Logic*。1849年，布尔被任命为爱尔兰科克的皇后学院（National University of Ireland，College Cork 或 UCC）的数学教授。1854年，他出版了最著名的著作 *The Laws of Thought*，创立了布尔代数。布尔代数在电子工程、计算机、数理逻辑中有很多应用。

由于布尔在符号逻辑运算中的特殊贡献，很多计算机语言中将逻辑运算称为布尔运算，将其结果称为布尔值。布尔逻辑算符是把检索词连接起来，构成一个逻辑检索式，用于文献信息检索。检索式的构成要么提高查全率，要么提高查准率，实现提高检索效率，以满足检索需求。

数据库信息检索在很大程度上采用了布尔逻辑检索，特别是逻辑组合运算。无论是全文文献数据库、OPAC书目数据库还是其他的大型知识服务平台，都支持布尔逻辑运算。所以，掌握布尔逻辑算符及其运算方式特别重要。下面介绍布尔逻辑运算的具体内容及应用方法。

基础知识

围绕现代信息检索技术项目目标，本项任务的内容和知识点主要包括计算机检索的内涵与类型、检索表达式，布尔逻辑的运算及其应用。

1. 计算机检索的内涵

计算机检索的出现改变了传统的手工检索方式，为检索者查找信息资料提高了效率。网络信息检索是指互联网用户在网络终端，通过特定的网络搜索工具或是通过浏览的方式，查找并获取信息的行为。计算机信息检索的实质是“匹配运算”，即由检索者把检索提问变成计算机能识别的检索表达式输入到计算机中，由计算机自动对数据库中各文档进行扫描、匹配。

2. 计算机检索的类型

计算机检索是基于计算机技术和网络技术的现代信息检索方法，主要包括光盘检索、联机检索、网络检索三种类型。光盘检索是基于光盘检索软件进行的检索，包括光盘单机检索和光盘联机检索。光盘单机检索是指一张光盘检索软件，如清华同方电子期刊光盘版，放在光盘驱动器里面进行检索；光盘联机检索是指在一个局域网内，读者访问光盘塔中的若干个检索软件光盘，以期查找到某种文献；联机检索是指在一个局域网内，任何一台检索终端访问数据服务器的检索平台，以期查找到有关文献的检索方式，如 OPAC 系统。目前，OPAC 系统可以通过 Internet 远程访问，检索有关图书目录信息，如国家图书馆的 Web OPAC，上海图书馆的 IPAC；网络检索是指用户或者读者检索 Internet 上的任何有关信息，这种检索方式多数依赖于搜索引擎，如百度、谷歌等，以及指南型搜索工具。

3. 检索表达式

计算机检索技术主要是指检索词的组配技术和检索表达式的构成规则。检索词包括主题词、关键词、名称、分类号、分子式、专利号及各种号码等；检索表达式简称检索式，是一个既能反映检索课题内容又能为计算机识别的算式，是进行计算机检索的依据，又称检索提问式。检索表达式主要是运用各种逻辑运算符号、位置逻辑算符、截词符及其他限制符号等，把检索词连接组配起来，确定检索词之间的关系，准确表达检索课题的内容。

检索式是检索策略的具体体现之一。具体来说，检索式是用检索系统规定的各种算符将检索词之间的逻辑关系、位置关系等连接起来，构成计算机可以识别和执行的检索命令式。检索式构造的优劣关系到检索策略的成败。检索式主要有逻辑检索式、截词检索式、位置检索式等，其中，最为常用的是逻辑检索式。

4. 布尔算符及逻辑检索式

布尔逻辑算符的三种基本形式，即逻辑与、逻辑或、逻辑非。

布尔逻辑检索是指利用布尔逻辑运算符连接各个检索词，然后由计算机进行相应逻辑运算，以找出所需信息的方法，这种方法是目前计算机检索最简单、最基本的匹配模式，使用面最广、使用频率最高，是计算机检索领域广泛采用的逻辑式。

逻辑与，运算符为 and 或 *，所连接的两个检索词必须同时出现在结果中，即用于交叉概念或限定关系的组配，实现检索词概念范围的交集，如图 3-2-2 所示，可以缩小检索范围，提高查准率。如检索式为：A and B 或者 A ＊ B，表示检出同时含有检索词 A 和检索词 B 的信息集合 C。

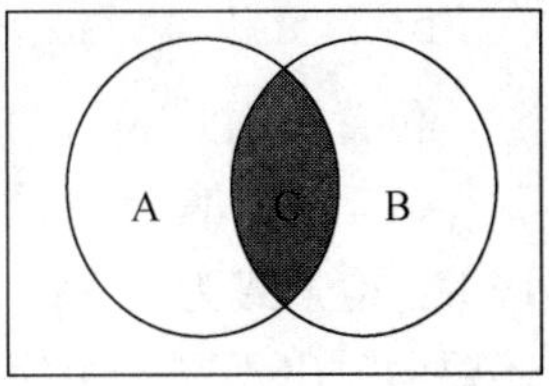

图 3-2-2 逻辑与文氏图

【示例 3-2-1】

查找内容中既含有“计算机”又含有“文献检索”词的文献，其检索式为“计算机 AND 文献检索”，或者“计算机＊文献检索”。

目前，在一些数据库（如中国期刊网）中提供的二次检索，实质上也是逻辑与的运算。逻辑与的检索能增强检索的专指性，使检索范围缩小。

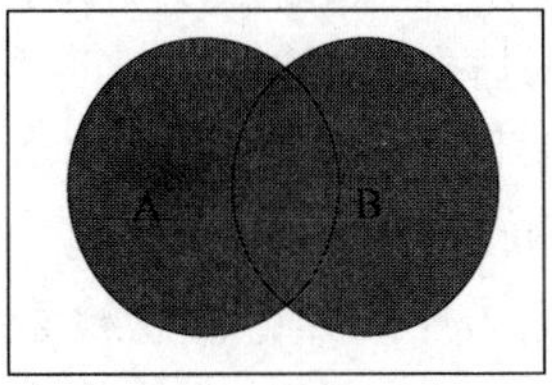

图 3-2-3 逻辑或文氏图

逻辑或，运算符为 or 或 +，所连接的两个检索词中任意一个出现在结果中就满足检索条件，即用于并列关系（同义词、近义词）检索词的组配，实现检索词概念范围的并集。它可以扩大检索范围，防止漏检，有利于提高查全率。用 or 连接检索词 A 和检索词 B，检索式为：A or B 或者 A ＋ B，表示检出所有含有检索词 A 或检索词 B 的记录。如图 3-2-3 所示。

【示例 3-2-2】

查找文献内容中含有“计算机”或含有“文献检索”以及两词都包含的文献，其检索式为“计算机 or 文献检索”，或者“计算机 + 文献检索”；

逻辑非用“not”或“－”号表示，所连接的两个检索词中，应从第一个概念中排除第二个概念，也就是说，用于连接排除关系的检索词，从原来的检索范围中排除不需要的和影响检索结果的概念。用 not 连接检索词 A 和检索词 B，检索式为：A not B（或 A－B），表示检索含有检索词 A 而不含检索词 B 的信息，即将包含检索词 B 的信息集合排除掉，用来缩小检索范围（如图 3-2-4 所示）。在实际检索中要慎重使用。

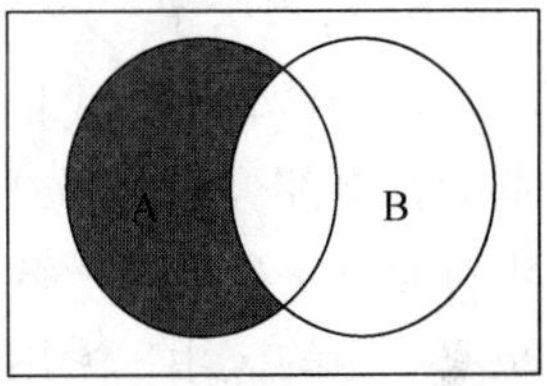

图 3-2-4 逻辑非文氏图

【示例 3-2-3】

查找文献内容中含有“计算机”而不含有“文献检索”的那部分文献，其检索式为“计算机 not 文献检索”，或者“计算机- 文献检索”。

布尔逻辑运算式的差异明显对检索效果有着直接影响，如表3-2-1 所示。

表 3-2-1 布尔逻辑运算比较

逻辑算符	and 与	or 或	not 非
检索式	A and B	A or B	A not B
检索式	A ＊ B	A ＋ B	A － B
结果显示	A 和 B 都出现的记录集合	A 和 B 有一个或者都出现的记录集合	只出现 A 而不出现 B 的记录集合
图示顺序	图 3-2-2	图 3-2-3	图 3-2-4

5. 位置检索

位置检索式表示两个检索词之间的位置邻近关系，常用的运算符号有 with，near 等。

with 用于表示同时出现在同一文献的一个字段的两个词，用 with 连接检索词 A 和检索词 B，检索式为："A with B"，表示检索词 A 和检索词 B 不仅要同时出现在一条记录中，还要同时出现在一个字段里的文献才是命中文献。如：drug（药物）with abuse（滥用），检索出的是同一个字段中同时出现这两个词的记录。

near 用于表示两个检索词不仅要同时出现在一条记录的同一字段里，还必须在同一个子字段里。用 near 连接检索词 A 和 B，检索式为："A near B"，表示检索词 A 和检索词 B 不仅要同时出现在一条记录中的同一个字段里，还要同时出现在同一个子字段里的文献才是命中文献。如：药物 Near 滥用，检索出的是同一句话中同时出现这两个词的记录。

Near#。其中"#"代表一个常数，用 Near#连接检索词 A 和检索词 B，检索式为："A near# B"表示检索词 A 和检索词 B 之间有 0 ~ #个单词的文献（A 和 B 在同一记录、同一字段里）。在 near 后加一个数字，指定两个词的邻近程度，且不论语序。如：信息检索 near2 数据，表示检索词"信息检索"和"数据"同时出现在一个句子中，且这两个检索词之间的词数不超过两个的那些文献为命中文献。

复合逻辑检索是指一个检索式中可以同时使用多个逻辑运算符，构成一个复合逻辑检索式，如（A or B）and C，其运算次序为先运算（A or B），再运算 and C。布尔逻辑运算级别从高至低依次是 not，and，near，with，or，可以使用括号改变运算次序，对于同一个逻辑运算式来说，不同的运算顺序有不同的运算结果。

6. 截词检索

截词检索表达式指在检索式中用专门符号（截词符号）表示检索词的某一部分，检索词允许有部分变化，检索词的不变部分加上由截词符号所代表的任何变化形式所构成的词汇都是合法检索词。截词检索表达式在西方语言检索中应用比较广泛，在中文信息检索中也有一定的应用。采用截词检索表达式，既能防止漏检，又能节省时间，是提高检索效率的有力措施。不同检索系统采用的截词符不完全相同，一般常采用"?""*"等。

截词方式有多种，按截断的位置来分，截词有前截断、中间截断、后截断等；按截断的字符数量来分，可分为有限截断和无限截断两种。

后截词，又称右截词、前方一致，允许检索词尾部有若干变化形式。例如检索式"Comput?"将检出包含 Computer，Computing，Computed，Computerization 等词汇的结果。

中间截词指允许检索词中间有若干变化形式，例如"wom * n"就可同时检索到含有 woman 和 women 的结果。

前截词，又称左截词、后方一致，允许检索词的前端有若干个字母或字词变化形式，例如检索" * physics"就可检得包含 physics，astrophysics，biophysics，chemicophysics 等词的结果。

截词检索表达式在使用时，一定要合理使用，截断部分要适当，不要截得太短，以免增加检索噪音、查出很多无关的文献。

7. 字段限制检索

为减少命中文献数量，常将检索范围限定在某个字段或范围中。常用字段主要有：

题名（Title，TI）；文摘（Abstract Field，AB）；叙词或主题词（Descriptor，DE；Subject，SU）；著者（Author，AU）；著者机构（Corporate Source，CS 或 Affiliation，AF）；刊名（Journal Name，JN 或 Source Title，ST）；出版年（Publication Year，PY）；文献类型（Document Type，DT 或 Type，TY）；语种（Language，LA）；分类号（Classification，CC）。

图 3-2-5 为国家图书馆联机公共目录查询系统简单检索。在检索项的下拉菜单中，列出 19 种字段供用户选择。不同的检索条件，可满足用户的不同需要，以达到不同的检索效果。

布尔逻辑运算、位置检索、截词检索以及字段检索等都是当前数据库检索中的重要检索方法，根据用户的检索需求选择不同的方法，可提高检索效率和检索效果。

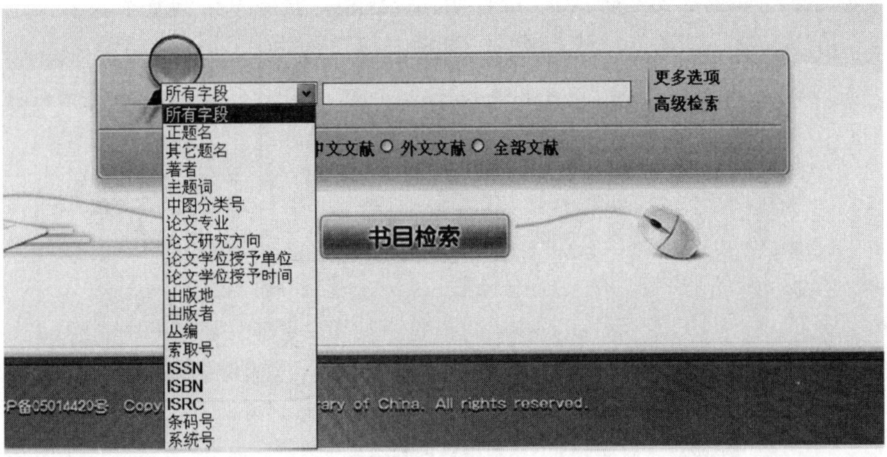

图 3-2-5 国家图书馆联机公共目录查询系统简单检索：字段选择下拉菜单

布尔逻辑在信息检索领域应用广泛，英国数学家布尔在数学领域的重大贡献让后人永远铭记。请了解一下关于布尔家族的故事。

数学家乔治·布尔一家

乔治·布尔家族三代人在数学、化学、文学、核物理等领域对社会做出了重要贡献。

布尔年轻时家境贫寒，妻子玛丽·埃弗雷斯特撰写社会问题方面的文章，教数学，帮助丈夫著书。布尔夫妇有五个女儿。大女儿玛丽嫁给一位当时颇有名气的数学家；二女儿的儿子泰勒是英国皇家学会的会员，以他名字命名的“泰勒级数”非常有名；三女儿爱丽莎继承了父亲的衣钵，是杰出的数学家，她对“四维几何学”做出了重大的贡献；四女儿露茜是化学家；小女儿艾捷尔·丽莲是英国文学名著《牛虻》的作者，她的孙女是芝加哥大学核物理博士，参加过曼哈顿原子弹计划，长期定居中国。

维普《中文科技期刊数据库》及其检索平台是当前高校师生应用比较广泛的文献检索服务系统，本系统支持布尔逻辑运算，满足不同用户的检索需求。而且，其他许多文献数据库以及网络资源搜索引擎也都支持布尔逻辑。所以，学会布尔逻辑检索技巧十分重要。

任务3 布尔逻辑检索应用案例

1. 维普期刊检索平台

登录维普期刊网（http://lib.cqvip.com/）《中文科技期刊数据库》维普期刊资源整合服务平台，单击“期刊文献检索”，利用基本检索途径，采用布尔逻辑检索有关高等职业技术教育的文献（如图3-3-1所示）。维普期刊资源整合服务平台的基本检索，包括15种选择字段，可以选择不同的字段进行检索（如图3-3-2所示）。

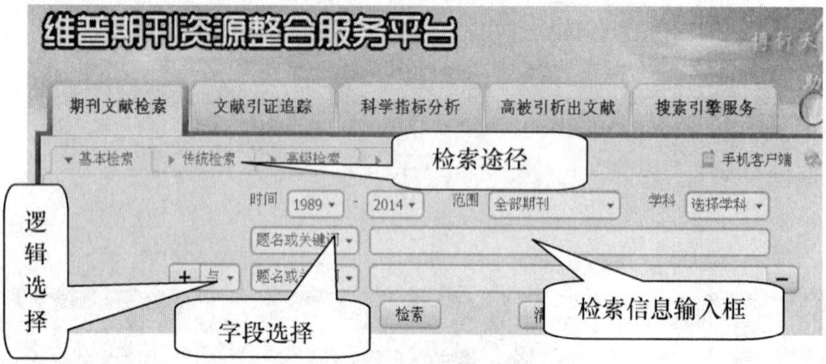

图3-3-1 维普期刊检索平台

图3-3-2 检索字段下拉菜单

2. 检索案例

利用“逻辑与”检索关于“职业技术教育”的信息

首先，在第一个检索项中选择字段“题名或关键词”，在第一个信息输入框中输入“高等职业教育”；

其次，选择布尔“逻辑与”；

再次，在第二个检索项中，选择字段“题名或关键词”，在第二个信息输入框中输入“中等职业教育”，如图3-3-3所示；

最后，单击“检索”，检索结果显示989条相关信息，如图3-3-4所示。

图3-3-3 “逻辑与”输入检索界面

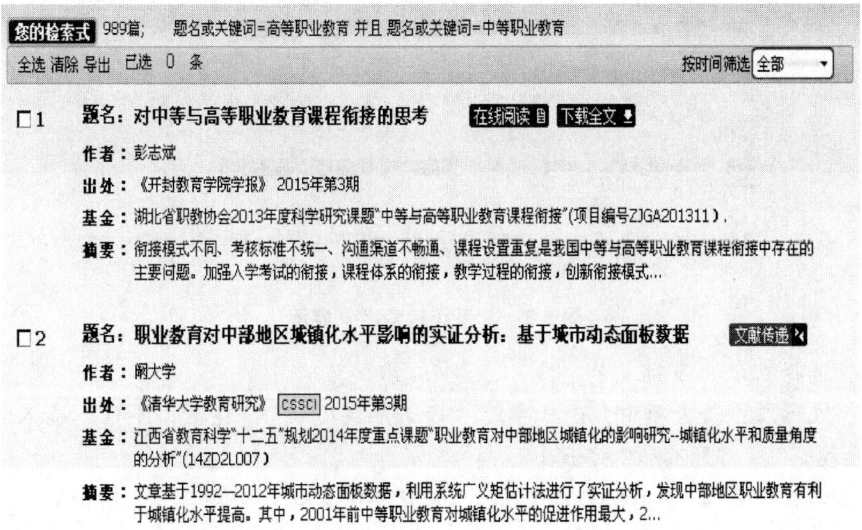

图3-3-4 “逻辑与”检索部分结果

利用“逻辑非”检索关于“职业技术教育”的信息

首先，在第一个检索项中选择字段“题名或关键词”，在第一个信息输入框中输入“职业技术教育”；

其次，选择布尔“逻辑非”；

再次，在第二个检索项中，选择字段“题名或关键词”，在第二个信息输入框中输入“中等职业教育”，如图3-3-5所示；

最后，单击“检索”，检索结果显示11 257篇相关文献（如图3-3-6所示）。

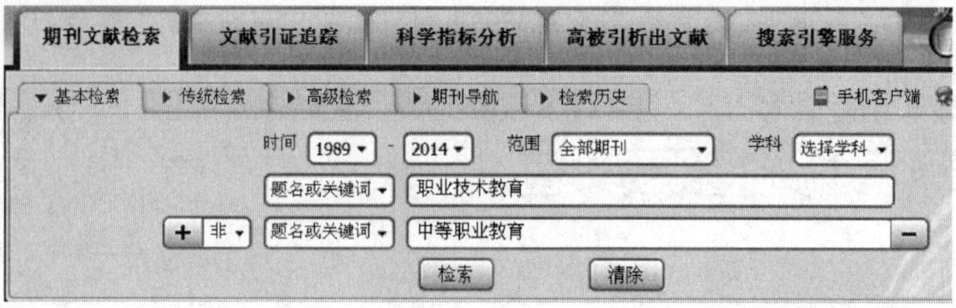

图 3-3-5　逻辑非检索信息输入

利用“逻辑或”检索关于“职业技术教育”的信息

首先，在第一个检索项中选择字段“题名或关键词”，在第一个信息输入框中输入“高等职业技术教育”；

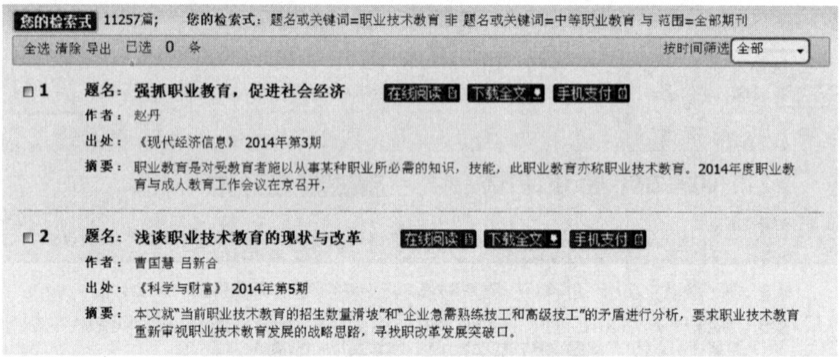

图 3-3-6　系统检索结果显示

其次，选择布尔“逻辑或”；

再次，在第二个检索项中，选择字段“题名或关键词”，在第二个信息输入框中输入“中等职业教育”，如图 3-3-7 所示；

最后，单击“检索”，检索结果显示 4508 篇相关文献（如图 3-3-8 所示）。

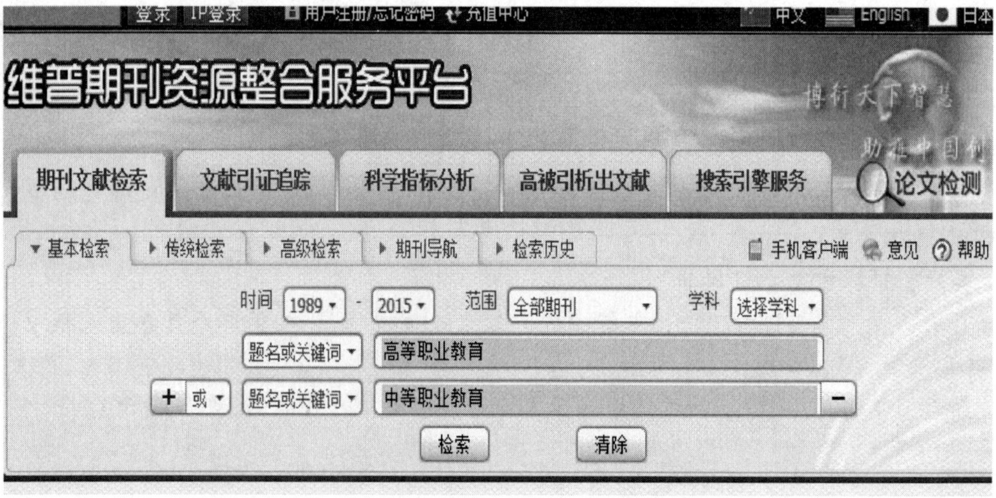

图 3-3-7　“逻辑或”信息检索界面

图 3-3-8 “逻辑或”检索部分结果

3. 案例分析

布尔逻辑运算在信息检索中运用十分广泛，针对读者不同的检索需要，有目的地选择不同的逻辑运算，可以扩大检索范围以提高查全率；或者缩小检索范围，增强查准率等以提高检索效率，增强检索效果。

思考练习：现代信息检索技术

▶知识掌握

1. 什么是信息检索？
2. 信息检索工作的原理是什么？
3. 文献信息检索的类型分为哪些？
4. 信息检索语言及其类型有什么异同？
5. 书目信息检索的主要途径有哪些？
6. 信息检索策略及其制定步骤是怎样的？
7. 信息检索效果评价指标有哪些？举例说明。

▶知识应用

构造检索式："(高职高专 * 学前教育) - 成人教育"，查找"高职学前教育"但不包括"成人教育"的资料。

▶专题实践

实训情景：某大学机电系学生面临撰写毕业论文的挑战，现在某老师给出了一个课题：数控技术在现代机械行业的应用与发展趋势。围绕这一课题，同学们开始制订计划，着手收集资料。

实训课题：数控技术在现代机械行业的应用与发展趋势。

检索平台：本校图书馆书目数据库、中文科技期刊数据库。

任务要求：

1. 根据检索策略的知识和检索技巧，制定一个合理的检索策略，内容包括信息需求分析、选择检索工具、确定检索途径、选择检索方法等。

2. 写出信息检索过程和检索结果。

作业要求：撰写一份实训报告，包括实训情景、实训课题、检索平台、任务要求、本实训的检索策略，检索过程和结果。

项目4

数据库信息检索技术

项目目标

通过本项目的学习，掌握以下知识内容和相关技能：

1. 数据库的基本内涵、数据库的结构和功能。
2. 万方数据检索平台特色及检索方法。
3. 维普《中文科技期刊数据库》检索平台特色及检索方法。

现代信息技术的发展使信息传播和应用更加便捷，资源共享成为人们信息价值的追求目标。数据库技术的产生和发展使得资源共享成为可能。目前网络海量信息存储都是依赖数据库实现的。数据库是按照数据结构来组织、存储和管理数据的仓库。随着信息技术和市场的发展，特别是20世纪90年代以后，数据管理不再仅仅是存储和管理数据，而转变为用户所需要的各种数据管理方式。数据库的类型很多，从最简单的存储各种数据的表格，到能够进行海量数据存储的大型数据库系统，在各个方面都得到了广泛的应用。

数据库信息检索技术对当今的高校学生和科研工作人员来说是十分重要的。因为，无论是高校学生的学习还是科学研究，有许许多多的信息、知识的获取依赖于国内外大型的商业型文献信息数据库，如中国知网的《中国优秀期刊论文数据库》、维普《中文科技期刊数据库》、万方《中国博士硕士论文数据库》等。中国知网、维普、万方等商家提供的数字化文献信息资源囊括了目前绝大多数中国高等学校和科研院所的科研成果的有关信息，是国内重要的数字化文献信息资源。

任务1 了解数据库基础知识

从技术角度来看，常见的数据库类型有 ACCESS、MSSQL、MYSQL、ORACLE、DB2 等。ACCESS 用于一般的企业网站，数据及访问量较小；MSSQL、MYSQL 用于较大的网站或者系统，效率比 ACCESS 高；ORACLE、DB2 一般用于大型的应用平台。

问题导入

一些数据库基础知识，您了解吗？

企业或事业单位的人事部门常常要把本单位职工的基本情况，比如职工号、姓名、年龄、性别、籍贯、工资、简历等存放在一张表格中，这张表就可以看成一个数据库。有了这个“数据仓库”，人们就可以根据需要随时查询某职工的基本情况，也可以查询在某个范围内的职工人数等。这些工作如果都能在计算机上进行，那么人事管理就可以达到极高的水平。此外，在财务管理、仓库管理、生产管理中也需要建立类似的众多“数据库”，利用计算机实现财务、仓库、生产的自动化管理。

图书馆文献信息资源收藏在图书馆管理系统中也是一样的。不过，图书是由图书馆的编目工作者按照图书著录规则对图书信息进行描述。常用字段如著者、题名、出版社、分类号等有关信息存放在一张表中，这张表格也就是图书的书目信息数据库，提交到图书管理系统，保存在系统的数据库中。读者可以通过 OPAC 查询自己需要的图书书目信息。

数据库的基础知识大家应该是熟知的。我们常用到的数据库资源，如《中文科技期刊数据库》《中国优秀博硕士论文数据库》等大型商业数据库，就是以数据库技术为基础而开发的检索平台和存储的文本数据信息，以服务教学科研需要。那数据库有关的数据、数据库类型、数据库系统等基础知识又是怎样的呢？

基础知识

围绕数据库信息检索项目目标，本项任务的内容和知识点主要包括数据和信息的关系、数据库的概念和特点、数据库管理系统的构成及其功能等。

1. 数据和信息的关系

数据是指存储在某种介质上能够识别并对客观事物进行直观描述的物理符号，是表达知识的字符集合，是进行各种统计、计算、科学研究或技术设计以及决策的重要依据。实际上，数据是指能够反映客观事实的数字和资料。数据可以是连续的值，例如声音，称为模拟数据；也可以是不连续（离散）的值，例如成绩，称为数字数据。数据通信就是指传输介质把数据从一个地方向另一个地方传送。数据在传送之前需要先经过编码转变为信号才能在介质上传播。

数据的处理和传输实际上是指数据通过计算机处理，包括储存、传送、排序、归并、计算、转换、检索、制表和模拟等操作，以得到人们需要的结果。

数据和信息二者不可分离。数据是信息的表现形式，信息是数据的内涵和意义。数据只有对实体行为产生影响时才成为信息。

2. 数据库和数据库系统

数据库可以形象地理解为电子化的文件柜——存储电子文件的处所，用户可以对文件中的数据进行新增、截取、更新、删除等操作。从理论上讲，数据的概念是指以一定方式储存在一起、能为多个用户共享、具有尽可能小的冗余度、与应用程序彼此独立的数据集合。数据库是依照某种数据模型组织起来并存放二级存储器中的数据集合，这种数据集合尽可能不重复，以最优方式为某个特定组织的多种应用服务，其数据结构独立于应用程序，对数据的增、删、改和检索由统一软件进行管理和控制。

3. 数据库的结构

数据库的基本结构分为物理数据层、概念数据层、逻辑数据层三个层次，反映了观察数据库的三种不同角度。以内模式为框架所组成的数据库叫物理数据库；以概念模式为框架所组成的数据叫概念数据库；以外模式为框架所组成的数据库叫用户数据库。物理数据层是数据库的最内层，是物理存贮设备上实际存储的数据的集合。这些数据是原始数据，是用户加工的对象，由内部模式描述的指令操作处理的位串、字符和字组成。概念数据层是数据库的中间一层，是数据库的整体逻辑表示，它指出了每个数据的逻辑定义及数据间的逻辑联系，是存贮记录的集合。逻辑数据层是用户所看到和使用的数据库，表示了一个或一些特定用户使用的数据集合。数据库层次之间的联系是通过映射进行转换的。

4. 数据库的主要特点

第一，实现数据共享。数据共享包括所有用户可同时存取数据库中的数据，也包括用户可以用各种方式通过接口使用数据库。

第二，减少数据冗余度。数据库由于实现了数据共享，从而避免了用户各自建立应用文件，减少了大量重复数据，维护了数据的一致性。

第三，数据独立性。数据独立性既包括逻辑独立性，即数据库的逻辑结构和应用程序相互独立；还包括物理独立性，即数据物理结构的变化不影响数据的逻辑结构。

第四，数据集中控制。利用数据库可对数据进行集中控制和管理，并通过数据模型表示各种数据的组织以及数据间的联系。

第五，数据安全可靠。数据库的安全性控制，以防止数据丢失、错误更新和越权使用；完整性控制，保证数据的正确性、有效性和相容性；并发控制，使在同一时间周期内，允许对数据实现多路存取，又能防止用户之间的不正常交互作用。

第六，故障恢复。数据库管理系统通过提供一套方法，可及时发现故障和修复故障，从而防止数据被破坏。

5. 数据库系统

数据库系统简称DBS（Database System），通常由数据库、应用软件、存储硬件和数据管理员组成。数据库是指长期存储在计算机内有组织、可共享的数据的集合。数据库中的数据按一定的数学模型组织、描述和存储，具有较小的冗余、较高的数据独立性和易扩展性，为用户所共享。

应用软件主要包括操作系统、应用程序以及数据库管理系统。数据库由数据库管理系统统一管理，数据的插入、修改和检索均要通过数据库管理系统进行。数据管理员负责创建、监控和维护整个数据库，使数据能被任何有权使用的人有效使用。

存储硬件主要包括构成计算机系统的各种物理设备，主要有管理设备服务器、存储设备，如磁盘阵列，以及其他需要的外部设备等。硬件配置应满足数据库系统的需要，如图4-1-1 所示。

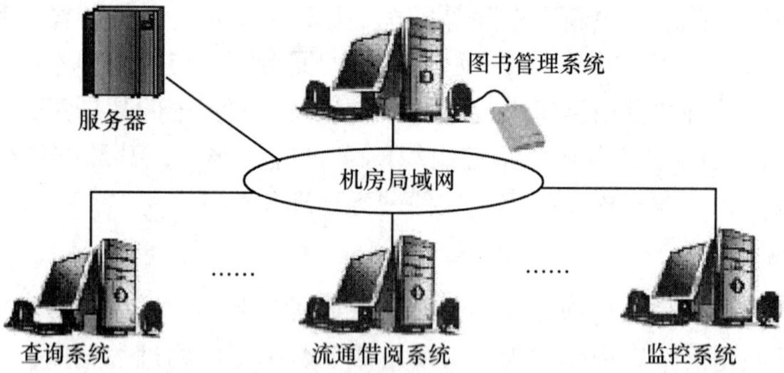

图 4-1-1　图书馆管理系统

数据库管理员负责数据库的总体信息控制，决定数据库的存储结构和存取策略，定义数据库的安全性要求和完整性约束条件，监控数据库的使用和运行，负责数据库的性能改进、数据库的重组和重构，以提高系统的性能。

数据库管理系统（简称 DBMS）是数据库系统的核心，对数据库的一切操作，如原始数据的装入、检索、更新、再组织等，数据库系统都是在 DBMS 的指挥、调度下进行的，它是用户与物理数据库之间的桥梁，根据用户的命令对数据库执行必要的操作。

6. 常用的数据库类型

信息检索常用到的大型商业数据库，按照内容和文献类型分为参考数据库、全文数据库、事实数据库三种。参考数据库是指包含各种数据信息或知识的原始来源和属性的数据库，如书目、文摘、索引等类型的数据库，CA、SCI、EI、中国期刊网题录数据库等都是参考数据库；全文数据库是指收录原始文献全文的数据库，以期刊论文、会议论文、政府出版物、研究报告、法律条文和案例、商业信息等为主，如中国知网的《中国优秀博硕士论文全文数据库》、维普《中文科技期刊数据库》等；事实数据库是指包含大量数据、事实的数据库，如数值数据库、指南数据库、术语数据库等。

任务 2　学会万方数据库文献检索

万方数据知识服务平台的信息检索服务系统，能够让用户由简单的检索词开始进行一次简单、精准、快速、稳定的检索体验。用户可以通过检索结果的分布视图进行“排除”和“限定”检索项，使检索的信息更精准。用户也可以通过参考文献、引证文献、相似文献实时跟踪链接。对于适用文献，可以下载使用。

问题导入

万方数据库，您知道多少？

万方数据的类型较全，信息量较大，文献拥有量堪称国内第一。其主要数据库有《中国学术期刊数据库》《中国学位论文全文数据库》《中国学术会议文献数据库》《中外专利数据库》《中外标准数据库》《中国法律法规数据库》《中国科技成果数据库》《中国特种图书数据库》《中国机构数据库》《中国企业机构数据库》《中国专家数据库》等 12 大数据库。其中，高校系统使用频率较高的主要是《中国学术期刊数据库》《中国学位论文全文数据库》两大数据库。科技系统除了期刊和博士硕士论文数据库外，标准、专利、科技成果数据库等也很受读者欢迎。如图 4-2-1 是万方知识服务平台的检索界面首页。

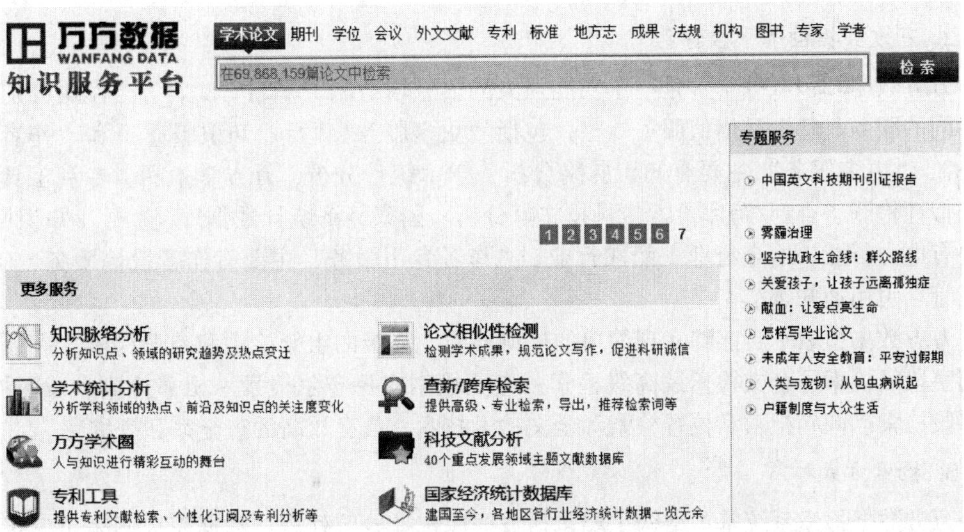

图 4-2-1　万方数据知识服务平台

万方数据知识服务平台是在原万方数据资源系统的基础上，经过不断改进、完善、创新而成，集高品质信息资源、先进检索算法技术、人性化设计等特色于一身的国内一流的品质的信息资源出版、增值服务平台。万方数据资源在国内，特别是在高校和科研院所的应用十分广泛，对高校师生和科技工作者的教学科研活动产生了重大影响。

基础知识

围绕商业数据库信息检索技术项目目标，本项任务的内容和知识点主要包括万方知识服务平台的结构、特点、检索方法、检索途径，并通过实例分析介绍如何使用万方数据检索平台。

1. 万方数据平台

万方综合信息服务在原有文献服务的基础上，运用先进的分析和咨询方法为用户提供信息增值服务，并陆续推出企业竞争情报系统以及通信、电力和医药行业竞争情报系统等一系列信息增值产品，以满足用户对深层次信息和分析的需求，为用户确定技术创新和投资方向提供决策。

万方数据库资源包括中外专利、中外标准、科技成果、新方志、法律法规等，且都是其重要的延伸产品。其中，方志、科技视频、中国医学会期刊等数据库特色明显；商务信息数据库，包括《中国企业、公司和产品数据库》《国家新产品数据库》《百万商务通讯》《建材企业库》等众多的服务企业的数据产品具有一定竞争力。

万方数据平台浏览功能便捷，服务特色明显。万方数字化期刊全文同时用 HTML 和 PDF 格式提供，通过浏览器界面就能直接阅读全文。万方采用云图方式直观地揭示当前的关注热点，以不同颜色、不同型号的字体表示不同的重要程度，一目了然、简洁生动。在检索的过程中系统会根据用户提交的关键词、主题词等形成相关的云图，使用户清楚该领域目前的研究热点，对用户具有指导作用。

2. 万方数据检索平台特色

万方数据知识服务平台是一个功能强大的信息增值服务平台。8 个功能模块分别体现出不同的服务。特别是增值服务专栏，包括“更多服务”“行业知识服务”和“作者专用服务”，“更多服务”主要有知识脉络分析、学术统计分析、万方学术圈、专利工具、论文相似性检测、查新/跨库检索、科技文献分析、国家经济统计数据库，“行业知识服务”主要有电力行业、冶金行业、船舶行业，“作者专用服务”主要有作者投稿服务、OA 论文托管、引用通知等。

万方数据检索平台能够实现简单的模糊检索、高级的组合检索和专业检索。一般检索采用字段级检索、全文检索及高级检索；专业检索支持布尔检索、相邻检索、截断检索、同字段检索、同句检索和位置检索等全文检索技术，具有较高的查全率和查准率。

3. 检索方式

万方数据检索系统基本结构主要包括数据库选择导航列表、数据库提问表单、字段选择列表、关键词输入框、逻辑运算选择列表和检索执行按钮。

万方数据检索方式主要有单一数据库检索、跨数据库检索。对于每一种方式都有一般检索（简单检索）、高级检索和专业检索三种不同的检索途径。

第一，单库全文检索。在选定数据库的所有字段中进行检索，检索的关键词只有一个。检索步骤说明如下：

步骤 1：选择数据库。进入相应栏目资源总览区，直接单击选取数据库，如选取《中国学位论文数据库》。

步骤2：确定检索方式。在数据库检索提问表单的字段选择列表框中按下拉箭头选择“全文”。

步骤3：输入检索关键词。在数据库检索提问表单的输入框中输入关键词，比如“电机”。

步骤4：执行检索。单击“检索”按钮，检索系统将在《中国学位论文数据库》中将全文中含有“电机”的记录提取出，并把检索结果显示给用户。

第二，单库字段检索。在选定数据库的某个字段中进行检索，检索的关键词只有一个。检索步骤说明如下：

步骤1：选择数据库。进入相应栏目资源总览区，直接单击选取数据库。如选取科技文献栏目的《中国学位论文数据库》。

步骤2：确定检索方式。在数据库检索提问表单的字段选择列表框中按下拉箭头选择除“全文”之外的选项，如选取“题目”。

步骤3：输入检索关键词。在输入框中输入第一个检索关键词，比如“电机”。

步骤4：执行检索。单击“检索”按钮，检索系统将在《中国学位论文数据库》中将题目中含有“电机”的记录提取出，并将检索结果显示给用户。

第三，单库高级检索。高级检索也叫逻辑检索，指在所选定的数据库用两个关键词进行的检索。检索步骤说明如下：

步骤1：选择数据库。进入相应栏目资源总览区，直接单击选取数据库，如选取《中国学位论文数据库》。

步骤2：确定第一个关键词的检索方式。在数据库检索提问表单的第一个字段选择列表框中按下拉箭头选择，如选择“标题”。

步骤3：输入第一个检索关键词。在数据库检索提问表单的第一个关键字框中输入关键词，如“电机”。

步骤4：确定词间关系。在逻辑运算列表中选择“与”“或”“非”其中一个。

步骤5：确定第二个关键字的检索方式，在第二个检索字段列表框中做出选择，如选择“全文”。

步骤6：输入第二个检索关键词。在数据库检索提问表单的第二个关键词框中输入关键词，如“汽车”。

步骤7：执行检索。单击“检索”按钮，检索系统将在《中国学位论文数据库》中将标题含有“电机”并且全文中含有“汽车”的记录取出。

第四，跨数据库检索。跨库检索就是同时选择两个以上的数据库进行检索，其检索方式有简单检索、高级检索和专业检索。

【示例4-2-1】 学术论文数据库单库检索

检索课题：检索关于数控机床单片机方面的文章。

选用数据库：期刊数据库。

检索方式：单库一般检索。

检索步骤：

步骤1：进入“万方数据知识服务平台”（http://www.wanfangdata.com.cn/）。

步骤2：选择“导航栏”中的“期刊数据库”。

步骤3：构造检索式“数控机床＊单片机”。
步骤4：在输入框输入关键词“数控机床＊单片机”。
步骤5：单击“检索”命令按钮，显示结果如下：
工业技术131篇；文化科学2篇；经济1篇；
其中1篇文章基本信息如下：
基于单片机的三坐标数控机床误差补偿器的研究
作者：范晋伟　邢亚兰　郗艳梅
作者单位：北京工业大学机电学院，北京，100022
刊名：现代制造工程
年，卷（期）：2007，（12）　分类号：TH161
关键词：误差补偿器　单片机　多体理论
摘要（略）
参考文献（略）

小知识

大学生论文相似性检测系统

论文检测系统是基于不同的算法原理和底层数据库，通过一定的检索系统平台来实现的。万方数据论文相似性检测服务则是以万方数据收录的海量学术文献资源，包括中国学术期刊数据库、中国学位论文全文数据库、中国学术会议论文数据库、中国学术网页数据库等为基础，基于自主研发的“基于滑动窗口的低频特征部分匹配算法”，迅速检测出新论文和已发表论文的相似片段。这些相似片断的量的指标参数作为衡量和评定新论文质量、创新程度以及确定是否为论文抄袭的依据。万方论文相似性检索系统检测的文献范围为博士学位论文、硕士学位论文和学士学位论文。

显然，“大学生论文相似性检测系统”可为高校的论文审查、质量评估工作提供工具支持，为发现剽窃、篡改等学术不端行为提供科学依据，并且可发现个人或单位的重要文献是否被他人非法使用或公开，在一定意义上起到文献保护作用。

任务3 掌握维普数据库文献检索

维普《中文科技期刊数据库》是国家新闻出版总署正式批准出版、发行的中国第一个中文科技期刊全文数据库，收录了中国历年出版的中文期刊12000余种，全文4000余万篇，引文7000余万条，分全文、文摘、引文3个版本和社会、自然、工程、农业、医药、经管、教育、图书8个专辑。《中文科技期刊数据库》是教师员工、大学生和科技工作者进行科技查新和科技查证的必备资料。

问题导入

维普数据，你了解多少？

重庆维普资讯有限公司前身为中国科技情报所重庆分所数据库研究中心。数据库研究中心于1989年自主研发并推出了中国第一个最大的自建中文文献数据库《中文科技期刊篇名数据库》，标志着我国中文期刊检索在实现计算机自动化方面达到了一个领先的水平。

1995年以后，维普资讯有限公司在《中文科技期刊篇名数据库》的基础上研发了《中文科技期刊数据库》《中国科技经济新闻数据库》《中文科技期刊数据库（引文版）》《外文科技期刊数据库》《中国科学指标数据库》，以及一些信息服务平台等，并提供维普机构知识服务，如图4-3-1所示。

图4-3-1 【维普网】——仓储式在线作品出版平台

近10多年来，维普数据库已成为我国图书情报、教育机构、科研院所等系统必不可少的基本工具和获取资料的重要来源。

维普主导产品《中文科技期刊数据库》是当前国内几大著名商业数据库中最有影响的数据库之一。其影响范围较大，应用十分频繁，性价比较高，用户满意度较好。作为一名大学生，你对于该数据库的检索应用平台了解多少呢？

基础知识

围绕数据库信息检索技术项目目标，本项任务的主要内容和知识点包括《中文科技期刊数据库》概况、数据格式、检索方法、检索途径等，并通过实例分析介绍该数据库的实际应用。

1. 期刊全文数据格式

重庆维普资讯有限公司的主导产品《中文科技期刊数据库》是经国家新闻出版总署批准的大型连续电子出版物，收录中文期刊12000余种，全文4000余万篇，引文7000余万条，分全文、文摘、引文三个版本和社会科学、自然科学、工程技术、农业科学、医药卫生、经济管理、教育科学、图书情报8个专辑定期出版。

维普《中文科技期刊数据库》的形成，采用人机结合的半自动化标引，对标引流程进行严格规范和管理，并采用了各种通用标引规则，经过多年的实践改进和完善，确保了《中文科技期刊数据库》标引质量，保障了用户在数据库使用中的查全率和查准率。

分类标引采用《中国图书馆分类法》的学科分类体系，以文献内容特征入类，能确保综合类期刊的每篇文献也能准确地归入不同的类别。主题标引参照《汉语主题词表》《机械工程叙词表》《化工汉语主题词表》等学科主题词表，并依据《检索期刊条目著录规则》（GB/T 3793—1983）等标引规则进行主题标引。人工质检由质检组专职人员对题录文摘数据进行检查、修改，确保原始文本数据质量。

2. 检索平台特色

《中文科技期刊数据库》提供五种检索方式：基本检索、传统检索、高级检索、期刊导航、检索历史。基本检索，通过在检索框中直接输入检索条件、单击按钮执行检索；选择其他检索方式，只需要单击相应的检索按钮即可。检索方式切换区有传统检索、高级检索、分类检索、期刊导航，通过单击可分别进入对应检索方式的检索界面中实现期刊文献检索方式的切换。

基本检索：简单、快捷的中文期刊文献检索方式，可以增加多个检索框输入检索条件做由上至下的组配检索，如图4-3-2所示。

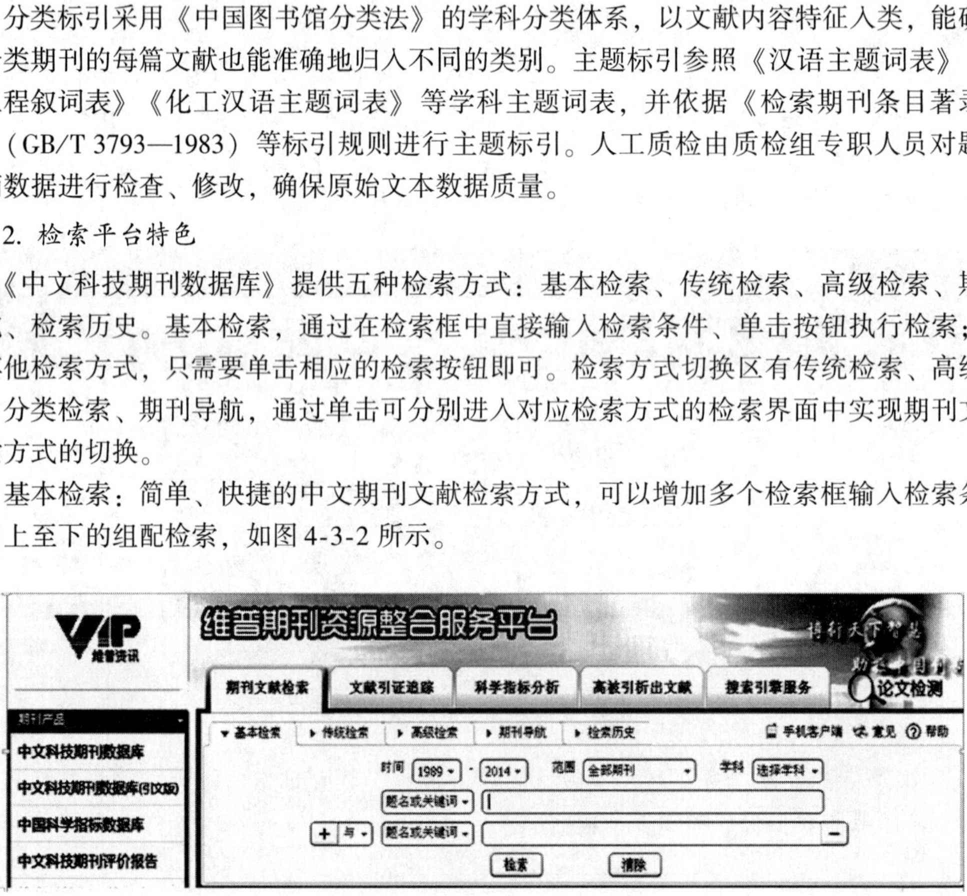

图4-3-2　维普数据基本检索界面

传统检索：《中文科技期刊数据库》老用户查新检索风格。

高级检索：多检索条件逻辑组配检索，更支持一次输入复杂检索式查看命中结果。

期刊导航：多渠道快速定位期刊，可以对期刊的内容进行浏览。

检索历史：系统对用户检索历史做自动保存，可对检索式进行重新检索或逻辑组配检索；对检索条件做时间、期刊、学科范围限制。

3. 检索入口

登录维普网：http://www. cqvip. com/

维普网上供广大读者检索使用的是《中文科技期刊数据库》(全文版)。网站提供的检索方式有两种：适用于大众用户的简单检索和适用于专业检索用户的高级检索。

网站首页默认的检索方式是文献搜索。检索项提供了五种检索途径“文献搜索、期刊搜索、学者搜索、机构搜索、贴子搜索”；在检索输入框下面，提供了“标题关键词、作者、机构、刊名”四种检索字段。默认的模糊检索的基本检索方式如图 4-3-3 所示。

图 4-3-3 维普网首页默认的检索

在数据库检索区，输入需要查找的检索词，单击“文章搜索”按钮即实现简单检索。

检索字段。在首页可以看到简单检索有“作品搜索”“期刊搜索”“店铺搜索”“学者搜索”“机构搜索”“贴子搜索”。默认为“作品搜索”字段。可对不同检索对象选定不同的特征属性进行检索。

【示例 4-3-1】

选择“文献搜索”，在输入框输入“作者 = 高庆殿”，单击“搜索”命令按钮，系统执行检索，如图 4-3-4 所示；显示检索结果如图 4-3-5 所示。

图 4-3-4 维普网默认的基本检索窗口

维普《中文科技期刊数据库》共收录该作者的文章 19 篇。下面的搜索结果显示部分内容截图。

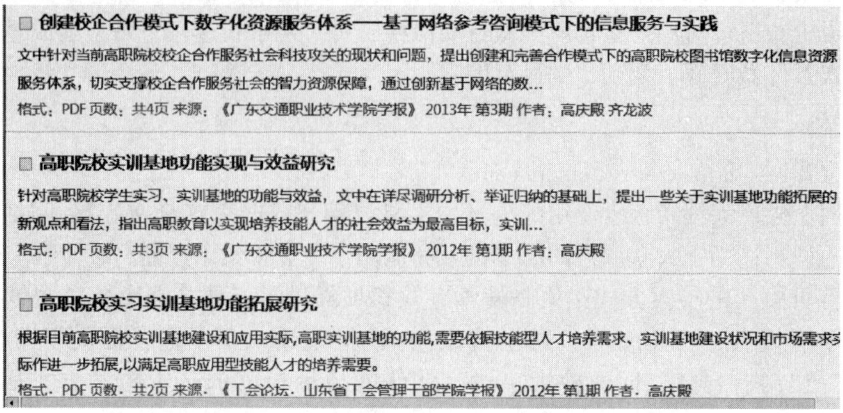

图 4-3-5　数据库收录的高庆殿的文章截图

4. 主要检索途径

单击“维普网”网站首页右上角“高级检索”，进入“维普期刊资源整合服务平台”，如图 4-3-6 所示。

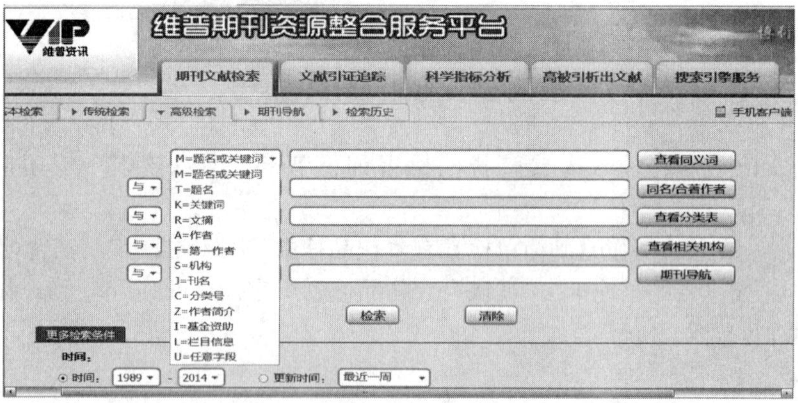

图 4-3-6　维普期刊资源整合服务平台

《中文科技期刊数据库》提供基本检索、传统检索、高级检索、期刊导航、检索历史五种检索方式，其中又分别提供任意字段、题名或关键词、题名、关键词、文摘、作者、第一作者、机构、刊名、分类号、参考文献、作者简介、基金资助、栏目信息 14 个检索入口；可增加或减少检索框，进行任意检索入口“与、或、非”的逻辑组配检索，如图 4-3-7 所示。

基本检索：通过首页正中的输入框，输入简单检索条件，在任意字段进行查询，进入结果显示页面，可实现题录文摘的查看或下载，以及全文下载功能，同时，也可进行检索条件的再限制检索或重新检索。

图 4-3-7　基本检索页面

【示例 4-3-2】

利用基本检索在《中文科技期刊数据库》检索“作者＝伏立霞的文章”。过程如下：

首先，单击基本检索，在检索项内选择“第一作者”，在输入框内输入“伏立霞”，如图 4-3-8 所示。

其次，单击“检索”按钮，系统执行检索。

最后，符合条件的检索结果显示，检索到文献结果共 3 篇，如图 4-3-9 所示。

图 4-3-8　基本检索界面

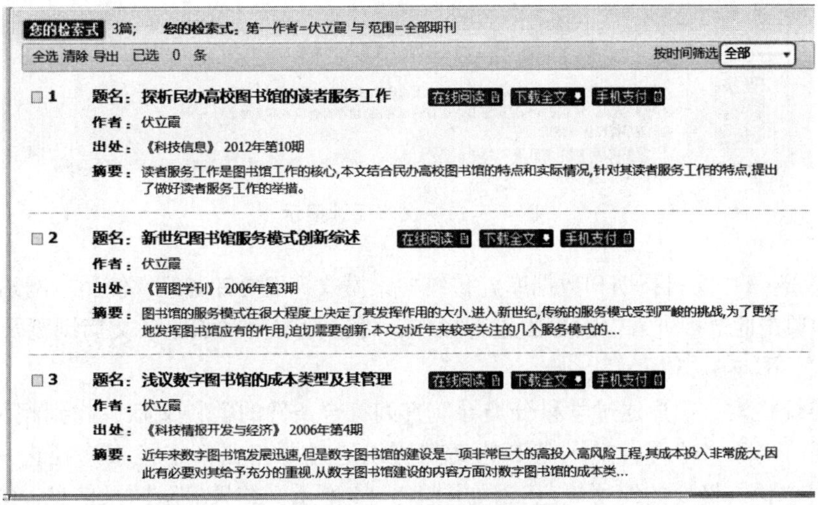

图 4-3-9　符合条件检索结果

单击第 2 篇题名“新世纪图书馆服务模式创新综述”一文，系统链接显示本文题录信息，如图 4-3-10 所示。

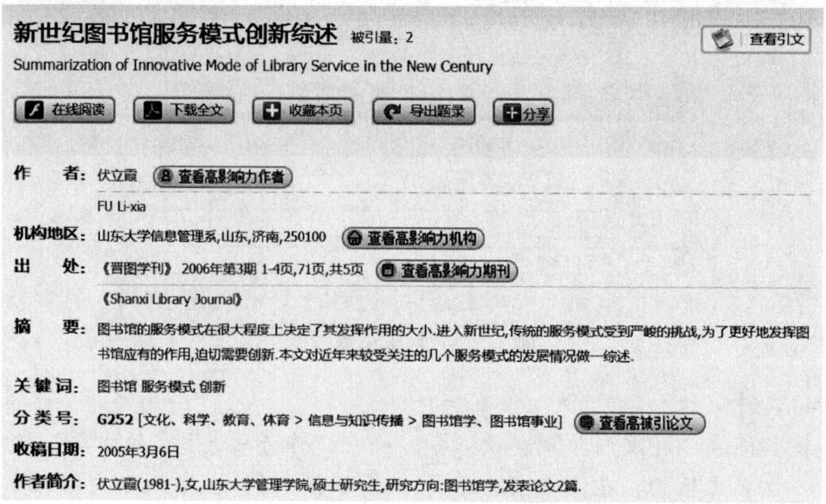

图 4-3-10　文章题录信息显示

如果下载本文阅读，首先要下载 PDF 阅读器。单击 Adobe Flash“在线阅读”，文本显示如图 4-3-11 所示。

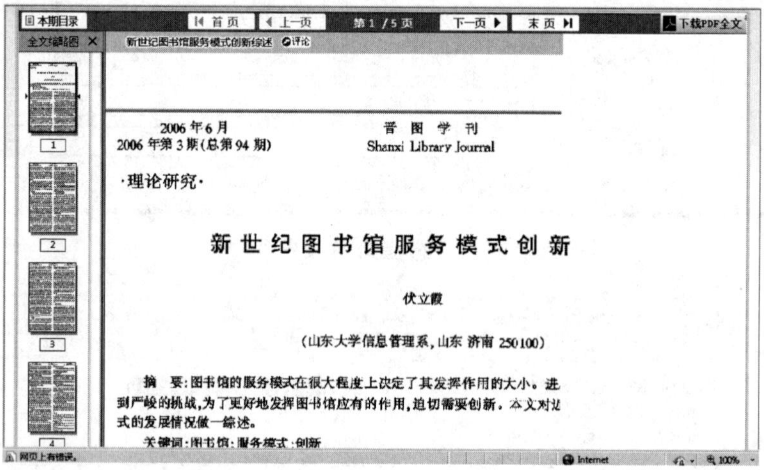

图 4-3-11　文本阅读显示

传统检索：《中文科技期刊数据库》传统检索模式，主要针对经常使用本网站的老用户，可以熟练地单击此链接进入检索界面进行操作，可进行中刊文章题录文摘浏览及全文下载，如图 4-3-12、图 4-3-13 所示。

通过传统检索，用户通过学科分类导航查询符合条件的学科文献，找到相关的学科内容文献目录，对于一些符合本人需要的文献可以通过题名在基本检索途径进一步查找原文。如检索“论文摘要的编写规范”，如图 4-3-14 所示；结果显示题录信息，如图 4-3-15 所示。

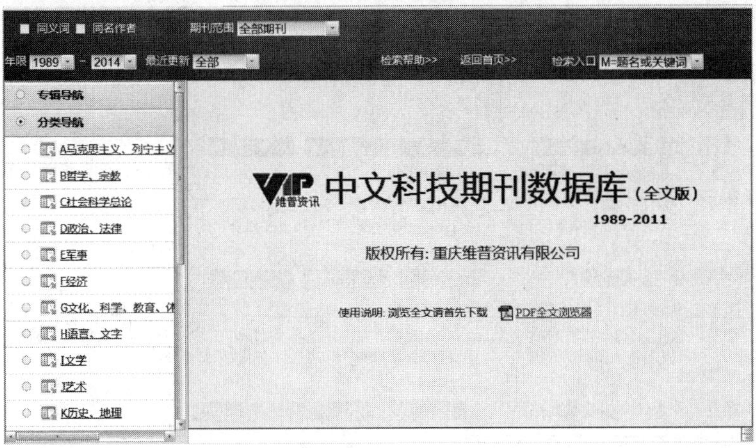

图 4-3-12 传统检索界面

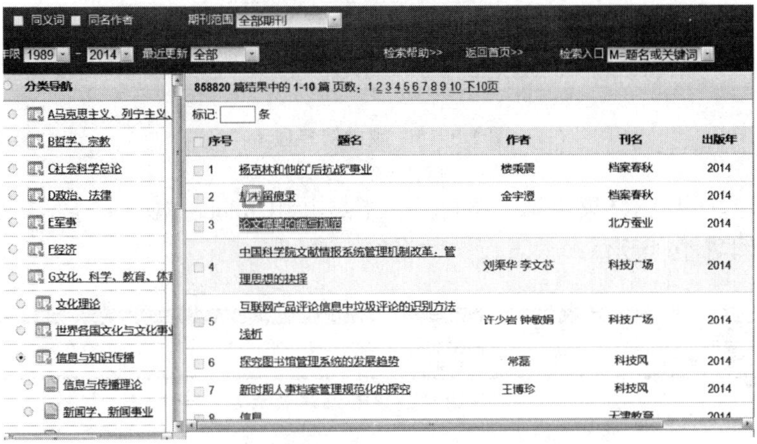

图 4-3-13 传统检索期刊文献分类导航

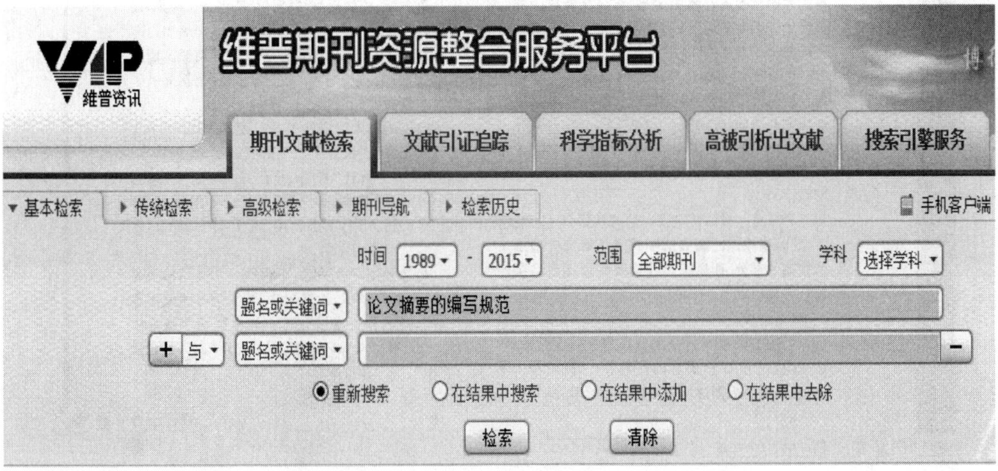

图 4-3-14 检索“论文摘要的编写规范”

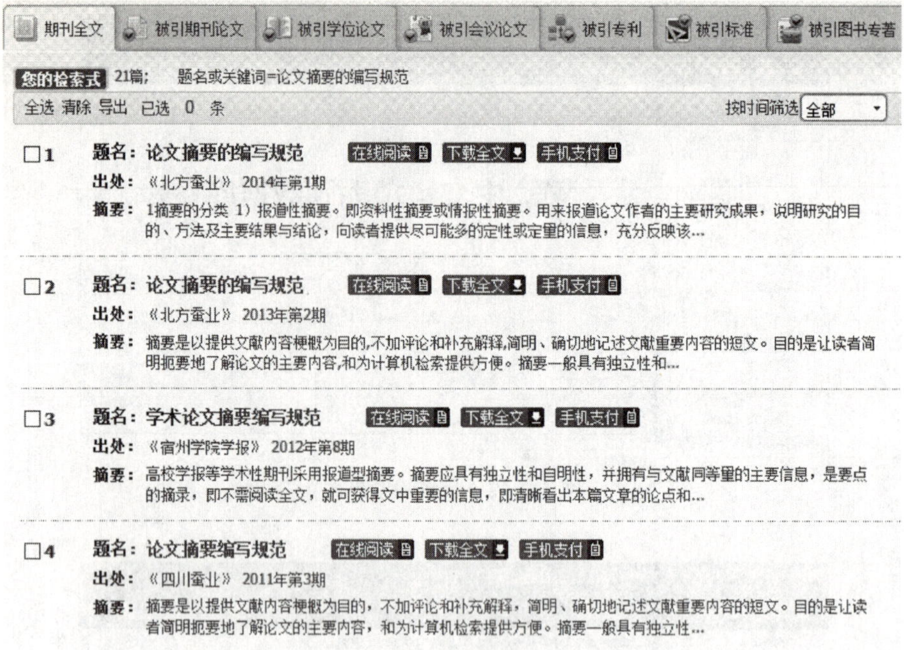

图 4-3-15　题录信息显示

单击图 4-3-15 检索结果中第一条目录，下载并用 Adobe Reader 打开，看全文阅读全文显示，如图 4-3-16 所示。

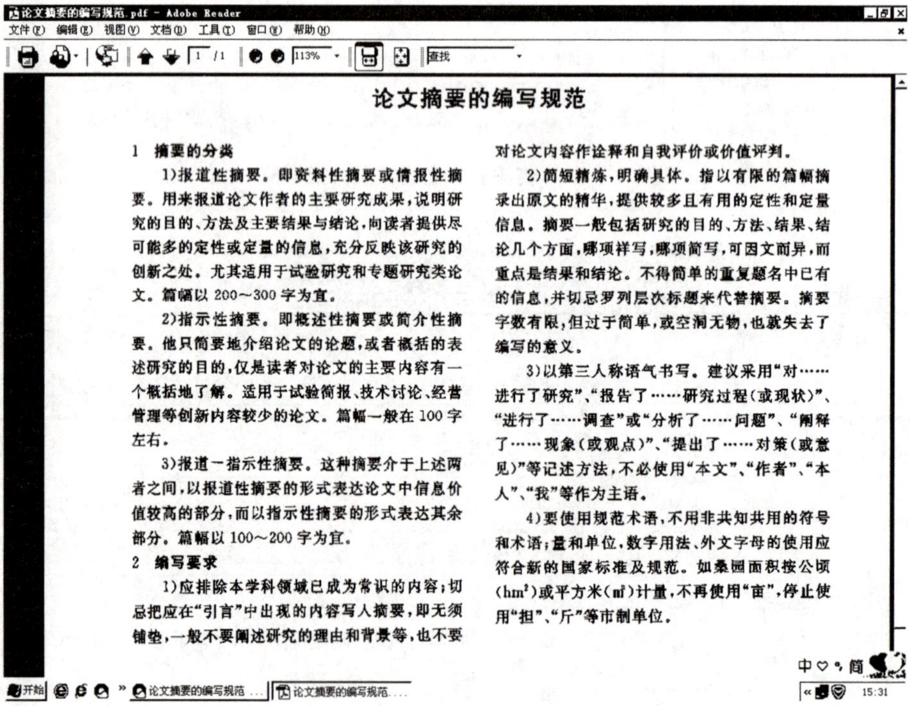

论文摘要的编写规范

1　摘要的分类

1)报道性摘要。即资料性摘要或情报性摘要。用来报道论文作者的主要研究成果,说明研究的目的、方法及主要结果与结论,向读者提供尽可能多的定性或定量的信息,充分反映该研究的创新之处。尤其适用于试验研究和专题研究类论文。篇幅以 200~300 字为宜。

2)指示性摘要。即概述性摘要或简介性摘要。他只简要地介绍论文的论题,或者概括的表述研究的目的,仅是读者对论文的主要内容有一个概括地了解。适用于试验简报、技术讨论、经营管理等创新内容较少的论文。篇幅一般在 100 字左右。

3)报道一指示性摘要。这种摘要介于上述两者之间,以报道性摘要的形式表达论文中信息价值较高的部分,而以指示性摘要的形式表达其余部分。篇幅以 100~200 字为宜。

2　编写要求

1)应排除本学科领域已成为常识的内容;切忌把应在"引言"中出现的内容写入摘要,即无须铺垫,一般不要阐述研究的理由和背景等,也不要对论文内容作诠释和自我评价或价值评判。

2)简短精炼,明确具体。指以有限的篇幅摘录出原文的精华,提供较多且有用的定性和定量信息。摘要一般包括研究的目的、方法、结果、结论几个方面,哪项详写,哪项简写,可因文而异,而重点是结果和结论。不得简单的重复题名中已有的信息,并切忌罗列层次标题来代替摘要。摘要字数有限,但过于简单,或空洞无物,也就失去了编写的意义。

3)以第三人称语气书写。建议采用"对……进行了研究"、"报告了……研究过程(或现状)"、"进行了……调查"或"分析了……问题"、"阐释了……现象(或观点)"、"提出了……对策(或意见)"等记述方法,不必使用"本文"、"作者"、"本人"、"我"等作为主语。

4)要使用规范术语,不用非共知共用的符号和术语;量和单位,数字用法、外文字母的使用应符合新的国家标准及规范。如桑园面积按公顷(hm^2)或平方米(m^2)计量,不再使用"亩",停止使用"担"、"斤"等市制单位。

图 4-3-16　论文全文在线阅读

任务4 学位论文数据库检索案例

万方学位论文数据库是万方数据知识服务平台中的典型特色数据库之一，是国内重要的文献信息资源，为国家的高等教育、科学研究等提供了丰富的学术论文文献信息。掌握万方《中国博士硕士论文全文数据库》信息检索方法是十分重要的。

1. 案例陈述

利用“高级检索”查找
聊城大学图书馆耿庆军老师的硕士论文

检索过程：

第一，登录万方知识服务平台（http://c.wanfangdata.com.cn/Thesis.aspx）。

第二，单击“高级检索”，进入系统界面，如图4-4-1和图4-4-2所示。

第三，在图4-4-1中，检索项下拉菜单列出13个选择字段，用户根据需要选择不同的字段进行组合检索。

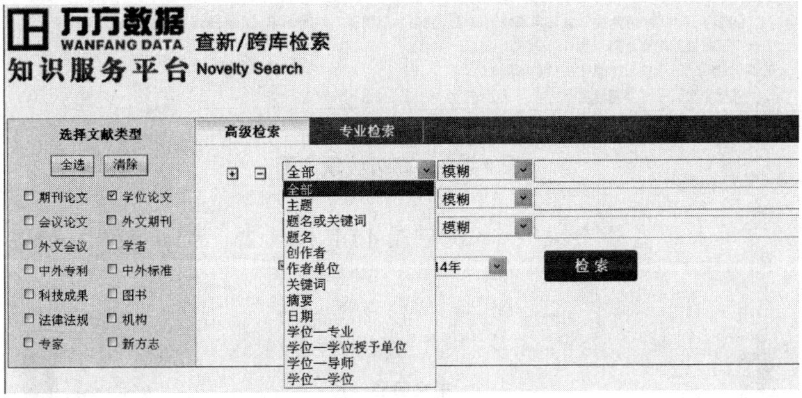

图4-4-1 万方数据高级检索界面

第四，选择左侧文献类型“学位论文”，实现单库高级检索。

第五，在第一检索项菜单中，选择字段“创作者”，并在信息输入框中，输入“耿庆军”，准确度选择“精确”。

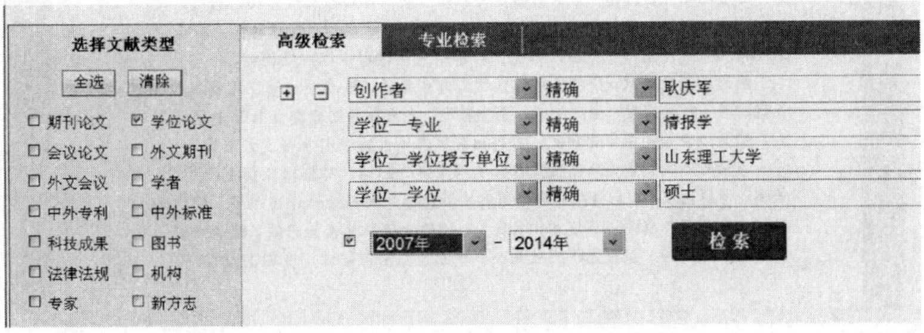

图4-4-2 高级检索信息输入

第六，在第二个检索项菜单中，选择“学位—专业”，输入信息“情报学”，在准确度选择项选择“精确”。

第七，在第三个检索项菜单中，选择“学位—学位授予单位”，输入信息“山东理工大学”，在准确度选择项选择“精确”。

第八，单击左侧“+”，增加“检索项”，在第四个检索项菜单中，选择“学位—学位”，输入信息“硕士”，在准确度选择项选择“精确”。

第九，在时间限制条件中选择年度“2007—2014”。

第十，单击“检索按钮”，系统执行检索，检索结果如图4-4-3所示。

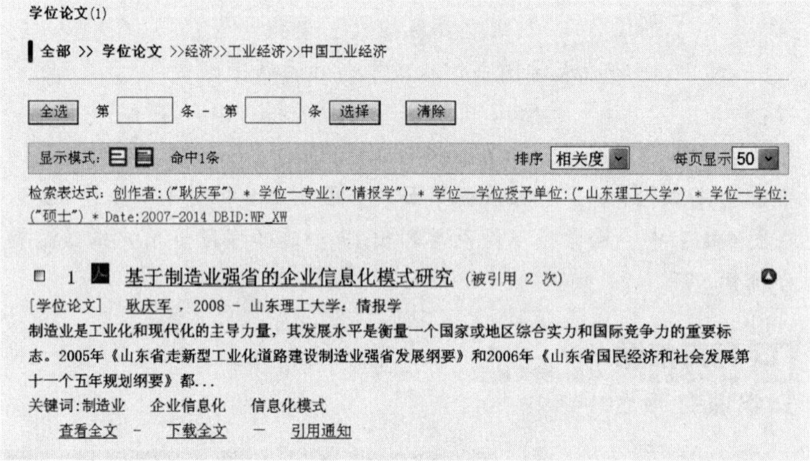

图4-4-3 高级检索界面

在线阅读可单击“查看全文”，系统调动PDF阅读器，打开文章，如图4-4-4和图4-4-5所示。

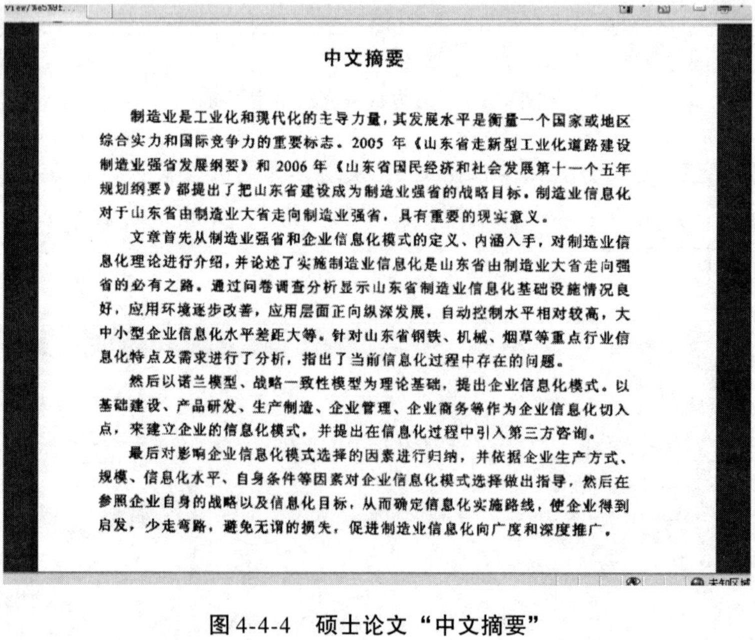

中文摘要

制造业是工业化和现代化的主导力量，其发展水平是衡量一个国家或地区综合实力和国际竞争力的重要标志。2005年《山东省走新型工业化道路建设制造业强省发展纲要》和2006年《山东省国民经济和社会发展第十一个五年规划纲要》都提出了把山东省建设成为制造业强省的战略目标。制造业信息化对于山东省由制造业大省走向制造业强省，具有重要的现实意义。

文章首先从制造业强省和企业信息化模式的定义、内涵入手，对制造业信息化理论进行介绍，并论述了实施制造业信息化是山东省由制造业大省走向强省的必有之路。通过问卷调查分析显示山东省制造业信息化基础设施情况良好，应用环境逐步改善，应用层面正向纵深发展，自动控制水平相对较高，大中小型企业信息化水平差距大等。针对山东省钢铁、机械、烟草等重点行业信息化特点及需求进行了分析，指出了当前信息化过程中存在的问题。

然后以诺兰模型、战略一致性模型为理论基础，提出企业信息化模式。以基础建设、产品研发、生产制造、企业管理、企业商务等作为企业信息化切入点，来建立企业的信息化模式，并提出在信息化过程中引入第三方咨询。

最后对影响企业信息化模式选择的因素进行归纳，并依据企业生产方式、规模、信息化水平、自身条件等因素对企业信息化模式选择做出指导，然后在参照企业自身的战略以及信息化目标，从而确定信息化实施路线，使企业得到启发，少走弯路，避免无谓的损失，促进制造业信息化向广度和深度推广。

图4-4-4 硕士论文“中文摘要”

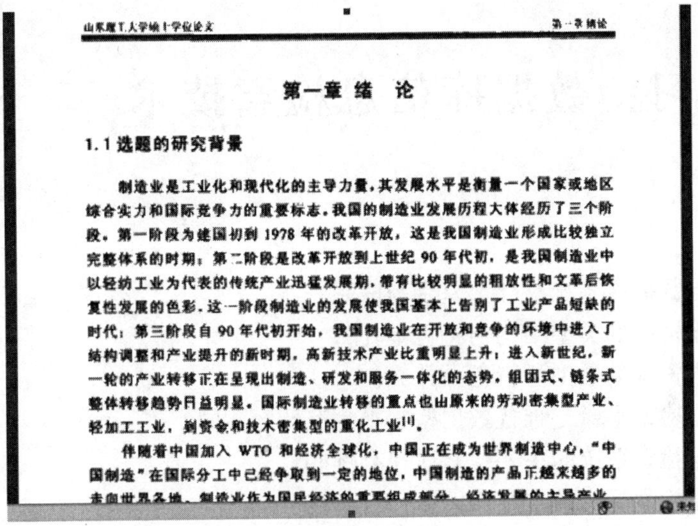

山东理工大学硕士学位论文　　第一章 绪论

第一章 绪 论

1.1 选题的研究背景

制造业是工业化和现代化的主导力量，其发展水平是衡量一个国家或地区综合实力和国际竞争力的重要标志。我国的制造业发展历程大体经历了三个阶段。第一阶段为建国初到1978年的改革开放，这是我国制造业形成比较独立完整体系的时期；第二阶段是改革开放到上世纪90年代初，是我国制造业中以轻纺工业为代表的传统产业迅猛发展期，带有比较明显的粗放性和文革后恢复性发展的色彩。这一阶段制造业的发展使我国基本上告别了工业产品短缺的时代；第三阶段自90年代初开始，我国制造业在开放和竞争的环境中进入了结构调整和产业提升的新时期，高新技术产业比重明显上升；进入新世纪，新一轮的产业转移正在呈现出制造、研发和服务一体化的态势，组团式、链条式整体转移趋势日益明显，国际制造业转移的重点也由原来的劳动密集型产业、轻加工工业，到资金和技术密集型的重化工业[1]。

伴随着中国加入WTO和经济全球化，中国正在成为世界制造中心，“中国制造”在国际分工中已经争取到一定的地位，中国制造的产品正越来越多的

图4-4-5　硕士论文部分章节

如果下载全文，单击“下载全文”，系统下载该论文存储到用户存放的硬盘区域。论文下载后利用PDF阅读器打开全文阅读，如图4-4-6所示。

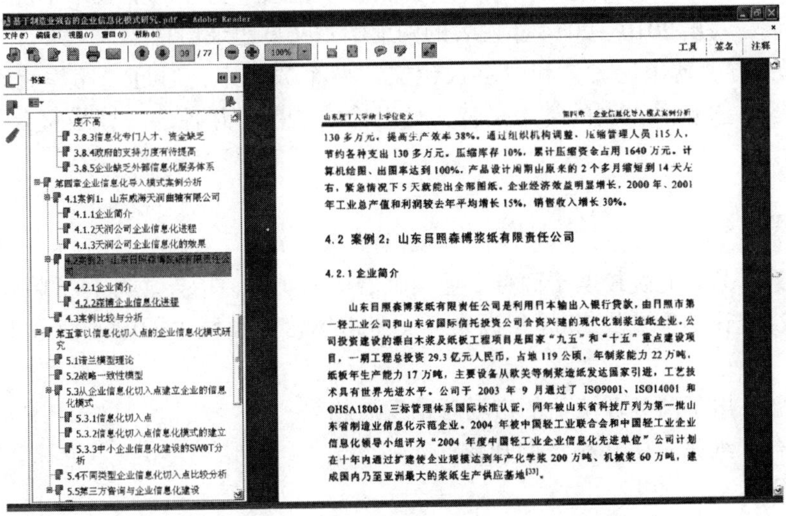

山东理工大学硕士学位论文　　第四章 企业信息化导入模式案例分析

130多万元，提高生产效率38%。通过组织机构调整，压缩管理人员115人，节约各种支出130多万元。压缩库存10%，累计压缩资金占用1640万元。计算机绘图、出图率达到100%。产品设计周期由原来的2个多月缩短到14天左右，紧急情况下5天就能出全部图纸。企业经济效益明显增长，2000年、2001年工业总产值和利润较去年平均增长15%，销售收入增长30%。

4.2 案例2：山东日照森博浆纸有限责任公司

4.2.1 企业简介

山东日照森博浆纸有限责任公司是利用日本输出入银行贷款，由日照市第一轻工业公司和山东省国际信托投资公司合资兴建的现代化制浆造纸企业。公司投资建设的漂白木浆及纸板工程项目是国家“九五”和“十五”重点建设项目，一期工程总投资29.3亿元人民币，占地119公顷，年制浆能力22万吨，纸板年生产能力17万吨，主要设备从欧美等制浆造纸发达国家引进，工艺技术具有世界先进水平。公司于2003年9月通过了ISO9001、ISO14001和OHSA18001三标管理体系国际标准认证，同年被山东省科技厅列为第一批山东省制造业信息化示范企业。2004年被中国轻工业联合会和中国轻工业企业信息化领导小组评为“2004年度中国轻工业企业信息化先进单位”公司计划在十年内通过扩建使企业规模达到年产化学浆200万吨、机械浆60万吨，建成国内乃至亚洲最大的浆纸生产供应基地[33]。

图4-4-6　打开阅读器阅读部分章节

2. 案例分析

万方《中国博士硕士论文全文数据库》是中国科技情报信息研究所在科学研究和情报分析的基础上，以中国各级科学院所和普通高等学校的硕士、博士论文授予点的研究成果为基础信息来源，通过信息收集、加工组织和开发整合等环节，形成的国内影响较大的研究型文献数据库。这个数据库在当前高等学校和科研院所的学习和研究过程中起到了重大作用。该数据库数据量巨大、检索方便、操作简单，深受用户好评。

思考练习：数据库信息检索技术

▶知识掌握

1. 数据库与数据库系统有什么差别与联系？
2. 万方数据资源的类型结构与特色是什么？
3. 维普数据资源的类型与特色是什么？
4. 万方数据检索平台与维普数据检索平台有什么不同？
5. 万方数据检索系统的主要检索途径有哪些？
6. 维普数据检索系统的主要检索途径有哪些？

▶知识应用

1. 通过万方期刊数据库，执行单库基本检索，写出题名为“×××”（题目由教师拟定）文章的题录信息。

2. 通过《中文科技期刊数据库》“高级检索”检索“济宁职业技术学院孙志春教授”所有期刊文章，写出2010—2014年发表的两篇学术文章题录信息。

3. 选择万方“博硕论文”和“会议论文”两个数据库，通过“跨库检索”，检索以“信息检索”为主题/关键词的学术文献，写出检索结果，并各选一篇最符合条件的文章，写出题录。

▶专题实践

实训情景：某职业院校电子商务专业面临着毕业实习，指导教师为了验证学生的信息收集能力，决定让学生查找2008年以来，关于市场营销领域中的电子商务市场发展状况的文献。

实训课题：电子商务环境下的市场营销发展趋势。

实训平台：维普《中文科技期刊数据库》。

任务要求：

1. 根据课题需要，制定较为合理的检索策略。

2. 利用基本检索途径，检索有关文献。选择符合条件的2篇文章，摘录有关信息，具体包括篇名、作者、摘要、关键词、所载刊名、年、卷、期、所在页码。

3. 利用高级检索途径，限定检索范围，检索有关文献。

作业要求：撰写实训报告，内容包括实训情景、实训课题、实训平台、检索过程、检索结果，以及相关摘录信息。

项目5

数字图书馆信息检索

项目目标

通过本项目学习，必须掌握以下知识内容和相关技能：

1. 数字图书馆的内涵和特点。
2. 数字图书馆构成元素及其功能。
3. 数字资源的特点和分类。
4. 超量数字图书馆的特点及其使用方法。
5. CNKI 知识服务平台概况及其应用。

网络和信息技术的发展使得信息存储和传播数量剧增，信息种类和形式更加丰富。20 世纪 40 年代到 90 年代，数字图书馆从萌芽、设想，发展到个人计算机辅助检索系统，以及后来的网络化的信息检索系统。图书馆自动化的建设和实现，数字化技术和网络技术的成熟和普及，网络信息资源的组织无序及非完善管理，使得读者检索利用文献信息的需求等矛盾凸显。因此，现代数字图书馆的产生并为社会大众提供数字化信息媒体检索、下载服务，以及其他的信息增值服务，从而满足了网络信息资源获取和利用要求。总之，数字图书馆经历了个人化、个性化数字图书馆到网络数字图书馆的发展历程。

数字图书馆是当前高等学校师生员工学习和工作中获取信息的另外一种重要的平台。现代的网络数字图书馆拥有的文献类型不一，媒体格式多样。如超星数字图书馆和中国知网，都不仅提供文本资源，还提供许多的视频资源。视频公开课程、专家讲座、学习空间成为超星数字图书馆的特色。这些数字图书馆平台能够为用户提供丰富的学习、研究资料，为他们能够成功地学习和顺利地研究奠定基础条件。

任务1　了解数字图书馆基础知识

数字图书馆相对于传统图书馆来说，其资源建设、服务模式、信息特点、机构队伍、软硬件建设和应用都有着明显的特点。数字图书馆的信息服务依托于完善的网络环境，实现了信息异地管理和传输，实现了分布式运作模式，向广大网民提供跨越时间、地域和空间限制的数字化服务。

问题导入

数字图书馆发展历程

“数字图书馆”概念的提出源起于20世纪80年代末、90年代初的西方发达国家，称为Digital Library。以Internet发展为背景，并随着美国数字图书馆创始工程DLI的提出于1993年得到确认并迅速风靡世界。

“计算机技术与图书馆结合”的设想早在计算机诞生初期，其内容是将传统图书馆改造成计算机化的“图书馆”。不同时期人们也给它赋予了不同的名字，如“电子图书馆”、“虚拟图书馆”、“数字化图书馆”等。“数字图书馆”是人类近六十年来对图书馆的美好设想，也是其在计算机和网络通信技术依托下的发展定位。中国国家数字图书馆是立足于国家图书馆的文献资源基础，研发、整合其他数字化资源，形成的服务社会大众的数字信息平台，如图5-1-1所示。

图5-1-1　中国国家数字图书馆

数字图书馆的内涵和外延在不断地丰富和发展。其概念有广义和狭义之分，广义上的数字图书馆内涵丰富，包括数字化平台、数字教育平台、数字新闻平台、数字情报平台、数字娱乐平台和数字商务平台等。可见，广义上的数字图书馆的内涵更为丰富多样，更具备现当代数字图书馆的内涵与意义。而狭义上的数字图书馆则是一个数字化的信息检索与应用平台，如超星数字图书馆。

Internet的应用和普及使得网上信息资源日益膨胀。Internet作为全球信息服务网络，在全新的信息资源组织管理模式下，提供了一种以数字形式存储和处理信息，整合计算机、通信、微电子、数字化和网络等技术的信息服务系统。这种系统拥有多种媒体内容的数字化信息资源，能够为全球用户提供更便捷、更人性化、更高水平的远程信息服务。立足于新的网络环境，对数字图书馆的有关知识及其数字资源的应用，我们是否应该熟知呢？

基础知识

围绕数字图书馆信息检索项目目标，本项任务的内容和知识点主要包括数字图书馆的概念与特征、数字图书馆的研究与发展、数字图书馆的构成要素和数字图书馆的功能。

1. 数字图书馆的概念

数字图书馆从狭义上讲，是指以数字化资源建设为核心，采用人工智能检索、信息海量存取、多媒体制作与传输、自动标引、数字版权保护、电子商务等现代信息技术成果，形成的超大规模的分布式管理和应用体系。数字图书馆应用便捷，人机交互界面友好，没有时空限制，可以实现跨库无缝链接与智能检索。

2. 数字图书馆的特征

从现有的数字图书馆的模式和功能来看，数字图书馆主要有以下特征：

（1）信息存储功能强，媒体多样化。数字图书馆存储的大量信息资源包括数字化的纸质文献信息、出版社直接提交的数字文本信息、数字化的音视频、图形、图像信息等多种媒体资料。媒体多样化是数字图书馆区别于传统图书馆的一大特征。

（2）检索功能智能化，方便快捷。传统图书馆通常使用的检索手段是逻辑和加权检索等方式，远不能满足数字图书馆海量信息资源的检索要求。由于数字图书馆资源信息海量，需要人工智能技术。所以，目前的数字图书馆一般都嵌入智能化的搜索引擎，信息检索更具个性化，便捷地满足了读者的需求。

（3）网络管理优化，信息开放共享。网络环境为数字图书馆提供了信息资源共享的平台，拉近了馆与馆、馆与读者及读者与读者之间的距离。读者可不受时间、地域限制而索取自己所需的资源，实现真正意义上的信息共享，同时也实现了电子业务商务化。

（4）信息资源丰富，服务内容多样。数字图书馆是一个收藏、服务、组织为一体的集成平台，包括了信息的生成、传播和应用等各环节，同时拥有了现实馆藏和虚拟馆藏的功能，服务模式广泛，服务内容多样，传播海量信息，而且具备了部分电子商务的服务功能与模式。数字图书馆能够对信息进行智能优化管理，能够及时更新和挖掘信息，创造更快捷、多样化的电子网络共享平台，为用户提供更便捷的服务。

3. 数字图书馆的研究与发展

数字图书馆的研究与发展起源于美国。总的来说，美国数字图书馆研究经历了以下三个发展阶段。

第一阶段，数字化资源库开发研究阶段。数字图书馆概念萌芽和提出源于美国，在这一阶段数字图书馆研究工作重点是图书馆文献资源、科技成果的数字化转换、存储、标引与检索、显示和输出等方面的问题。

第二阶段，数字图书馆技术研究阶段。这一阶段研究重点是数字化图书馆的信息存取、服务提供技术的解决方案。主要包括数字图书馆数据对象的内容结构、命名规定，用户界面与人机交互，数字化素材的组织及标识，数字网络传输技术和协议制定等。

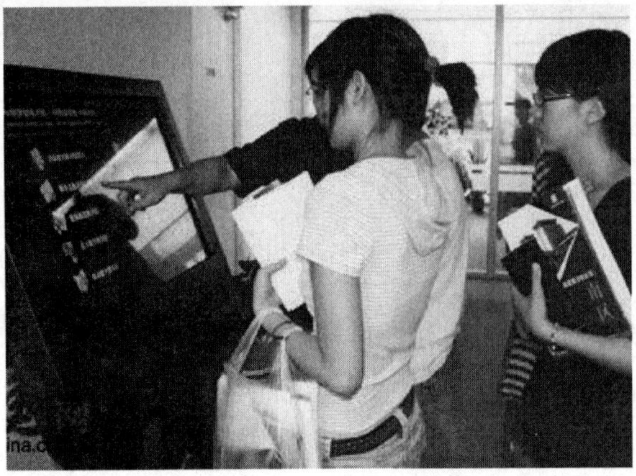

图 5-1-2　数字资源检索展示

第三阶段，数字化图书馆综合研究阶段。这一阶段以美国数字图书馆启动计划（DLI）为标志。DLI-1 重点集中在计算机和信息科学方面。DLI-2 强调以人为中心，涉及数字图书馆的经济、社会、法律和政策框架，制定信息共享格式与国际标准、数字图书馆网站的可靠性和稳定性、经济因素和商品化等研究内容。

中国对数字图书馆的认识则是从信息资源数字化开始。一些学者们认为“数字图书馆是传统图书馆的扩展”，“数字图书馆是用数字技术收集、存储和组织信息，并通过计算机网络查询和检索信息的一种现代化的信息系统”，“数字图书馆是一个数字化的信息系统，它将分散于不同载体、不同地理位置的信息资源以数字化方式贮存，网络化方式相互连接，提供即时利用，实现资源共享”。

4. 数字图书馆的构成要素

数字图书馆是对应于一切海量公共信息管理与传播的现实社会活动，表现为一种新型的技术和服务，其构成要素包括数字化资源、通信网络、分布式管理模式。

（1）数字化资源。大量的数字化资源是数字图书馆的信息资源基础。数字图书馆的数据基础来源于两个方面：一是大量的纸质文献的数字化资源；二是出版社或者其他媒体机构发行颁布的数字化文献，包括不同类型的文献媒体，如电子图书、电子期刊、学术论文、专利标准等。数字化资源便于存储管理，信息传递速度快捷，信息检索获取方便高效。这些资源作为纸质文献信息的补充，形成了图书馆或者信息部门的虚拟馆藏。

（2）通信网络。高速的数字通信网络是数字图书馆存在的物理条件。数字图书馆依附于网络，其业务组织和对外服务都是以网络为载体，只有充分利用网络，才能发挥数字图书馆的重要作用。数字图书馆内部一般是联接数台服务器及工作站而构成局域网络，外部通过数台广域网服务器面向浩瀚的 Internet。

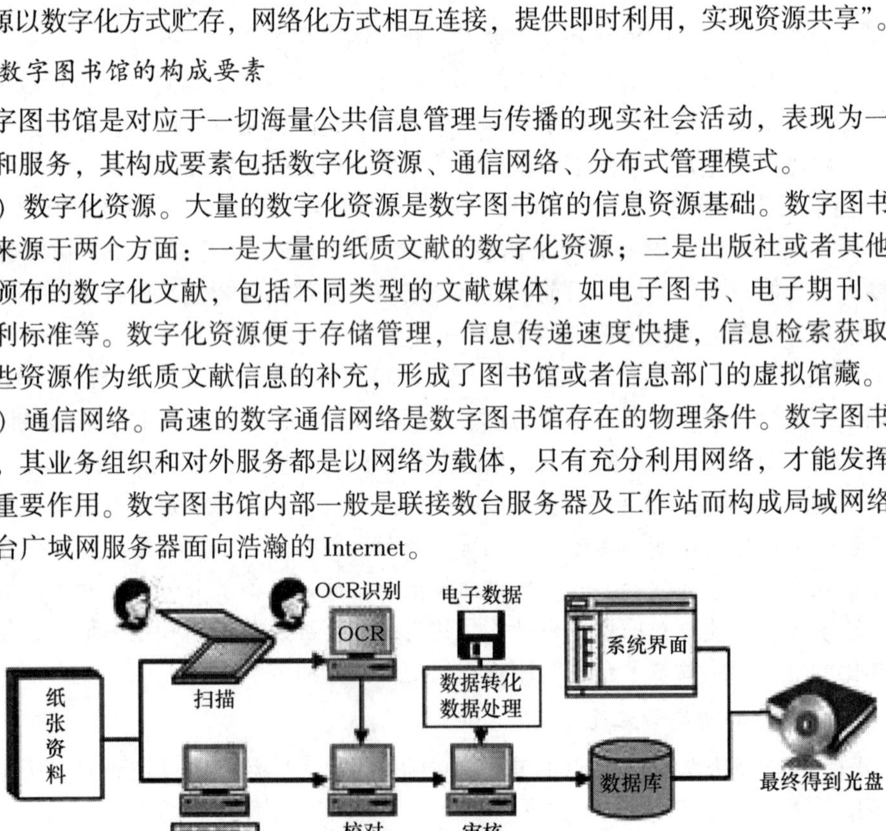

图 5-1-3　资源数字化工作模式流程

通过网络实现访问请求以及信息检索、信息反馈及应用。网络环境下的数字化资源可以借助计算机网络、通信网络等手段传递。其服务形式呈现出三种模式：一是基于图书馆内部局域网的信息服务，包括图书馆文献书目信息、索引等供读者查询；二是基于校园网的信息服务，包括数字化学习资源和课程资源等；三是基于 Internet 的信息服务，包括 WEBOPAC、IPAC 等联机书目信息检索服务，数字化全文数据检索与传递服务等。

（3）分布式管理。分布式管理使得数字图书馆能够实现远程在线联合检索，全球数字图书馆将像现在的 Internet 一样，把全球的数字化资源整合成一个巨大的图书馆。人们说，因特网实际上就是一个全球共享的数字图书馆，也是一部特别的百科全书。

数字图书馆的分布式管理主要从组织模式上得以体现，主要包括数字化文献建设部门、数字化文献组织部门、系统维护部门等。

5. 数字图书馆的功能

数字图书馆具备信息搜集、信息组织、信息管理和信息提供等传统图书馆的基本服务功能，并且还是一个开放式的软硬件集成平台，把当前大量数字化文献组织起来在网上提供服务。

第一，信息数字化和信息搜集是数字图书馆信息资源的重要来源。这一功能是在非数字化的信息收集的前提下，通过采用适当的格式将原有存储在物理介质上的文本、声音、图形、图像等信息转化为数字信息。

第二，强大的信息获取与创建功能是数字图书馆建设与应用的最终目的。利用现有的工具和设备（如扫描仪）接口，并具有识别和输入多种格式信息的能力，将不同来源的信息方便地输入数字图书馆中。

第三，存储和管理海量信息。为了适应信息存储和管理的需要，数字图书馆采用了一系列信息资源管理方式，如重视对数字资料备份，以保持存储信息的稳定性或防止意外事故对数据造成的破坏。在信息的存储与管理中，信息存储对象可以是文本、声音、图形、图像的数字化信息。

第四，网络服务是数字图书馆的重要功能。数字图书馆的信息资源是通过因特网进行传播的，一切活动都在网络上进行，包括数字图书馆资源的制作、存储、查询与检索，以及读者借阅、咨询、交流与传输等。

第五，网络安全功能确保数字图书馆安全运行。数字图书馆安全管理主要是通过各种类型用户的权限设置实现的。

小知识

中国数字图书馆的研究与发展

1996 年，北京召开了第 62 届国际图联（IFLA）大会，会上专题讨论并且正式提出数字图书馆的概念。IBM 公司和清华大学图书馆联手展示“IBM 数字图书馆方案”。1997 年 7 月，文化部立项，由国家图书馆、上海图书馆等 6 家公共图书馆参与的“中国试验型数字式图书馆项目”实施，标志着中国数字图书馆建设开始。1998 年，数字图书馆在中国开始升温，国家科技部支持国家“863”计划智能计算机系统主题专家组设立了数字图书馆重点项目“中国数字图书馆示范工程”。1999 年该项目启动，首都图书馆成为“中国数字图书馆工程首家示范单位”。1998 年 10 月，文化部与国家图书馆启动了中国国家数字图书馆工程，标志着中国数字图书馆进入实质性操作阶段。

1999 年年初，国家图书馆完成“数字图书馆试验演示系统”的开发。同年，国家图书馆文献数字化中心成立，文献扫描年产量3000 万页以上。同时，部分省、市的数字图书馆研究项目也开展起来。2000 年，文化部在海南召开“中国数字年图书馆工程资源建设”工作会议，讨论制定《中国数字图书馆工程一期规划（2000—2005 年)》，推荐使用资源加工的标准规范。

2001 年，国家计委批准立项“全国党校系统数字图书馆建设计划”，总投资达 1.9 亿元。北京大学、东北师范大学等院校相继成立数字图书馆研究所，在全国范围内掀起了数字图书馆建设和研究的高潮。

2001 年 5 月 23 日，国家重点科技项目“中国试验型数字式图书馆”通过专家技术鉴定。中国数字图书馆已经进入初步实用阶段，中国的数字图书馆研究、建设已经初具规模。

国内数字图书馆的发展与应用，主要体现在三大工程方面：一是国家数字图书馆工程、国家科学图书馆、国家科技图书文献中心的建设与发展；二是大学图书馆和其他图书馆建立的学位论文联机检索系统和特色资源数据库；三是超星公司、北京书生数字技术有限责任公司等建立的商品化的数字图书馆并已开始投入到网上服务。

任务2 认识超星数字图书馆

问题导入

数字图书馆，您知道多少？

日常生活中，当人们遇到问题的时候，多数时间是去谷歌或者百度搜索一下，找到许多浅显的信息解释，知识信息难成体系，无法满足需要。当人们遇到专业问题的时候，很难从因特网上找到符合需要的答案，只得求助于各个专业论坛或者文库，如百度文库等由网友们共享出来的文档，可是又往往被各种门槛挡在了门外，如收费、下载券兑换等。

图 5-2-1 超星数字图书馆

此时，如果能够充分地利用图书馆免费提供的各种专业数据库，如超星数字图书馆、书生之家、中国知网等资源，就会解决面临的一些专业问题。因为对于一个问题的深入了解最好的途径还是专业文献，而不是网络上种种问答。而数字图书馆能为读者提供所需的数字化文献，基本可以解决人们遇到的专业问题或者学术问题。超星数字图书馆从个人数字图书馆到读秀知识服务平台，发展到今天的数字化学习空间，极具个性化、人性化，其功能强大，信息存储海量，是当今大学生学习的互动空间。

国内著名数字图书馆的近十年信息化服务都不同程度地在国家经济、文化、教育、科技的建设与发展中起到了重大作用。超星数字图书馆、中国知网、万方知识服务平台等对当前大学生以及社会大众的学习、阅读或者科研起着非常重要的作用。

基础知识

围绕数字图书馆信息检索项目目标，本项任务的内容和知识点包括超星数字图书馆概述、超星阅读器的功能、客户端下载与安装、超星数字图书馆的应用、超星数字图书馆的个性化阅读等。

1. 超星数字图书馆概述

超星数字图书馆是全球最大的中文数字图书馆。超星数字图书馆是国家“863”计划中国数字图书馆示范工程项目，由北京世纪超星信息技术发展有限责任公司投资兴建，基于计算机技术和互联网技术的发展，以公益数字图书馆的方式对数字图书馆技术进行推广和示范。

超星数字图书馆新平台是以超星数字大学理念进行更新的。主要模块包括读书、讲座、课程、学习空间四个部分，如图 5-2-2 所示。“读书”模块，是以数字图书馆为主，主要提供图书阅读服务。

图 5-2-2　超星数字图书馆平台界面

超星数字图书馆“数字大学”平台是从大学教师和学生读者的视角，进行了人文化的系统设计。这种设计是在原有的数字图书馆的基础上，增添和整合视频资源（讲座）、课程资源，并为学习者提供了在线学习的空间。功能升级，更具有人性化，平台的功能更加强大。超星数字图书馆签约作者有 35 万人，藏书达 30 多万册。读者下载安装超星数字图书馆客户端阅览器（SSReader）后，即可通过互联网阅读超星数字图书馆中的图书资料。

专用阅读软件超星图书阅览器是阅读超星数字图书馆所藏图书的必备工具，可以从超星数字图书馆网站免费下载。超星公司目前推出的平台主要有超星电子图书、百链、读秀、指针等。

超星数字图书馆数字资源包括电子图书、论文文献、古代文献、报纸、CD 等各种载体的文献，还包括资深院士图书馆、考古期刊、人民画报 50 年等特色资源。超星数字图书馆拥有 30 多万册电子图书，涉及文学、经管、理工、技术等多个专业领域；汇集名校名师的结晶之作，超星数字图书馆提供 8 万余集学术视频。

2. 超星阅读器的功能

超星阅读器人机交互界面友好，功能强大，便于操作。以 SSR4. 13 版本为例介绍如下：

第一，便捷操作。超星阅读器针对图书在 PC 机及笔记本电脑上的阅读特点专门设计的阅读操作界面，可以让读者很方便地翻页，放大或缩小页面，以及更换阅读背景等。

阅读器任务栏包括“文件、网页、书签、设置、窗口、帮助”六项项目模块。在阅读器本体“文件、网页、书签……”下拉菜单中，显示一系列工具命令。如图 5-2-3～图 5-2-7所示。

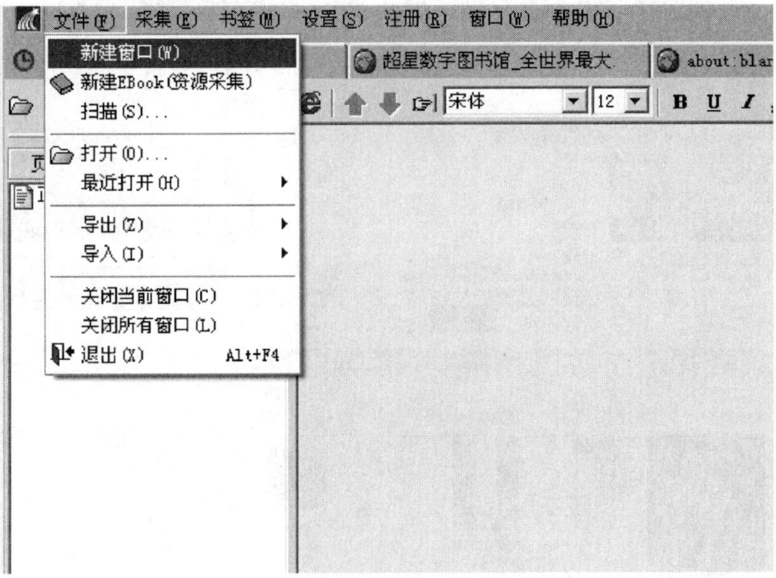

图 5-2-3 “文件”下拉菜单命令

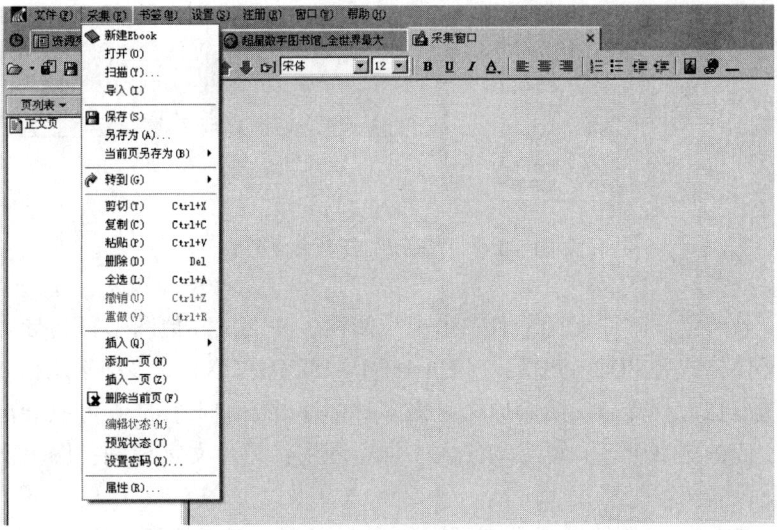

图 5-2-4 采集系列命令

图 5-2-5 “网页”任务命令列表

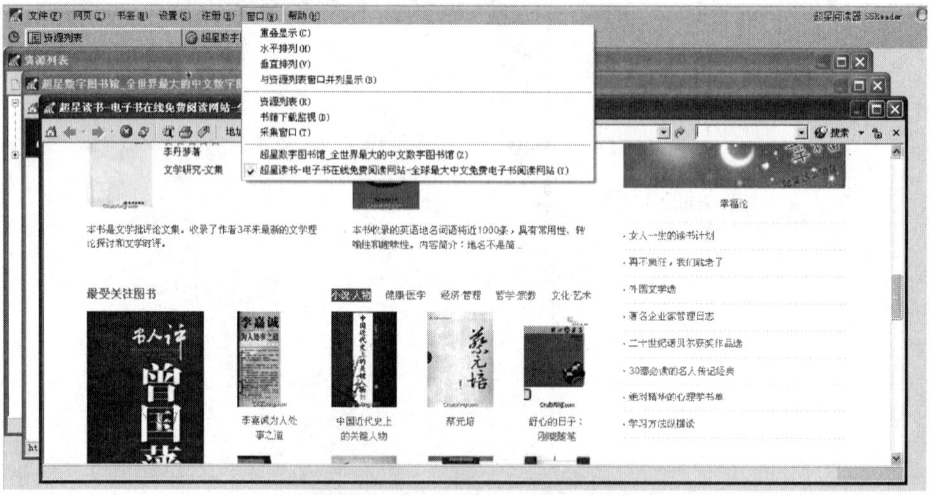

图 5-2-6 “窗口”任务命令列表

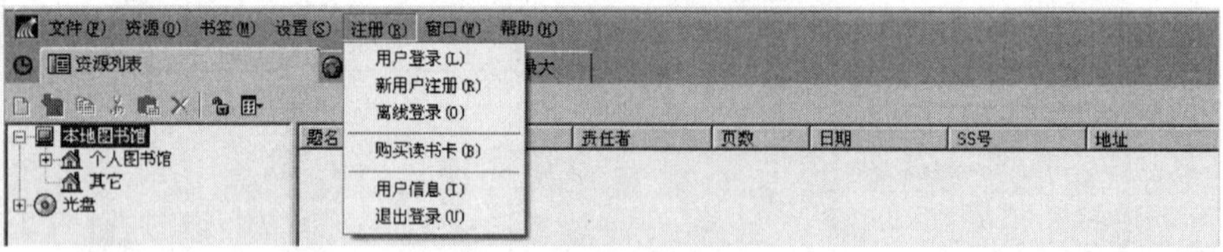

图 5-2-7 “注册”任务命令列表

第二，下载阅读。软件支持下载图书离线阅读，并支持其他图书资料导入阅读，支持的图书资料文件格式有 PDG、PDZ、PDF、HTM、HTML、TXT 等多种常用格式。

第三，功能强大。支持在图书原文上做多种标注及添加书签，并可以导出保存；高速下载图书，便捷的图书管理，可手动导入、导出图书；图片文字识别；图书文本编辑；提供多种个性化设置。

第四，快速导航。软件内嵌数字图书馆资源列表，囊括超星数字图书馆所有超过 30 万种图书，可以帮助读者更方便、准确地查找图书。本地图书馆列表方便读者管理下载的图书。

单击资源列表，在阅读器窗体左侧显示“本地图书馆”文件夹和光盘文件夹；“本地图书馆”文件夹内含“个人图书馆”和“其他”；文件显示区，显示文件的主要字段：题名、责任者、页数、日期、SS 号、访问次数等。

3. 客户端下载与安装

第一步：下载超星阅读器。超星数字图书馆通过下载超星阅读器，可免费阅读部分电子图书；提供独特的热门关键词搜索、图书馆专题搜索、出版社专卖店图书分类等，方便读者利用；读书社区方便读者交流，其资源共享板块提供 BBS 公告服务。

超星数字图书馆电子图书等文本资源采用了 PDG 数字化格式，所以，阅读其文献内容必须利用专用阅读器。目前，超星阅读器最新版本是 SSR413F20140326，通过超星网下载。下载过程如下：

通过百度，或者在地址栏中输入 http://book. chaoxing. com/，搜索登录“超星数字图书馆网站”，如图 5-2-8 和图 5-2-9 所示。

图 5-2-8 地址栏地址搜索

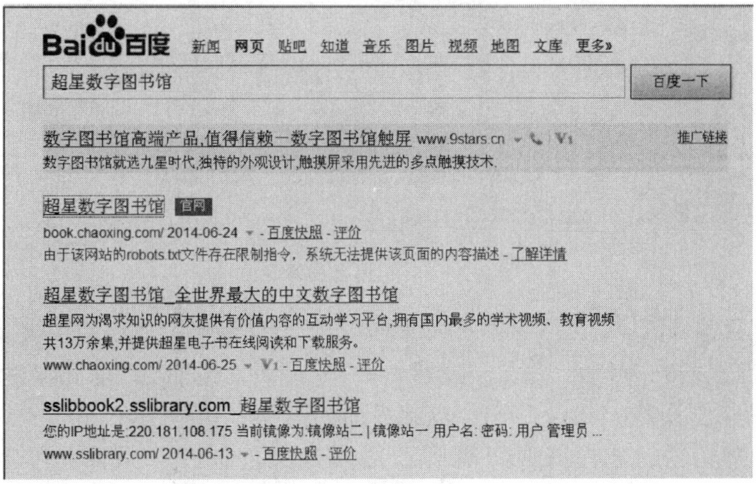

图 5-2-9 检索结果显示

单击“超星数字图书馆”官网，进入网站，单击“客户端下载”，如图 5-2-10 所示。进入“超星读书”客户端专区，如图 5-2-11。

图 5-2-10　超星数字图书馆

图 5-2-11　超星客户端专区

在超星客户端专区，显示了不同终端阅读器的不同版本。主要有“超星阅读器 windows 版、超星阅读器 ipad 版、超星阅读器 androidpad 版、超星公开课 ipad 版”四个版本。

单击“超星阅读器 windows 版”，显示界面如图 5-2-12 所示；单击镜像站点，显示“下载”确认对话框，选择该客户端阅读器安装文件保存在桌面，单击保存。下载完毕。

第二步：安装客户端程序。双击“超星阅读器”执行文件，单击“运行”安装程序。

阅读器系统安装完毕后，双击阅读器图标，打开“超星数字图书馆”客户端进入“超星数字图书馆”，就可应用阅读有关文献，如图 5-2-13 所示。

4. 超星数字图书馆应用

双击客户端软件图标，进入超星数字图书馆系统，单击“读书”模块，进入“超星读书”网，如图 5-2-14 所示。

图 5-2-12　超星阅读器 windows 版

图 5-2-13　超星数字图书馆客户端

图 5-2-14　超星读书网

浏览图书，看到本人喜欢的图书，可以单击该书的链接，就可看到相关的图书信息，通过网页阅读，可以快速地翻看文本内容。

【示例 5-2-1】

超星客户端阅读功能应用

通过 IE 浏览器阅读《进取》一书。

通过阅读器进入“超星网”，在“读书”页面浏览到“好书七天抢读”，单击图书“进取”，如图 5-2-15 所示；显示该书的基本信息如下：

作者：李伟　编著

出版日期：2010. 01

出版社：中国华侨出版社

页数：251

所属分类：信念、意志、行为

内容简介

本书对于那些想在职场有更多收获的人来说，正是他们达到目的的最佳手册。对于那些刚从大学走进社会的大学生来说，就是他们走进职场的指南针。

目录

第一篇　进

第二篇　取

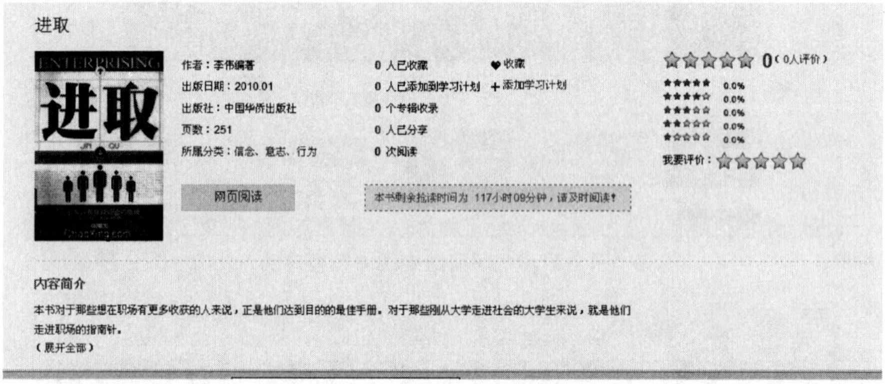

图 5-2-15　图书“进取”相关信息

单击“网页阅读”，进入阅读器系统图书阅读窗体，可以根据目录显示阅读该书。在阅读器窗体中，左侧显示图书的目录，右侧为文本内容显示窗口，如图 5-2-16 和图 5-2-17 所示。

对浏览过的图书目录，选中目标图书，可以下载到本地计算机进行阅读。

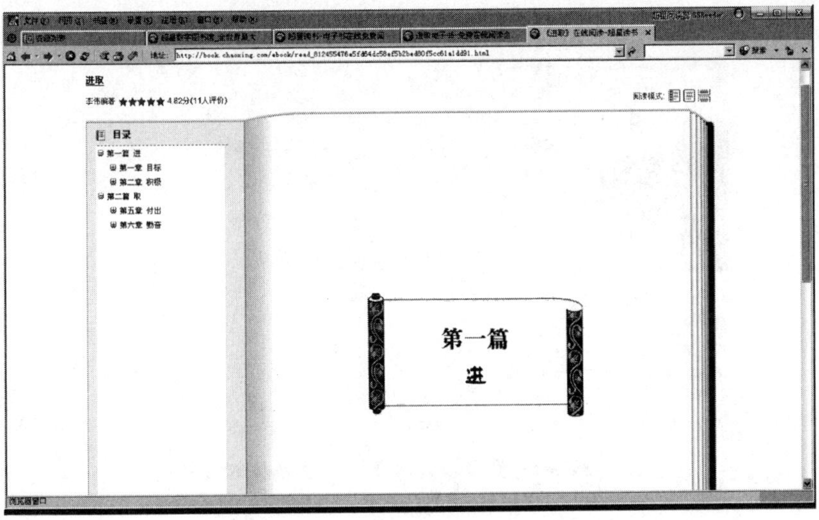

图 5-2-16 阅读器阅读窗口

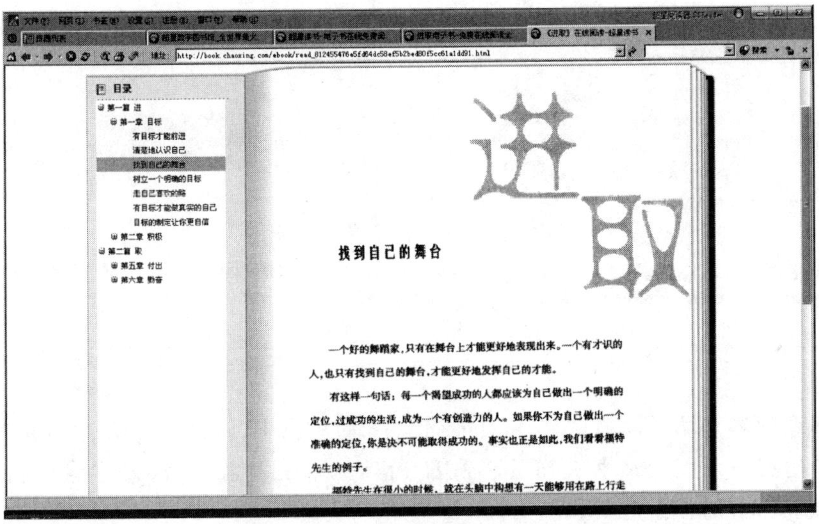

图 5-2-17 阅读器阅读窗口

【示例 5-2-2】

超星客户端“图书下载”功能应用

单击《管理学案例精析》，链接相关图书信息，如图 5-2-18 所示。

单击“下载本书”，经过系统登录后进入下载页面。通过星币/星点单本购买，如图 5-2-19 所示。

单击“立即下载”，如图 5-2-20 所示，在系统提供的下载对话框中，选择保存路径，如下载到“个人图书馆”，并且在个人图书馆下新建一个子分类文件夹，如“管理学”；单击“新建子分类”，并给文件命名“管理学”，在对话框下端，单击“下载”。

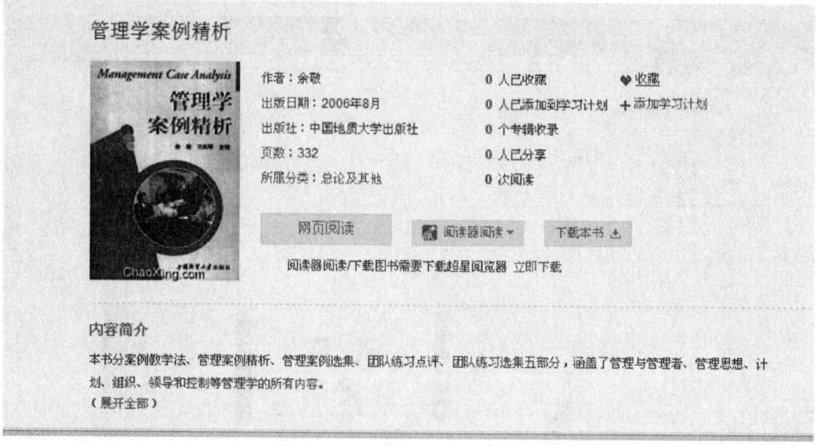

图 5-2-18 《管理学案例精析》图书基本信息

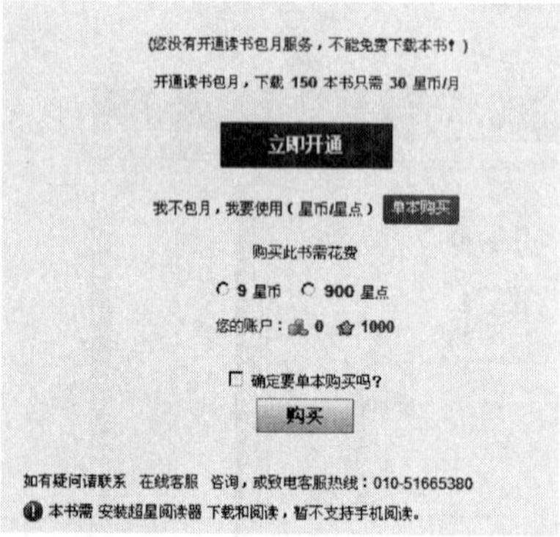

图 5-2-19 星币/星点购书对话框

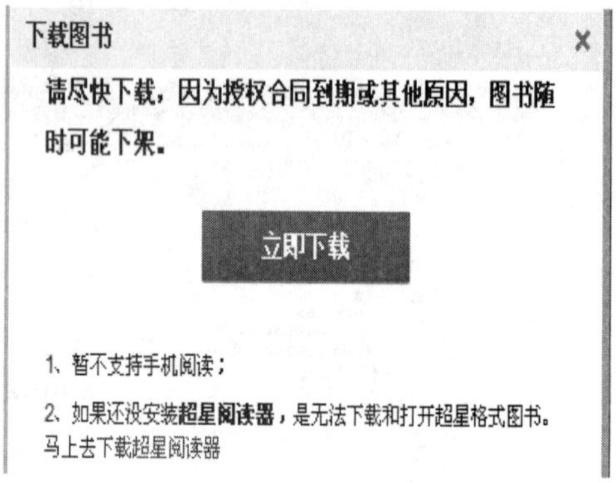

图 5-2-20 图书下载

该书下载到客户端阅读器“个人图书馆”下的“管理学”文件夹，下载完毕。单击该文件夹中的图书名阅读该书。如图 5-2-21 所示，单击题名：“管理学案例精析”。该书显示阅读效果，如图 5-2-22 所示。

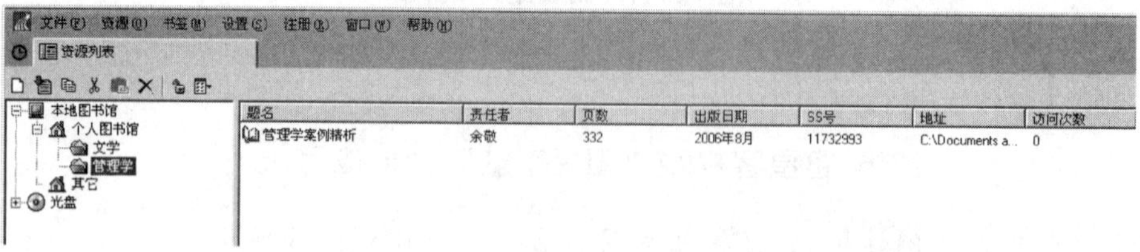

图 5-2-21 电子图书存放于阅读器“本地图书馆”

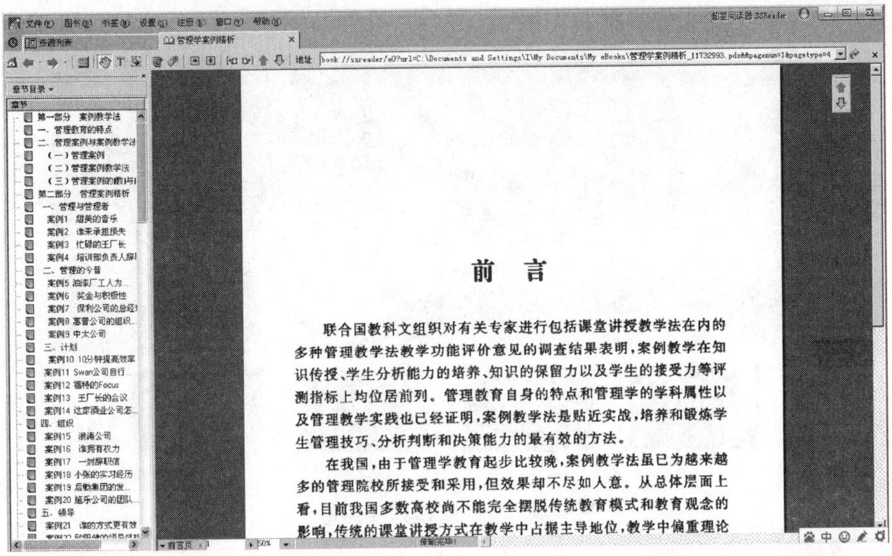

图 5-2-22 电子图书阅读

选择某一章节，如“二、管理的今昔”中的“案例5”，如图 5-2-23 所示。

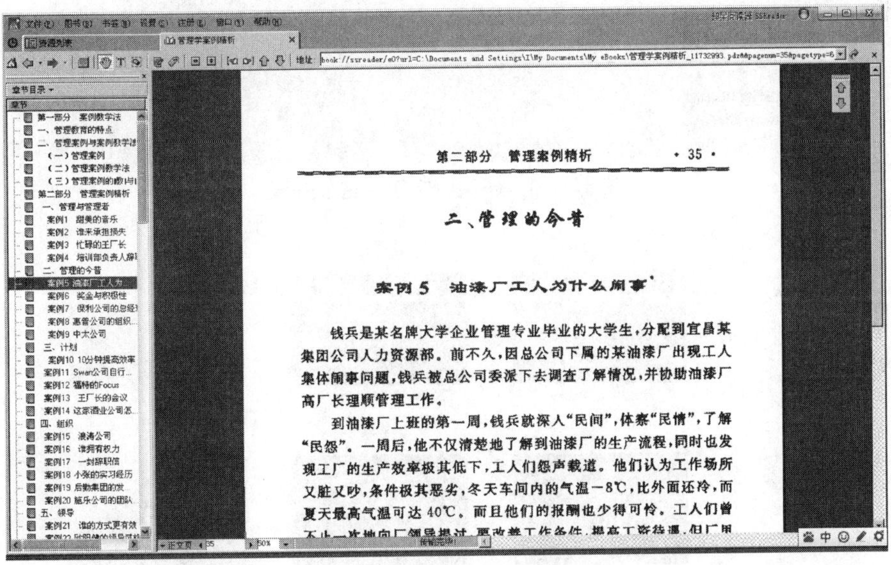

图 5-2-23 电子图书阅读

5. 超星数字图书馆的个性化阅读

超星数字图书馆在个性化阅读方面还有超星公开课程、讲座、学习空间等服务。超星公开课程是超星数字图书馆针对大学生专业学习资源的一大内容。目前，关于本部分内容的制作，超星公司已与5300多名名师签约，由40个慕课编辑部、750人的业务团队制作、发布。通过课程分类目录可以观看公开课程。

公开课程目录涉及12大学科相关内容：哲学、经济学、法学、教育学、文学、历史学、理学、工学、农学、医学、军事学、管理学。关于理、工、农、医相关的技术性、技能型课程，适合高职高专院校的师生学习观赏，具有十分重要的参考价值。12大学科每一学科都分别链接许多课程资源，如图 5-2-24 ～图 5-2-26 所示。

图 5-2-24　超星视频课程首页

图 5-2-25　超星数字图书馆公开课

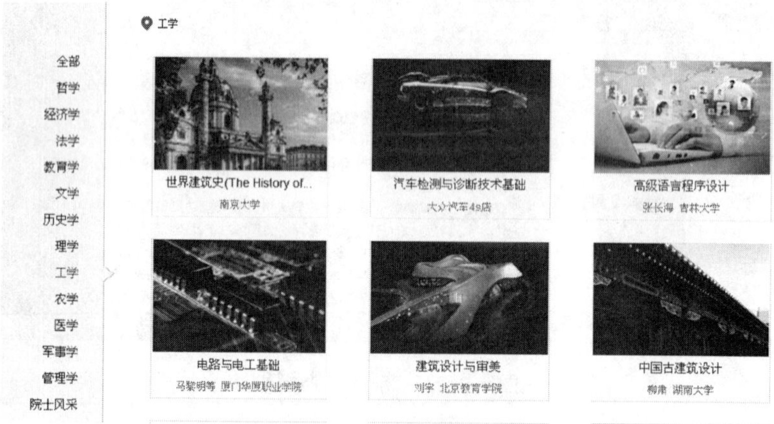

图 5-2-26　公开课目录导航

【示例 5-2-3】

观看课程：汽车检测与诊断技术基础

首先，登录“超星发现”，如图 5-2-27 所示，单击“课程”分类中“工学”学科，在分类展开的许多课程图标中，单击“汽车检测与诊断技术基础”，显示内容如图 5-2-28 所示。

课程名称：汽车检测与诊断技术基础大众汽车 4S 店

专业大类：制造大类所属专业——汽车技术服务与营销

本课程的信息内容包括：课程介绍、教师团队、教学目标、汽车检测与汽车诊断、相关视频、参考教材和课程。

图 5-2-27 超星数字图书馆新版“超星发现”检索界面

图 5-2-28 “汽车检测与诊断技术基础”课程首页

观看部分章节，单击相关章节内容，如“汽车检测注意事项”，课程文本内容显示如图 5-2-29 所示。

图 5-2-29 “汽车检测注意事项”部分内容

超星数字图书馆的超星讲座中大约有 13 万集视频资源。通过学术视频分类目录可以观看相关的学术视频资源内容。如图 5-2-30 所示。

图 5-2-30 超星数字图书馆学术视频资源目录

超星数字图书馆学术视频资源在目录中涉及 16 个学科。主要有历史、文学、哲学、艺术、教育、社科、经济、管理、政治、法律、政治学、法学、工程技术、基础科学、医学、农学。

【示例 5-2-4】

观看视频公开课：内燃机构造

首先，单击分类目录中“工程技术”的下位类“工业技术”类目，“工业技术类课程目录”细分为冶金、金属，能源、动力，材料科学与工程，武器、原子能，机械、仪表，电子、电信，轻工业、手工业，土木、建筑、水利，交通运输，航空、航天，测绘科学与技术，化学工程与技术，矿业工程，农业工程，环境科学与工程，供热、供燃气、通风及空调工程，食品科学与工程，纺织工程等。如图 5-2-31 所示。

图 5-2-31　工业技术类目及子类目

单击热播课程列表“内燃机构造”，该课程的基本信息如图 5-2-32 所示。

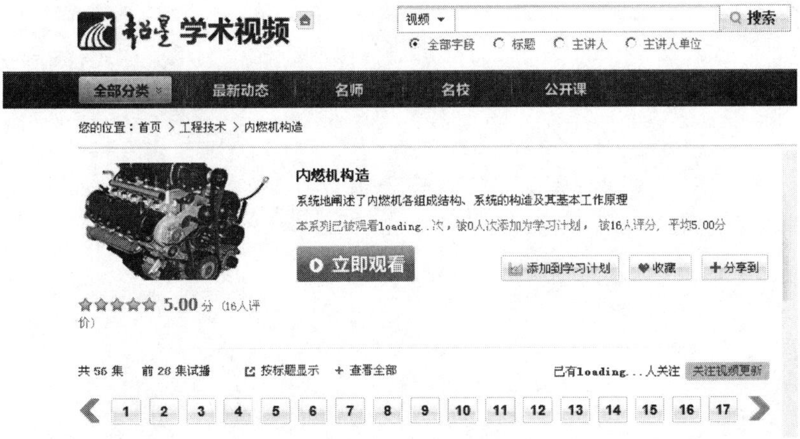

图 5-2-32　内燃机结构

“内燃机构造”视频资源前 28 集试播，可免费观看。

超星数字图书馆是全球最大的中文数字图书馆。其学术视频资源以及公开课程资源都是当今青年学生涉猎的数字化资源，这些资源对学生的成长、成才都会起到非常重要的指导作用或者引导作用。超星数字化学习空间是青年人学习交流的虚拟空间，对学生的文化学习以及专业知识沟通交流等能够起到互动的双向影响，是一个不错的学习交流平台。

小知识

慕课是什么？

慕课，即MOOC的音译，尊崇创用共享（CC）协议的大规模网络开放课程。慕课发端于发布资源、学习管理系统，以及将学习管理系统与更多的开放网络资源综合起来的旧的课程模式。“M”是指Massive，大规模，一门MOOCs课程动辄上万人，最多达16万人；第二个字母“O”是指Open，开放式兴趣导向，任何国家和地区的学习者都可通过邮箱免费注册参与；第三个字母“O”是指Online，网上完成学习；“C”是指Course，课程。通俗地说，慕课就是为了增强知识传播而由具有分享和协作精神的个人组织发布的、散布于互联网上的开放课程。慕课以网络化学习为基础，渐进地让学生从初学者成长为高级人才。课程覆盖社会科学和自然科学。授课形式是一种将分布于世界各地的授课者和学习者通过某一个共同主题联系起来，通常会包括每周一次的讲授、研讨问题以及阅读建议等，每门课都有频繁的测验，有时还有期中和期末考试。

任务3 CNKI 知识服务平台应用

CNKI 是全球信息量最大、最具价值的中文网站。据统计，CNKI 网站内容数量大于目前全世界所有其他中文网页内容的数量总和，可谓世界第一中文网。CNKI 的信息内容是经过深度加工、编辑、整合，以数据库形式进行有序管理，来源明确，可信可靠。

问题导入

了解中国知网吗？

CNKI（China National Knowledge Infrastructure）是中国知识基础设施工程的英文简称。《中国知识资源总库》是中国知网的核心资源，囊括了自然科学、人文社会科学及工程技术各领域知识，拥有期刊、报纸、博硕士培养单位的博士和优秀硕士学位论文、全国重要会议论文、中小学多媒体教辅以及1000 多个加盟数据库。CNKI 的全文采用 CAJ 和 PDF 格式，必须下载 CAJ 和 PDF 浏览器才可阅读。

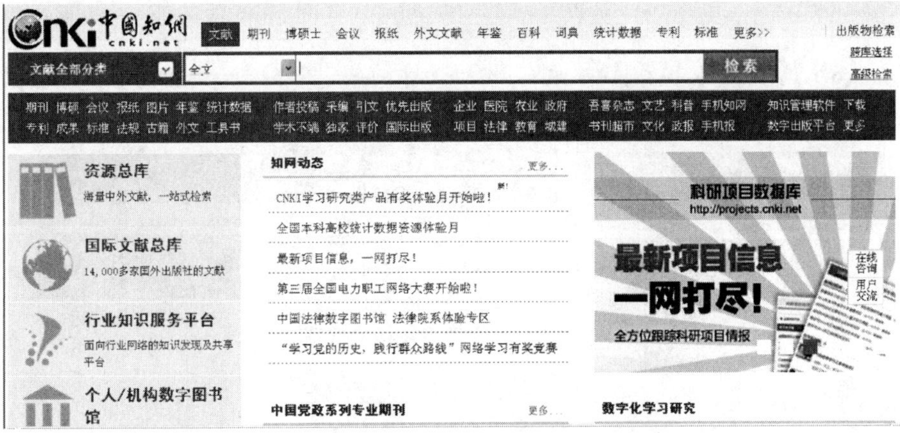

图 5-3-1　CNKI 首页

中国知网（CNKI）是以各学科基础知识、前沿知识及专家知识与专家经验为基本内容，以高性能计算机和信息基础设施为支持，以建设国家级知识创新体系为目的的超大型知识信息管理系统。经过多年努力，建成了世界上全文信息量规模最大的“CNKI 数字图书馆”。

CNKI 是以实现全社会知识信息资源共享为目标的国家信息化重点工程，被国家科技部五部委确定为“国家级重点新产品重中之重”项目，1995 年 CNKI 立项，到目前已经建成世界上中文信息最具规模的 CNKI 数字图书馆。

基础知识

围绕数字图书馆信息检索技术，本项任务的内容和知识点主要包括 CNKI 知识服务平台概况、资源内容、服务项目、CNKI 检索系统的使用方法和检索技巧。

1. CNKI 知识服务平台

进入 CNKI 主页（http://www. cnki. net），登录 CNKI 主界面。CNKI 知识服务平台结构复杂，功能强大。资源导航及检索区共涉及文献总库、期刊数据库、博硕士论文数据库、报纸数据库、外文文献数据库、年鉴数据库、百科、词典、统计数据、专利标准等，是常用的资源以及检索执行区。此外还有资源细化目录及热点服务项目区、资源库概况及个性化数字图书馆、热点知识及行业服务等，如图 5-3-2 和图 5-3-3 所示。CNKI 检索系统支持简单检索、高级检索、专业检索等。

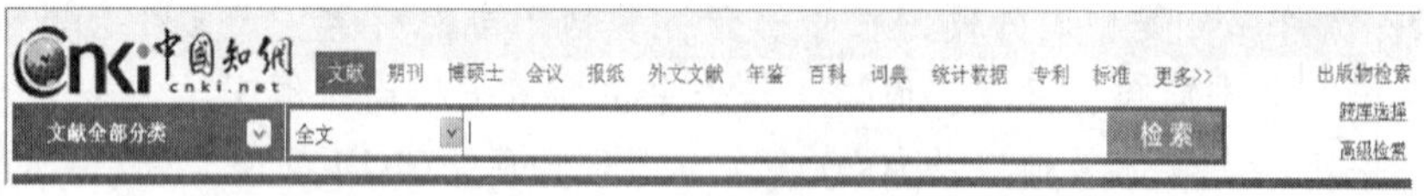

图 5-3-2 CNKI 检索系统

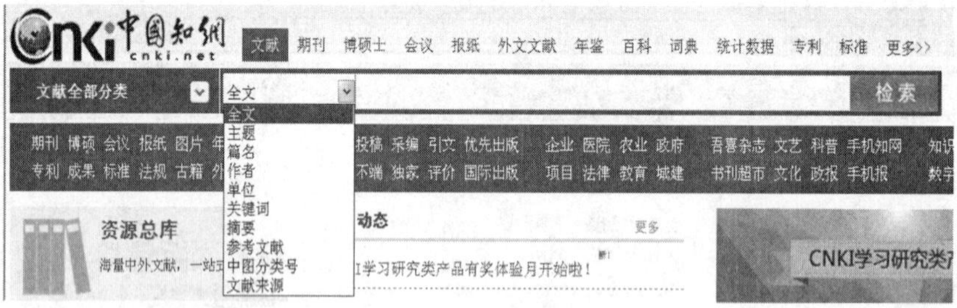

图 5-3-3 检索系统检索选项

2. CNKI 简单检索

CNKI 检索系统默认的检索方式是简单检索。其“检索项”提供的主要检索字段包括全文、主题、篇名、作者、单位、关键词、摘要、参考文献、中图分类号、文献来源。系统默认进行“文献库”“全文”检索，如图 5-3-3 所示。各检索字段的含义及检索示例，如表5-3-1所示。

【示例 5-3-1】 CNKI 检索系统检索字段

表 5-3-1 CNKI 检索字段含义及示例

检索字段	字段含义	检索示例
全　文	全部文章内容	全文 = 高职
主　题	反映文章内容的规范词汇	主题 = 实训基地
篇　名	文章名称	篇名 = 高职院校实训基地功能实现与效益研究

续表

检索字段	字段含义	检索示例
作　者	文章撰写人（责任人）	作者 = 高庆殿
单　位	作者单位	单位 = 济宁职业技术学院
关键词	能反映文章内容的词汇	关键词 = 实训基地功能
摘　要	文章的简要介绍	摘要 = 实训实习基地
参考文献	文章所引用的参考文献	参考文献 = 现代商贸工业
中图分类号	文章根据中图法给的类号	中图分类号 = G718. 5
文献来源	文章原刊登报纸或期刊	来源 = 广东交通职业技术学院学报

检索过程如下：

首先，在选项中，选择“作者”，在检索信息输入框中输入“高庆殿”，如图 5-3-4 所示，单击“检索”按钮，执行检索，显示检索结果信息，如图 5-3-5 所示。

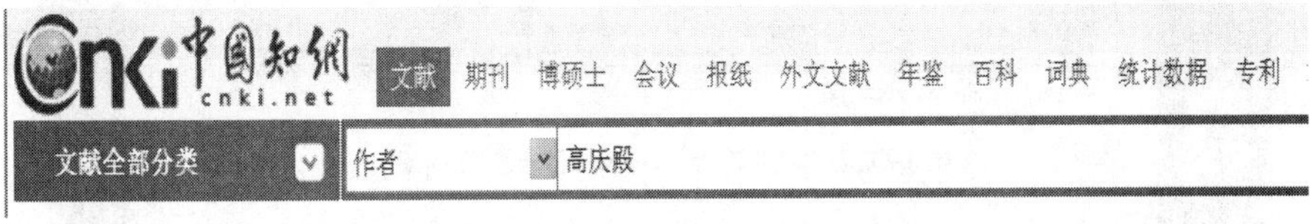

图 5-3-4　“作者”检索

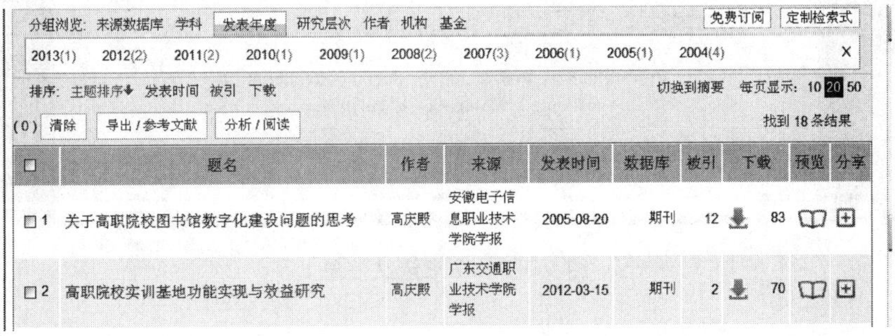

图 5-3-5　部分结果显示

其次，单击检索结果条目“2”“高职院校实训基地功能实现与效益研究”。系统链接该文题录信息，如图 5-3-6 所示。全文利用 PDF 阅读器打开阅读，如图 5-3-7、图 5-3-8 所示。

如果检索途径不变，选择输入框上边的数据库导航的不同数据库，显示的结果不同。

在系统默认的文献库，显示本系统收藏的高庆殿的作品共“18”条结果，其中包含“硕士论文”1 篇，如图 5-3-9 和图 5-3-10 所示；如果选择“期刊”则只有“17”条结果，只显示“期刊”中发表的学术论文；选择“专利”只有 2 条结果，只是对专利数据库进行检索，如图 5-3-11 和图 5-3-12 所示。

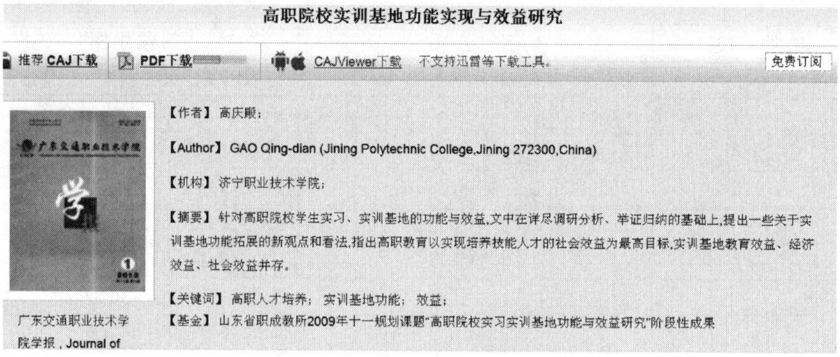

图 5-3-6　文章的题录信息

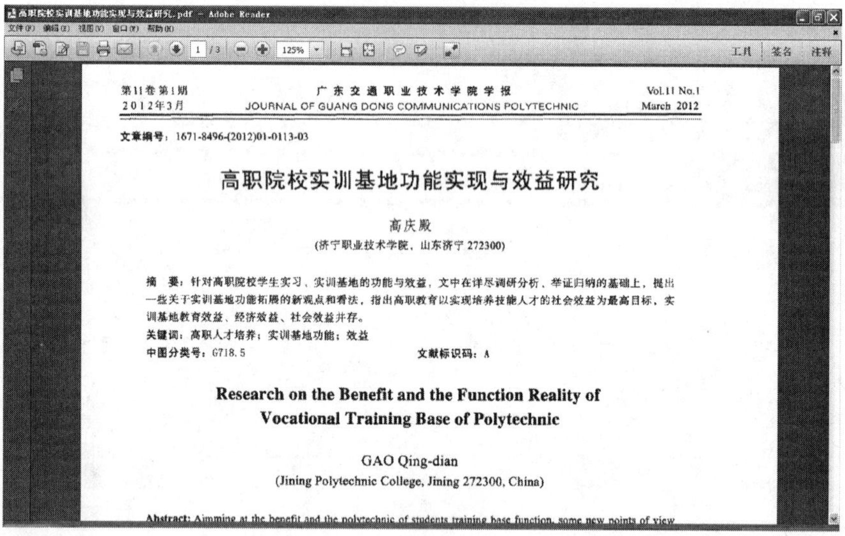

图 5-3-7　文章全文信息 1

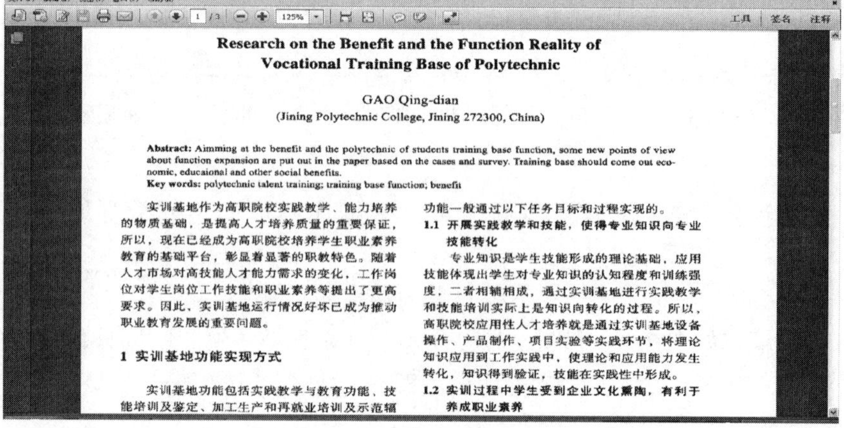

图 5-3-8　文章全文信息 2

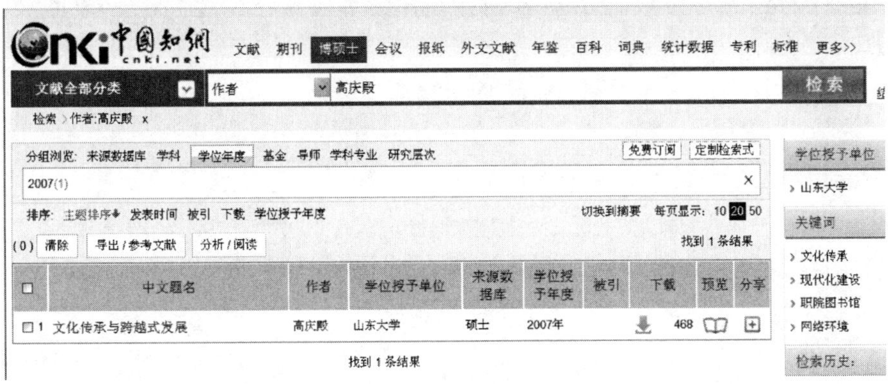

图 5-3-9 博硕士论文数据库检索

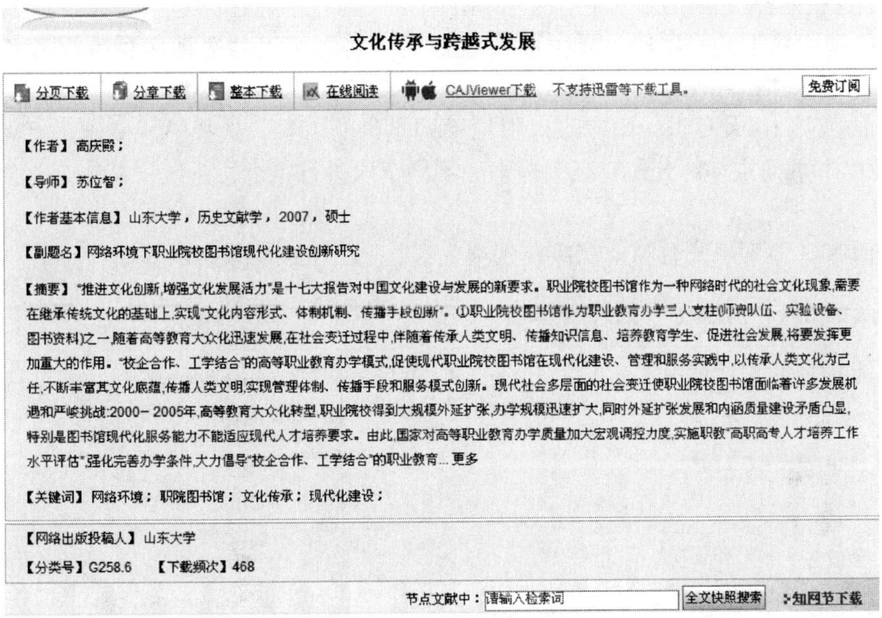

图 5-3-10 硕士论文题录数据信息

图 5-3-11 专利数据库检索

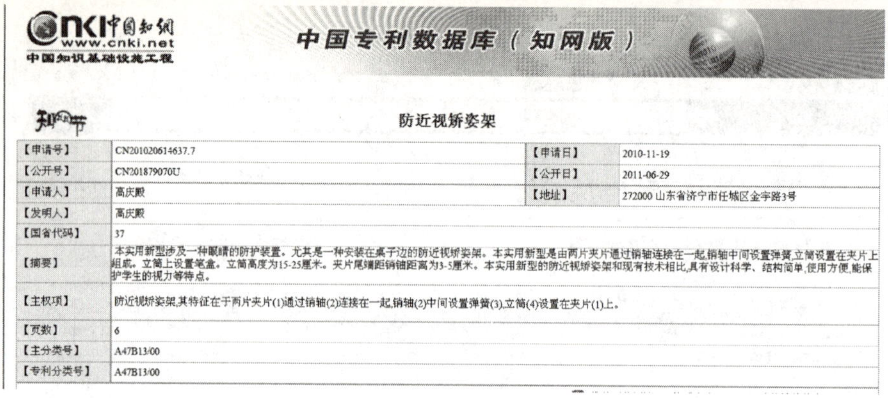

图 5-3-12　专利题录信息

3. CNKI 高级检索

CNKI 高级检索是一项较为复杂的检索方式，主要是针对选择多种数据库或者增强检索效果来实现的。CNKI 高级检索系统界面，如图 5-3-13 所示。在本界面内，最左侧是 CNKI 的数据 10 大专辑，用户可以根据不同学科的需要，选择不同专辑进行检索，缩小检索范围。页面主体部分是对高级检索的不同字段进行组合，系统支持布尔运算。操作如下：

单击 CNKI 检索系统右侧“高级检索项”，进入如图 5-3-14 所示界面。

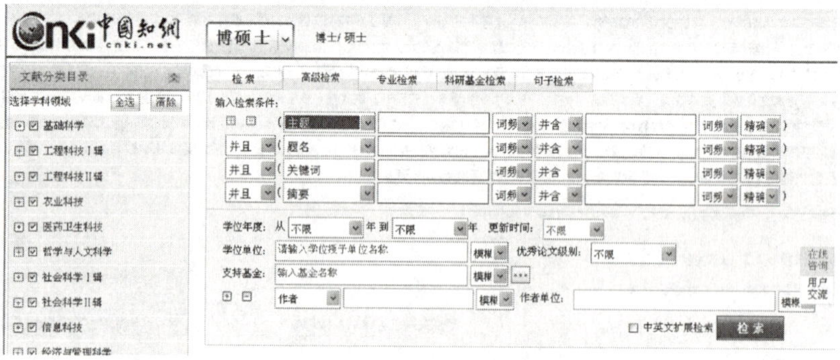

图 5-3-13　高级检索界面

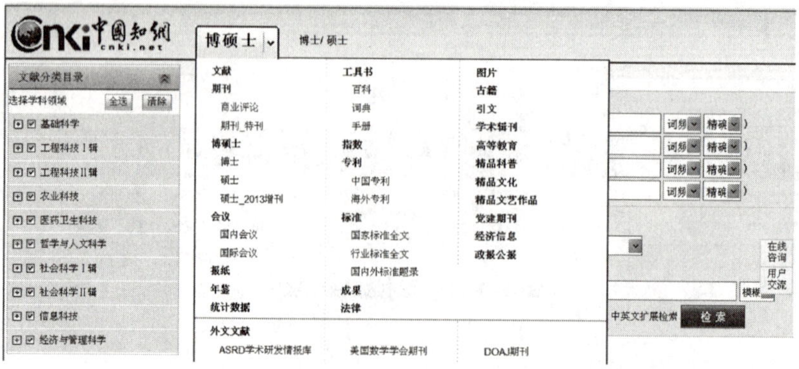

图 5-3-14　高级检索针对的数据库资源选择目录

高级检索是一种多字段组合检索，能够增强针对性，提高检索效果。高级检索实际上在组配检索词时执行了布尔逻辑检索，从而扩大或缩小检索范围。

【示例5-3-2】

CNKI博士论文全文检索应用

《中国博士学位论文全文数据库》是国内内容最全、质量最高、出版周期最短、数据最规范且最实用的博士学位论文全文数据库。收录全国"985"工程、"211"工程等重点高校，以及中国科学院、社会科学院等研究院所1984年至今的博士学位论文。覆盖基础科学、工程技术、农业、医学、哲学、人文、社会科学等各个领域。目前，收录来自416家培养单位的博士学位论文231 897篇。产品分为基础、工程、农业、医药卫生、哲学与人文科学、社会科学、信息科技、经济与管理十大专辑。

课题：检索清华大学2000年以来关于汽车发动机的博士论文信息

选择主题，输入"发动机"，第二检索项，选择"关键词"，输入"发动机控制"，学位年度输入从"2000"到"不限"。单击"检索"按钮，显示检索结果，如图5-3-15～图5-3-17所示。

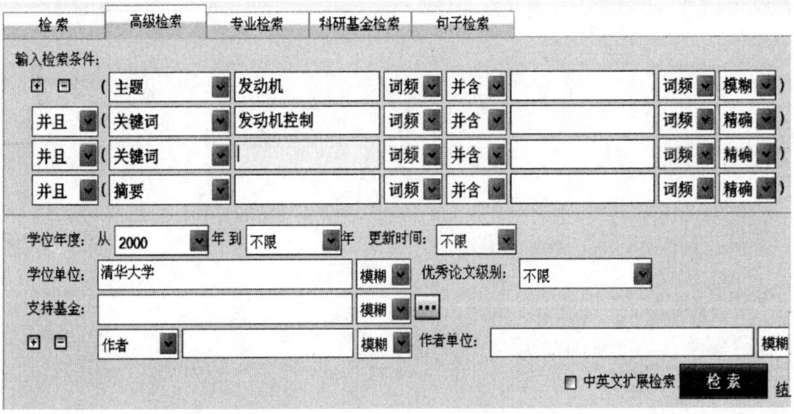

图5-3-15 高级检索选择检索条件

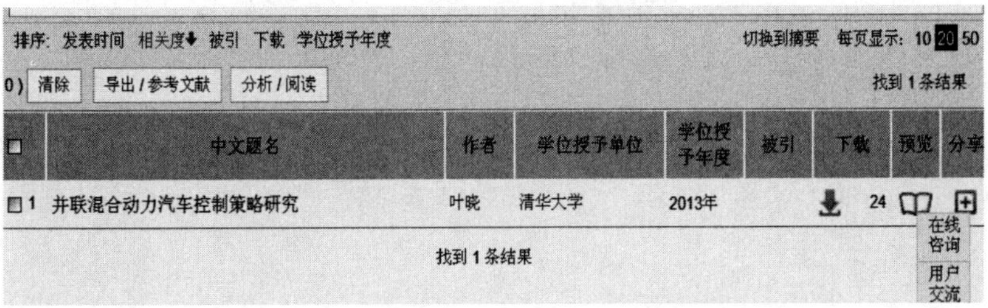

图5-3-16 符合条件的博士论文检索结果

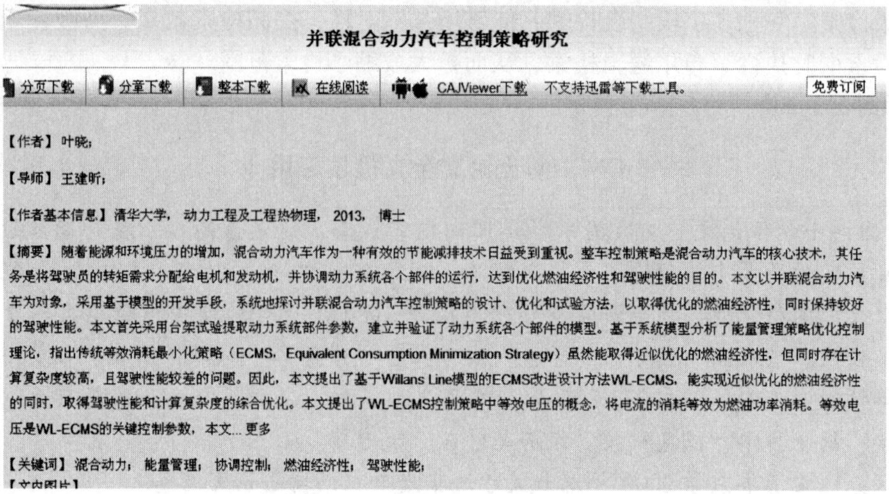

并联混合动力汽车控制策略研究

分页下载 分章下载 整本下载 在线阅读 CAJViewer下载 不支持迅雷等下载工具。 免费订阅

【作者】叶晓；

【导师】王建昕；

【作者基本信息】清华大学，动力工程及工程热物理，2013，博士

【摘要】随着能源和环境压力的增加，混合动力汽车作为一种有效的节能减排技术日益受到重视。整车控制策略是混合动力汽车的核心技术，其任务是将驾驶员的转矩需求分配给电机和发动机，并协调动力系统各个部件的运行，达到优化燃油经济性和驾驶性能的目的。本文以并联混合动力汽车为对象，采用基于模型的开发手段，系统地探讨并联混合动力汽车控制策略的设计、优化和试验方法，以取得优化的燃油经济性，同时保持较好的驾驶性能。本文首先采用台架试验提取动力系统部件参数，建立并验证了动力系统各个部件的模型。基于系统模型分析了能量管理策略优化控制理论，指出传统等效消耗最小化策略（ECMS，Equivalent Consumption Minimization Strategy）虽然能取得近似优化的燃油经济性，但同时存在计算复杂度较高，且驾驶性能较差的问题。因此，本文提出了基于Willans Line模型的ECMS改进设计方法WL-ECMS，能实现近似优化的燃油经济性的同时，取得驾驶性能和计算复杂度的综合优化。本文提出了WL-ECMS控制策略中等效电压的概念，将电流的消耗等效为燃油功率消耗。等效电压是WL-ECMS的关键控制参数，本文...更多

【关键词】混合动力；能量管理；协调控制；燃油经济性；驾驶性能；

【文内图片】

图 5-3-17　博士论文题录信息

任务4 CNKI信息检索案例

《中国知识资源总库》以“中国知网”为网络出版与知识服务平台，通过产业化运作，为全社会知识资源高效共享提供最丰富的知识信息资源和最有效的知识传播与数字化学习平台。十多年来，中国高校毕业的大学生可以说没有不了解CNKI的。在他们参与的各项科研项目中，CNKI为他们提供了丰富的文献信息。

1. 案例陈述

检索有困惑，老师来帮忙

某一高校学生在图书馆电子阅览室查询CNKI数据库关于物联网发展趋势的有关文献。但是他对于CNKI的资源类型和检索方法不太清楚，便请教图书馆老师。老师通过本地镜像服务器资源对他进行了认真指导与演示操作。老师要求学生操作几遍，学生便能够慢慢地自己操作检索了。最后，老师给他一道检索题目：检索CNKI期刊数据库中关于信息检索的文章。

学生首先选择了期刊数据库，然后在检索项选择了“关键词”，在输入框中输入“信息检索”，然后单击“检索”按钮，系统执行检索，结果便显示出来。

中国知网知识服务平台资源类型丰富，包括图书、报刊、博硕士论文、专利标准等。该平台不仅提供数字化文献信息检索及文献提供服务，还提供很多人性化的信息服务，对不同用户或者用户群按照不同的专题提供针对性信息咨询、在线出版、个人数字图书馆、机构图书馆阅读平台等服务。

2. 案例分析

信息检索，实际上很简单

实际上，CNKI检索系统与其他的信息检索系统有其共同点。CNKI信息基本检索途径，操作简单，应用方便，使用起来便捷。需要注意要选择数据库以及选择不同的检索条件，以增强检索的针对性、缩小检索范围、提高检索效率。需要阅读全文或者下载全文的用户，首先注册CNKI用户，登录系统，下载阅读。CNKI文献的阅读必须根据文献的格式选用CNKI专用阅读器CAJ或者通用的PDF。

思考练习：数字图书馆信息检索

▶知识掌握

1. 数字图书馆的概念和功能各是什么？
2. 列举国内著名的几个数字图书馆？
3. 数字图书馆的构成要素有哪些？
4. 超星数字图书馆阅读器功能有哪些？
5. 如何下载阅读超星数字图书馆图书？
6. CNKI 数字图书馆的资源类型有哪些？
7. CNKI 数字图书馆的检索方法有哪些？

▶知识应用

1. 利用超星数字图书馆检索并阅读图书《西游记》，结合部分章节内容写一篇读书心得。

2. 利用 CNKI 高级检索，检索本专业的数字化文献资料，并写出检索过程。

▶专题实践

实训情景：某职业技术学院机电专业二年级学生，应某一企业需求，为企业检索一些 2008 年以来国内关于 PLC 控制系统方面的文献资料。

实训课题：PLC 控制系统研究与应用。

实训平台：中国知网期刊论文、博硕士论文。

任务要求：

1. 简单检索：利用关键词、题名或者作者等检索字段，单库检索。
2. 高级检索：利用布尔逻辑检索式，跨库检索。

作业要求：撰写实训报告，写出检索策略、检索过程、检索结果及实训心得。

项目6

标准文献信息检索

项目目标

通过本项目学习，必须掌握以下知识内容和相关技能：

1. 标准文献的内涵与作用。
2. 国内标准文献类型。
3. 标准文献的编号及分类方法。
4. 国内标准文献的检索特点及检索方法。

标准是以科学技术和实践经验的综合成果为基础，经有关方面协商一致，由主管机关批准，以特定形式发布，作为共同遵守的准则和依据。不论国家，还是企业、行业之间，其产品生产、服务、贸易等都离不开标准的约束。标准的批准与发布，对经济、技术的发展都有重大意义。标准是在全国范围内或者地区、行业内部统一的技术要求，由标准化行政主管部门或其他组织编制计划，协调项目分工，组织制定，统一审批、编号、发布。

现在各行各业的工作都要求按照行业标准实施规范化操作。所以，当前高等学校的学生，特别是高等职业院校的理工科学生，对所学专业所对应的行业领域的行业标准应熟知。因此，可以说高等职业院校学生了解标准知识、掌握标准文献的检索方法十分重要。

任务1 了解标准文献基础知识

标准具有鲜明的法律属性，与法律法规一起规范市场经济，共同保障市场经济有效、正常地运行。标准是国民经济和社会发展的重要技术支撑，执行严格的资源利用和环境保护标准，才能促使企业从源头节约资源和能源，减少和预防环境污染，实现经济持续健康发展。标准是企业组织生产和经营的依据，事关企业的生存与发展。

问题导入

标准的社会意义

日本著名的质量管理专家石川馨在总结日本质量管理经验时说："没有标准化的进步，就没有质量的成功。"标准决定着市场的控制权，谁制定的标准为世界所认同，谁就会获得巨大的市场和经济利益。在知识经济时代，市场竞争标准先行的特征尤为突出。通过标准与专利的融合，实现专利标准化、标准垄断化，可以最大程度地获取市场份额和垄断利润，标准竞争已成为继产品竞争、品牌竞争之后又一种层次更深、水平更高、影响更大的竞争形式。

以海尔集团为例，自1984年起，海尔的各项产品标准均高于国家标准，其中很多指标也优于世界先进国家标准，如冰箱外观，国家标准要求1.5m以内看不出划痕，海尔要求在0.5m以内。海尔的成功证明，质量是企业的生命，而标准是质量的前提，只有抓住了标准这个根本，企业方能立于不败之地。

中国海尔集团起初执行的产品标准高于国家标准，有些产品指标高于先进国家的标准，从而在其发展过程中，产品畅销海内外。所以，标准化生产以及标准的执行使企业产品和服务质量得以保证，使企业在当今的市场中立于不败之地，可见标准的意义重大。那么，你对标准和标准文献又知道多少呢？

基础知识

围绕标准文献检索项目目标，本项任务涉及的内容和知识点主要包括标准和标准文献的概念、标准文献的种类和特点。

1. 标准的概念

标准是科学技术和经济管理研究工作成果的一种表现形式，是生产科研活动中对产品、工程及其他技术基础上的质量、品种、检验方法及技术要求等所做的统一规定，是有关方面共同遵守的技术依据和准则。国家标准GB 3935.1-83对标准的定义为：为重复性事物和概念所做的统一规定。它以科学、技术和实践经验的综合成果为基础，经有关方面协商一致，由主管机关批准，以特定形式发布，作为共同遵守的准则和依据。

2. 标准文献的概念

标准文献是指按照规定程序编制并经过一个公认的权威机构（主要机关）批准的，供在一定范围内广泛而多次使用，包括一整套在特定活动领域必须执行的规格、定额、规划、要求的技术文件。一般是指由技术标准、管理标准及其他具有标准性质的类似文件所组成的特种科技文献体系。广义的标准文献是指包括除标准原始文件以外的一切标准化的书刊、目录和手册等。标准文献与图书、期刊、专利、学位论文、技术报告、会议文献等完全不同，标准文献的制定要通过起草、提出、批准、发布等，并规定出实施时间与范围。

【示例】

我国的轻工业标准 QB/T 2741—2005：学生公寓多功能家具，本标准规定了学生公寓多功能家具的术语、定义和符号、分类、要求、试验方法、检验规则和使用说明、包装、贮存、运输。

3. 标准文献的种类

标准文献类型因其分类标准不同，其类型名称也不同。一般可按其使用范围、内容和性质、成熟程度来划分。

（1）按使用范围划分。

按标准文献的使用范围，可划分为国际标准、区域标准、国家标准、行业标准、地方标准、企业标准和基础标准。

① 国际标准是指由国际标准化或标准组织制定，并公开发布的标准，如国际标准化组织（ISO）标准、国际电工委员会（IEC）标准。

② 区域标准是指由某一区域标准或标准组织制定，并公开发布的标准，如欧洲标准（EN）。

③ 国家标准是指由国家标准化机构批准颁布、适用于全国范围的标准，如 GB/T 20163-2006。

④ 行业标准，又称团体标准，是指没有国家标准而又需要在全国某个行业范围内统一的技术要求，这种由行业标准化团体或机构制定、发布在某行业的范围内统一实施的标准是行业标准，如美国石油学会标准（API）。

⑤ 地方标准是由一个国家地方部门制定并公开发布的标准，如北京市建设委员会制定并公开发布的标准。

⑥ 企业标准又称公司标准，是指由企事业单位和部门或上级批准发布的适用于企事业单位和部门内的标准。一般来说，企业标准是企事业单位自行制定、发布的标准，也是对企业范围内需要协调、统一的技术要求、管理要求和工作要求所制定的标准，如美国波音飞机公司标准（BAC）。

⑦ 基础标准是指在一定范围内普遍使用或具有指导意义的标准。

（2）按内容和性质划分。

按标准的内容和性质，可划分为技术标准和管理标准。

技术标准包括基础标准、产品标准、方法标准、安全与环境保护标准；管理标准包括技术管理标准、生产组织标准、经济管理标准、行政管理标准、业务管理标准、工作标准。

（3）按成熟程度划分。

按标准的成熟程度，标准文献可划分为正式标准（强制性标准）、暂行标准和试行标准（推荐性标准）。

强制标准是指具有法律性质的必须遵守的标准；暂行标准是指内容不够成熟，尚有待在使用实践中进一步修订、完善的标准；推荐性标准是指制定和分布标准的机构建议优先遵循的标准。

4. 标准文献的特点

第一，标准文献具有规范性和系统性。标准文献体裁独特、文字简练，编写格式、分类方法、报批手续都有专门的规定和固定的标准代号。

第二，标准文献具有完整性和法律效力。标准文献具有自己的检索系统和检索标识，一篇标准文献通常包括标准级别、标准名称、标准号、标准提出单位、审批单位、批准年月、实施日期、具体内容等著录项目。标准文献描述详尽、可靠、具有法律效力。

第三，标准文献具有很强的时效性，其内容会随着技术进步和社会发展而做出修改。新修改的标准将代替原有标准，而少数则会被废止。因此，标准文献时常需要更新。

5. 标准文献的作用

标准文献有利于企业或生产实现经营管理统一化、制度化、科学化。标准文献反映的是当前的技术水平，国外先进的标准可以为我们提高工艺技术水平、开发新产品提供参照。另外，标准文献还可以为进口设备的检验、装配、维修和配置零部件提供参考。因此，标准文献可以说是世界重要的情报资源，为整个社会提供了协调、统一的标准规范，起到了解决混乱和矛盾的整序作用。具体来说，其作用如下：

第一，通过产品标准，统一了产品的形式、尺寸、化学成分、物理性能、功能等，使产品品种得到合理的发展。第二，通过生产技术、试验方法、检验规则、操作程序、工作方法、工艺规程等各类标准统一了生产和工作的程序和要求，保证了各项工作的质量，使有关生产、经营管理正规化。第三，通过安全、卫生、环境保护等标准，减少各类疾病的发生和传播，有效地保证人们的身心健康和财产安全。第四，通过数学符号、代号、制图文件格式等标准，消除技术、语言障碍，加速科学技术的合作与交流。第五，通过标准传播技术信息，介绍新的科研成果，加速新技术、新成果的应用和推广。第六，促使企业实施标准，依据标准建立全面的质量管理制度，推行产品质量认证制度，健全企业管理制度，提高企业科学管理水平。

小知识

什么是企业产品标准？

产品标准是指对产品结构、性能、规格、质量特性和检验方法所做的技术规定。它可以规定一个产品或同一系列产品应满足的要求，以确定其对用途的适应性。产品可以是软件、硬件、流程性材料或服务。产品标准根据其功能可分为产品交付标准和企业内使用的产品标准。

产品交付标准是指作为产品生产、交付检验、验收和仲裁检验用的依据，是生产企业对消费者和社会的产品质量责任承诺。产品交付标准必须是符合《中华人民共和国标准化法》要求的合法标准。产品交付标准应符合：强制性的国家标准、行业标准；有关安全、卫生要求的地方标准；企业声明执行的推荐性国家标准、行业标准、地方标准。

企业产品标准包括：产品没有国家标准、行业标准或地方标准时，制定的企业产品标准；企业为提高产品质量、增强市场竞争力，制定严于国家标准、行业标准或地方标准并作为出厂交付依据的企业产品标准；对国家标准、行业标准或地方标准加以补充规定，并作为出厂交付依据的企业产品标准。

企业产品标准备案是企业依法将批准发布的企业产品标准告知标准化行政主管部门，并由标准化行政主管部门存档备查的行为。备案后的企业产品标准可依法作为监督检查的依据。

任务2 了解标准文献检索方法

标准具有鲜明的法律属性，它和法律法规一起规范市场经济，共同保障着市场经济有效、正常地运行。是否遵循标准实施生产和服务给企业、行业、国家带来的效益是截然不同的。标准是国民经济和社会发展的重要技术支撑，执行严格的资源利用和环境保护标准，才能从源头促使企业节约资源、能源，减少和预防环境污染，实现经济持续健康发展。

问题导入

质监部门为企业插上腾飞翅膀

标准化工作，制定标准是基础，实施标准是关键。自2009年我市实施技术标准战略以来，标准化的推进更好地发挥了长春科技智力资源优势，逐渐满足了市民对生活质量的期待。

近年来，质监部门积极开展国家级、省级标准化良好行为试点工作，引导企业在原有标准体系基础上，进一步完善标准体系，夯实企业基础性工作。标准体系的建立和完善已成为长春构建以企业为主导的产业创新体系，提升产业产品竞争力的重要途径。

质监部门为企业插上腾飞翅膀

本报记者 刘鹏翰

标准化工作，制定标准是基础，实施标准是关键。自2009年我市实施技术标准战略以来，标准化的推进更好地发挥了长春科技智力资源优势，逐渐满足了市民对生活质量的期待。

标准化助企业打天下

标准化一直是我市质监部门的重点基础工作。

近年来，质监部门积极开展国家级、省级标准化良好行为试点工作，引导企业在原有标准体系基础上，进一步完善标准体系，夯实企业基础性工作。标准体系的建立和完善已成为长春构建以企业为主导的产业创新体系，提升产业产品竞争力的重要途径。

目前，我市已有20家企业开展了标准化良好行为试点工作。其中国家AAA级标准化良好行为试点企业1家；省级试点企业19家。同时，质监部门还从我市产业布局和发展现状出发，以提高产品标准水平和实物质量为目标，以名优产品和重点产业作为工作重点，大力推进采用国际标准和国外先进标准工作，提高了标准化工作的有效性。截至目前，三年累计完成采用国际标准和国外先进标准53项，占全省采标总数的14%，居全省首位。企业通过产品采标获得了较好的经济效益和社会效益，仅以长春大成实业集团生产的赖氨酸产品为例，产品采标后产量、销量大大增加，生产能力占全球产量的60%，居世界第一位。采标前出口创汇9107.03万美元，采标后为16190.18万美元，较采标前增加2083.15万美元。采标后出口地已扩大到俄罗斯、美国、加拿大、台湾等70多个国家和地区。

图6-2-1 《长春日报》新闻

目前，我市已有20家企业开展了标准化良好行为试点工作。其中国家AAA级标准化良好行为试点企业1家，省级试点企业19家。质监部门以提高产品标准水平和实物质量为目标，以名优产品和重点产业作为工作重点，大力推进采用国际标准和国外先进标准工作，三年累计完成采用国际标准和国外先进标准53项，占全省采标总数的14%，居全省首位。企业通过产品采标获得了较好的经济效益和社会效益，仅以长春大成实业集团生产的赖氨酸产品为例，产品采标后产量、销量大大增加，生产能力占全球产量的60%，居世界第一位。采标前出口创汇 9107.03 万美元，采标后为 16190.18 万美元，较采标前增加 7083.15 万美元。采标后出口地已扩大到俄罗斯、美国、加拿大等 70 多个国家和地区。

标准文献是企业、行业经常使用的文献类型之一，不论是工业生产标准化，还是行业服务标准化，执行标准是关键。所以，标准文献检索是经常性的。常用检索方法主要有分类检索、标准号检索、标准名称检索、标准关键词检索等字段途径。

基础知识

围绕标准文献检索项目目标，本项任务涉及的内容和知识点主要包括标准文献的编号方法、我国标准文献的分类方法、标准文献分类检索及案例和万方标准文献检索系统。

1. 标准文献的编号方法

标准文献有固定的代号和专门的编写格式。按照我国管理标准的有关部门的规定，我国标准的代号一般用两个大写汉语拼音字母作为标准代号。标准编号结构采用“标准代号+顺序号+发布年代号”。

（1）国家标准编号：国家标准代号有强制性国家标准 GB，推荐性国家标准 GB/T，降为行业标准而尚未转化的国家标准 GB/＊，国家指导性技术文件 GB/Z。四种国家标准的编号形式结构分别为 GB××××—××××，GB/T××××—××××，GB/＊××××—××××，GB/Z××××—××××。

【示例 6-2-1】

GB 19298-2003　瓶（桶）装饮用水卫生标准

GB/T 20163-2006　中国档案机读目录格式

GB/Z 17976-2000　信息技术开放系统互连命名与编址指导

（2）行业标准编号：根据我国“行业标准管理办法”规定，强制性行业标准的代号，用行业名称的两个汉语拼音字母表示，如：机械行业标准代号为 JB，轻工业行业标准代号为 QB，化工行业标准代号为 HG，教育行业标准代号为 JY，农业标准代号为 NY。推荐性行业标准的代号，则在该拼音字母后加斜线“/”和“T”表示。

【示例 6-2-2】

NY/T 393-2000　绿色食品农药使用准则

SB/T 10401-2006　商业售后服务评价体系

（3）地方标准编号：我国“地方标准管理办法”规定，强制性地方标准的代号用“DB”+省、市、自治区代码前两位数加斜线“/”表示，推荐性地方标准的代号在斜线后再加上“T”表示。其结构形式为：DB 地方代号+专业类号+专业类号+颁布年份。

【示例 6-2-3】

DB23/T 120-2001　黑龙江省民用建筑节能设计标准实施细则（采暖居住建筑部分）

（4）企业标准编号：根据我国“企业标准管理办法”规定，企业标准代号用“Q/数字企业代号”形式表示。其结构为：企业标准代号+企业名称代码+颁布标准年份。

【示例 6-2-4】

Q/(GZ) JINO 1-2006　广州金诺电子科技有限公司 2006 年颁布《氙气前照灯（HID）镇流器》企业标准。

Q/BYP004-1994　北京燕京啤酒集团公司生产的燕京啤酒的企业标准。

2. 我国标准文献的分类方法

《中华人民共和国标准化法》将我国标准分为国家标准、行业标准、地方标准、企业标准，对这些标准文献分类采用了《中国标准文献分类法》。类目设置以专业划分为主，适当结合科学分类；序列采取从总到分，从一般到具体的逻辑系统。本分类法采用二级分类：一级主类的设置主要以专业划分为主，二级类目设置采取非严格等级制的列类方法；一级分类由 24 个大类组成，分别用字母 A、B、C、D、E、F、G、H、J、K、L、M、N、P、Q、R、S、T、U、V、W、X、Y、Z 表示，每个大类有 100 个二级类目，二级分类由双数字组成，如表 6-2-1 所示。

《中国标准文献分类简表》是分类标准文献的主要依据。大类下设小类，即二级类目。二级类目采用两位阿拉伯数字表示，可设“00-99”共 100 个。

【示例 6-2-5】

G 化工
00/09 化工综合
……
90/99 化工机械与设备

J 机械
00/09 机械综合
……
90/99 活塞式内燃机与其他动力设备

N 仪器、仪表
00/09 仪器、仪表综合
……

T 车辆
00/09 车辆综合
……

表 6-2-1　中国标准文献分类表

类号	类名	类号	类名
A	综合	N	仪器、仪表
B	农业、林业	P	建筑
C	医药、卫生、劳动、保护	Q	建材
D	矿业	R	公路、水路运输
E	石油	S	铁路
F	能源、核技术	T	车辆
G	化工	U	轮船
H	冶金	V	航空、航天
J	机械	W	纺织
K	电工	X	食品
L	电子技术	Y	轻工、文化与生活用品
M	通信、广播	Z	环境保护

3. 标准文献分类检索及案例

标准文献一般按照分类检索途径和标准号途径检索。

中国标准文献的分类检索途径：由于确定《中国标准文献分类法》类号的方法通常由

大至小，在查询标准文献时，逐级查找即可得到。

【示例6-2-6】 课题：通信网互通技术要求

首先，确定“通信网互通技术要求”这个课题的标准分类号。

其次，在“M 通信、广播”大类下找“M10/M29 通信网”。

最后，在“M10/M29 通信网”类目范围内往下查找即可得到“M19 通信网设备互通技术要求和通信网接口”。这样就能够获取“通信网互通技术要求”的有关信息。

标准文献检索系统检索流程如图6-2-2所示。

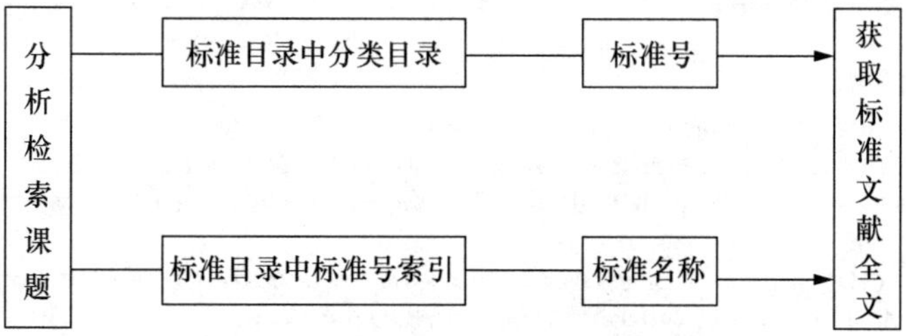

图6-2-2 标准文献检索系统检索流程

登录工标网，通过分类法查询该标准文献，检索过程可参见图6-2-3和图6-2-4。

图6-2-3 工标网分类检索系统

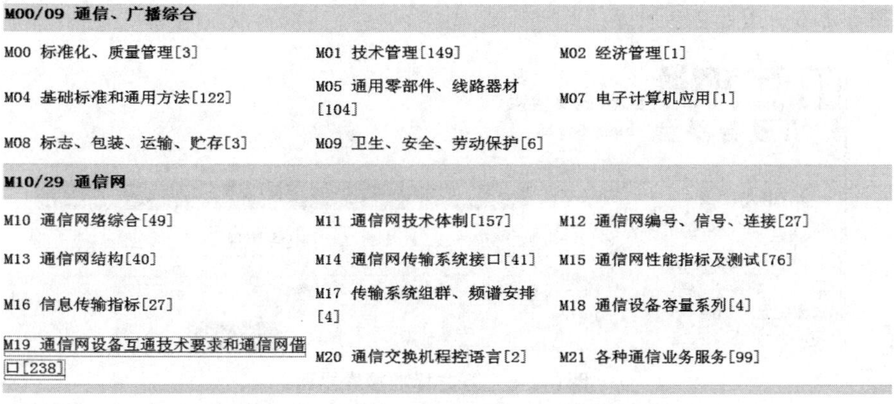

M00/09 通信、广播综合		
M00 标准化、质量管理[3]	M01 技术管理[149]	M02 经济管理[1]
M04 基础标准和通用方法[122]	M05 通用零部件、线路器材[104]	M07 电子计算机应用[1]
M08 标志、包装、运输、贮存[3]	M09 卫生、安全、劳动保护[6]	
M10/29 通信网		
M10 通信网络综合[49]	M11 通信网技术体制[157]	M12 通信网编号、信号、连接[27]
M13 通信网结构[40]	M14 通信网传输系统接口[41]	M15 通信网性能指标及测试[76]
M16 信息传输指标[27]	M17 传输系统组群、频谱安排[4]	M18 通信设备容量系列[4]
M19 通信网设备互通技术要求和通信网借口[238]	M20 通信交换机程控语言[2]	M21 各种通信业务服务[99]

图6-2-4 工标网“M10/29”分类检索目录

M19 类下的标准列表数量丰富，共计 287 条，有些标准已经作废，更多的是现行标准。选择单击 GB/T 16520-2011 显示基本信息如图 6-2-5 所示。

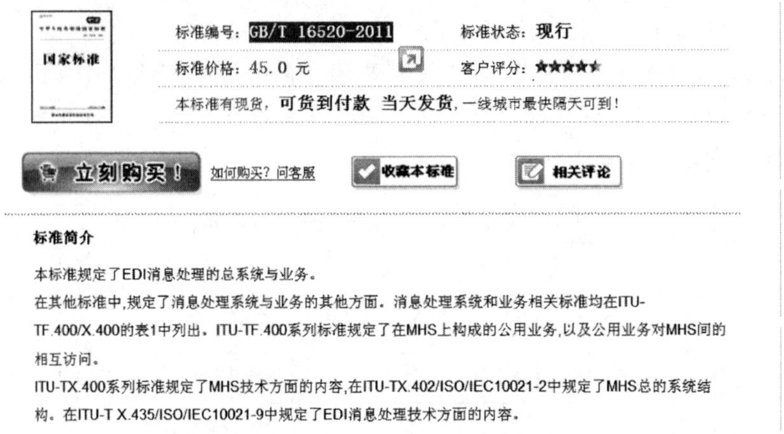

图 6-2-5　M19 类下 GB/T16520-2011 基本信息与服务

4. 万方标准文献检索系统

万方科技信息子系统的标准数据库，可以检索国家标准、国际标准、行业标准、建设标准、台湾标准等，总计 16 个数据库、20 多万个数据。其中中国国家标准数据库包含了国家发布的全部标准。检索时可以在全部标准库中进行检索，也可以选择特定标准库进行检索。检索途径有标准名称、标准号、主题词等，可以进行逻辑组配。

万方标准数据库提供 GB 中华人民共和国强制性国家标准、GB/T 中华人民共和国推荐性国家标准、GB/Z 中华人民共和国指导性技术文件全文信息，以及行业标准、地方标准和部分企业标准。

【示例 6-2-7】

利用标准号途径检索 GB/T16520-2011 消息处理业务、电子数据交换消息处理业务。

首先，登录万方数据知识服务平台。

其次，单击“标准”，选择“文献类型”“中外标准”。

在系统默认的基本检索或者高级检索项，利用标准号进行检索。有关该项检索的标准信息如图 6-2-6～图 6-2-9 所示。

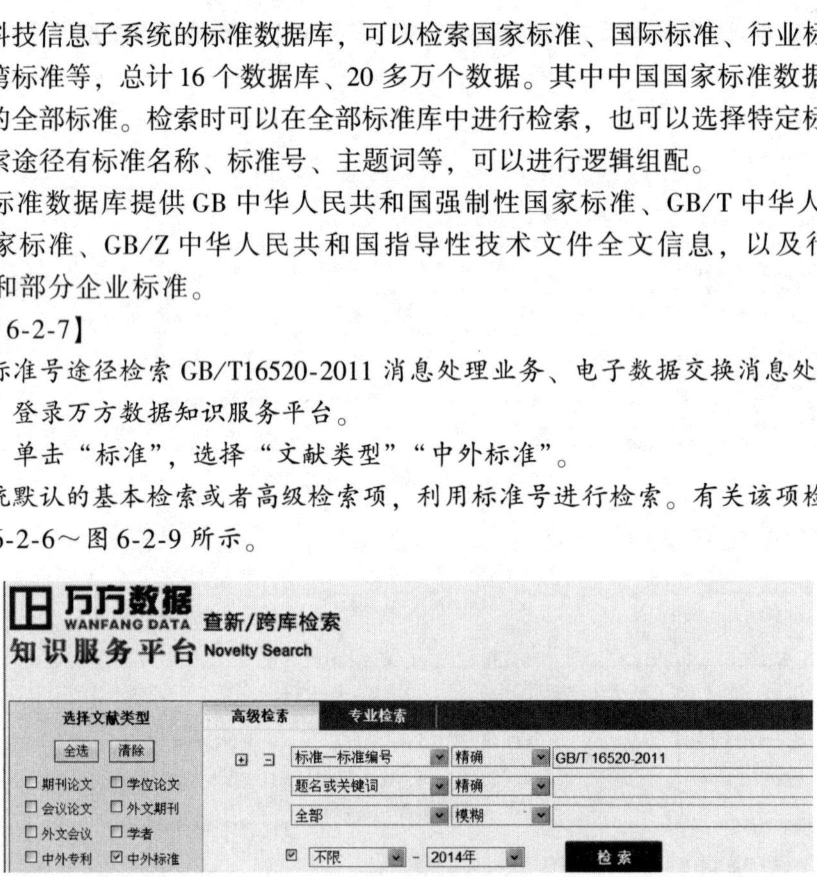

图 6-2-6　万方标准检索界面

ICS 35.240.30
M 19

GB

中华人民共和国国家标准

GB/T 16520—2011
代替 GB/T 16520—1996

消息处理业务
电子数据交换消息处理业务

图 6-2-7　GB/T 16520-2011 标准全文 1

GB/T 16520—2011

目　次

图 6-2-8　GB/T 16520-2011 标准全文 2

前　言

本标准按照 GB/T 1.1—2009 给出的规则起草。

本标准代替 GB/T 16520—1996《消息处理　电子数据交换消息处理业务》。

本标准与 GB/T 16520—1996 相比主要变化如下：

——标准名称由《消息处理　电子数据交换消息处理业务》改为《消息处理业务　电子数据交换消息处理业务》；
——修改了第 1 章“范围”的内容；
——将第 2 章“引用标准”改为“规范性引用文件”，将所有引用标准的版本更新，并去掉 ISO/IEC 10021-1(1988)、ISO/IEC 10021-2(1988)、ISO/IEC 10021-5(1988)、ISO/IEC 10021-n、ISO/IEC 9594-2(1988)、ISO/IEC 9594-8(1988)、ISO/IEC 9594-7(1988)；
——将第 3 章“定义”改为“术语和定义”；
——增加了四个服务要素，分别是 EDI 消息的自动证实、B.3 EDI 消息的自动相关、B.4 EDI 通知的自动证实、B.33 合并存储消息的 EDI 消息的提交，全文相关文字作修改；
——附录 B 中增加四节，分别是 B.2 EDI 消息的自动证实、B.3 EDI 消息的自动相关、B.4 EDI 通知的自动证实、B.33 合并存储消息的 EDI 消息的提交；
——本标准修订时将 GB/T 16520—1996 的附录 C、附录 D、附录 E 由“提示的附录”改为“规范性附录”。

本标准使用翻译法等同采用 ITU-T F.435：1999《消息处理业务　电子数据交换消息处理业务》（英文版）

图 6-2-9　GB/T 16520-2011 标准全文 3

小知识

工业标准咨询网

工标网全称工业标准咨询网，成立于2005年5月。从成立至今，工标网一直不断地追求技术创新，致力于为用户提供“简单、准确、专业”的智能标准检索系统。此外，工标网还致力于更加全面的标准库建设及建立行业间联盟协作关系，使其成为目前国内最大、最全的标准化信息服务平台之一，也是目前国内在线咨询量最多的网站之一。目前已形成了一套完整的网上标准化信息查询服务系统，同时提供了400免费电话、QQ、MSN和WEB客服等在线交流工具和用户进行一对一的人性化服务，工标网以至真至诚的心为广大用户提供方便、快捷、优质的标准化信息服务。

任务3 环保标准文献检索案例

工业化进程的深入和经济的不断发展，空气遭遇严重污染，雾霾天气严重影响人们的生活和身体健康，环境保护问题越发严重。2013 年中国不少地方多次出现雾霾天气，北京曾经 1 个月仅有 5 天见到太阳。2013 年 1 月，整个北京深锁在沉重的雾霾中。一个月里，北京市气象台连发了四次霾预警。政府在空气治理、环境保护方面颁布了许多环境保护标准，制定了许多空气治理措施，有的已经奏效，部分地区的空气污染和环境问题有所缓解。

1. 案例陈述

查询 2010 年以来国家制定的有关环保方面的国家标准

登录中华人民共和国环境保护部网站（http://bz. mep. gov. cn/），查询国家关于环境保护的标准文献，如图 6-3-1 所示。

图 6-3-1 国家环保标准网首页

单击“大气环境保护标准”部分目录，显示如图 6-3-2 所示。

用标准号 GB 4915-2013 检索“水泥工业大气污染物排放标准”全文。检索过程如图 6-3-3、图 6-3-4、图 6-3-5 所示。

单击标准文件链接下载到本地计算机，打开阅读。如图 6-3-6 所示。

图 6-3-2　大气环境保护标准目录（部分）

图 6-3-3　标准号检索 GB 4915-2013

图 6-3-4　GB 4915-2013 显示结果

图 6-3-5　GB 4915-2013 全文下载

ICS 13.040.40
Z 60

中华人民共和国国家标准

GB 4915-2013
代替 GB 4915—2004

水泥工业大气污染物排放标准
Emission standard of air pollutants for cement industry

(a)

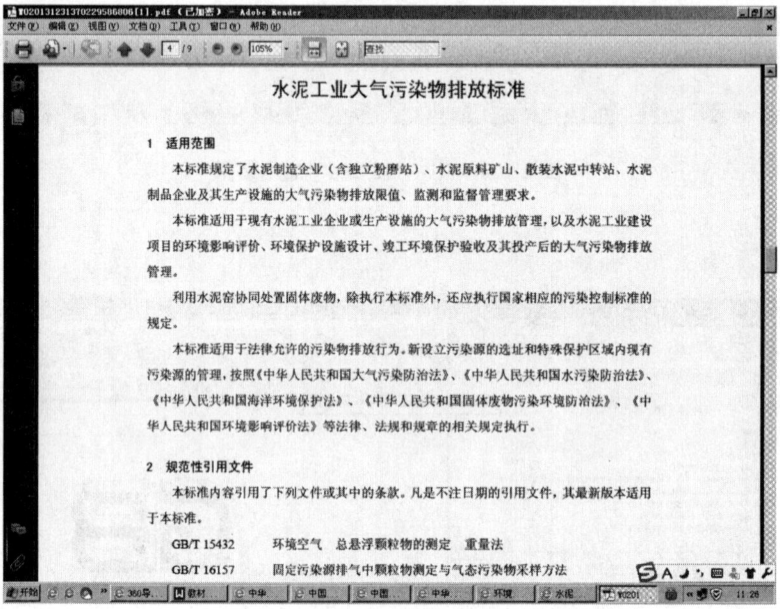

水泥工业大气污染物排放标准

1 适用范围

本标准规定了水泥制造企业（含独立粉磨站）、水泥原料矿山、散装水泥中转站、水泥制品企业及其生产设施的大气污染物排放限值、监测和监督管理要求。

本标准适用于现有水泥工业企业或生产设施的大气污染物排放管理，以及水泥工业建设项目的环境影响评价、环境保护设施设计、竣工环境保护验收及其投产后的大气污染物排放管理。

利用水泥窑协同处置固体废物，除执行本标准外，还应执行国家相应的污染控制标准的规定。

本标准适用于法律允许的污染物排放行为。新设立污染源的选址和特殊保护区域内现有污染源的管理，按照《中华人民共和国大气污染防治法》、《中华人民共和国水污染防治法》、《中华人民共和国海洋环境保护法》、《中华人民共和国固体废物污染环境防治法》、《中华人民共和国环境影响评价法》等法律、法规和规章的相关规定执行。

2 规范性引用文件

本标准内容引用了下列文件或其中的条款。凡是不注日期的引用文件，其最新版本适用于本标准。

GB/T 15432 环境空气 总悬浮颗粒物的测定 重量法

GB/T 16157 固定污染源排气中颗粒物测定与气态污染物采样方法

(b)

图 6-3-6 GB 4915-2013 基本信息

2. 案例分析

标准是企业生命力的又一表现，执行有关标准是企业在市场竞争中的关键。企业生产、服务的标准化程度以及与国际接轨成为企业立于当今竞争市场处于不败之地的基石。但是，执行标准，首先要了解有关标准，按照标准的要求使生产或者服务走向标准化。所以，标准文献检索是重要的、基本的，也是便于学习与掌握的。

本次关于环境保护标准文献的检索案例，应用了国家环保部环境标准检索平台。在标准文献检索过程中，可以采用标准号检索、标准名称检索，也可以通过标准文献的专题分类链接，检索到相关标准文献，以期达到学习和应用的目的。

思考练习：标准文献信息检索

▶知识掌握

1. 标准的概念是什么？
2. 标准文献的概念和特点是什么？
3. 标准文献的种类有哪些？
4. 中国标准的编号方法有哪些？
5. 中国标准文献的分类方法有哪些？
6. 什么是产品标准？
7. 什么是企业产品标准备案？
8. 标准文献的检索方法有哪些？

▶知识应用

1. 利用中国知网标准数据库，按照标准号途径检索标准文献 GB/T 29465-2012，写出其基本信息，包括标准分类号、标准名称、标准发布日期、标准生效日期、标准内容简介。根据其标准号码形式特征，分析其标准类型。

2. 利用中国标准文献分类法，查询 2014 年刚颁布的新标准“汽车电动后视镜驱动器”属于什么类目，写出其基本信息，包括标准号，标准发布日期、标准生效日期、标准内容简介。根据其标准号码形式特征，分析其标准类型。

▶专题实践

实训情景：企业标准是企业生存发展的生命线，特别是科技企业，其标准化生产能够让其快速发展，在当今的市场竞争中立于不败之地。请调研本地科技企业遵循的标准类型。

实训课题：检索本地科技企业遵循的标准文献。

检索平台：中国标准网或万方数据/中国知网的《中国标准数据库》。

任务要求：

1. 制定合理的检索策略，写出检索过程和检索结果。
2. 下载相关的标准文献，阅读并概述其摘要。
3. 撰写实训报告。

作业要求：撰写实训报告，内容包括实训情景、实训课题、检索平台、任务要求、实训过程和心得。

项目7

专利文献信息检索

项目目标

通过本项目学习，必须掌握以下知识内容和相关技能：

1. 专利文献的内涵与作用。
2. 国内专利文献类型。
3. 专利文献的分类方法。
4. 国内专利文献的检索特点及其检索方法。

专利是十分重要的特种文献，用途广泛，直接影响到人们的生产、生活和经济发展。当前，专利得到政府以及学术机构的重视，特别是对企业、商业组织来说更加重要。

专利作为技术创新的重要标志，代表着一个国家或企业的技术水平和潜在的技术竞争力。所以专利竞争将成为全球企业竞争的一个制高点。参与专利竞争必须充分地利用好专利文献，在企业竞争和企业发展中起着重要作用。专利检索使企业了解世界专利的动态、避免出现重复开发与资金浪费现象，对企业成长、国家资源节约意义重大。

任务1 了解专利文献基础知识

创造性思维与市场需求、产品定位都有十分重要的关系。发明专利对企业的重要意义不言而喻。专利权是一种无形资产。申请专利能够让企业在激烈的市场竞争中占据有利地位，尤其是对中小型企业而言，好的专利足以令其在竞争中立于不败之地。目前，企业专利申请较多，说明企业学会了运用知识产权作为后盾，发展企业自身核心竞争力，并从中获得了重大利益。

问题导入

创新改变命运

——传奇故事之一：小发明与大奇迹

1987 年，美国弗吉尼亚州邮递员汤姆·科尔曼和比尔·施洛特无意中从小孩手里的绿色亮光荧光棒得到启发：荧光棒光线穿过半透明糖果的奇幻效果促使他们发明了发光棒棒糖，并把此专利卖给了美国开普糖果公司，收到不菲的回报。

科尔曼和施洛特认为，发光棒棒糖只是奇迹的开端，棒棒糖舔起来很费劲，对小孩子来说，时间久了糖还没吃完，小腮帮子一定很酸。于是又产生了这样奇妙的想法：棒棒糖能不能带一个能自动旋转的插架？由电池驱动小马达，通过小齿轮转动糖果，这样腮帮子就不酸了，而且还好玩！结果，旋转棒棒糖获得了巨大的成功！

通过超级市场以及自动售货机，从 1994 年到 1999 年的 6 年里，开普糖果公司一共卖出了 6000 万个旋转棒棒糖！两人又一次得到了丰厚的回报。

——资料来源：成功励志网，http://www. 17coolz. com/lizhiwenzhang/69063. html

故事中的邮递员汤姆·科尔曼和比尔·施洛特从一次无意中的发现，产生奇妙的想法，接连不断的创新思维使得二人从普通的邮递员走向致富之路。邮递员的发明为他们的资产创造了奇迹，也为发明造就了一个传说。小发明蕴含着大智慧，小发明蕴含着大奇迹。那么，到底什么是专利呢？专利真的就能够创造这么大的经济效益吗？企业对专利重视吗？

基础知识

围绕专利文献信息检索项目目标，本项任务涉及的内容和知识点主要包括专利的内涵、类型、特点、申请程序以及其他相关知识。

1. 专利的概念

从字面上讲，专利就是指专有的利益和权利，是建立专利制度的政府授予个人或法人的一种权利。专利持有人即专利权人，自其发明被授予专利起，在法律规定的有效期内，可以独占其发明的制造、使用和销售权；未经专利权人同意，他人不得制造、使用、销售、进口专利产品或使用专利方法。专利一旦过期就可以被任何人使用。

2. 中国专利类型

中国《专利法》规定，可以获得专利保护的发明创造有发明专利、实用新型专利和外观设计专利三种，其中发明专利是最主要的一种。

（1）发明专利。

发明专利是指对产品、方法及其改进所提出的新的技术方案，主要体现新颖性、创造性和实用性。发明专利保护期为20年。取得专利的发明又分为产品发明（如机器、仪器设备、用具）和方法发明（制造方法）两大类。产品发明是人们通过研究开发出来的关于各种新产品、新材料、新物质等的技术方案。专利法上的产品，可以是一个独立、完整的产品，也可以是一个设备或仪器中的零部件，主要内容包括制造品，如机器、设备及各种用品材料（如化学物质），以及组合物等具有新用途的产品。方法发明是指人们为制造产品或解决某个技术课题而研究、开发出来的操作方法、制造方法以及工艺流程等技术方案。方法可以是由一系列步骤构成的一个完整过程，也可以是一个步骤，主要包括制造方法，即制造特定产品的方法，其他方法（如测量方法、分析方法、通信方法等），以及产品的新用途。

一般来说，在进行技术开发、新产品研制过程中取得的成果，因其技术水平较高，都应申请发明专利。

发明专利申请审批流程：专利申请—受理—初审—公告—实质审查请求—实质审查—授权。

申请发明专利提交的文件包括请求书、说明书、权利要求书、说明书附图。

请求书包括发明专利的名称、发明人或设计人的姓名、申请人的姓名和名称、地址等。

说明书包括发明专利的名称、所属技术领域、背景技术、发明内容、附图说明和具体实施方式。

权利要求书，说明发明的技术特征，清楚、简要地表述请求保护的内容。

说明书附图，发明专利常有附图，如果仅用文字就足以清楚、完整地描述技术方案的，可以没有附图。

【示例7-1-1】

对激光技术的应用进行开发研究，将激光全息或光栅光方法用于合成皮革制造，而研制出一种全息光栅合成皮革。无论是这种皮革本身还是其制造方法均应申请发明专利。

【示例7-1-2】

某厂提出了改进空气压缩机的设计方案，该方案是可实现的，其实施后的效果将大大降低生产成本，提高机器性能，该方案就可以提出申请发明专利。

申请发明专利的技术既可以是对某一学科或某一技术领域带来革命性变化的开拓型或开创型发明，也可以是在现有技术基础上加以局部的改进和发展的改进型发明。

（2）实用新型专利。

实用新型专利是指对产品的形状、构造或者其结合所提出的适于实用的新的技术方案。授予实用新型专利不需经过实质审查，手续简便，费用较低。因此，关于日用品、机械、电器等方面的有形产品的小发明，比较适用于申请实用新型专利。其保护期为10年。

实用新型专利申请审批流程：专利申请—受理—初审—公告—授权。

申请实用新型专利提交的文件包括请求书、说明书、权利要求书、说明书附图和摘要。

请求书包括实用新型专利的名称、发明人或设计人姓名、申请人姓名和地址等。

说明书包括实用新型专利的名称、所属技术领域、背景技术、发明内容、附图说明和具体实施方式。说明书内容的撰写应当详尽，所述的技术内容应以所属技术领域的普通技术人员阅读后能予以实现为准。

权利要求书，说明实用新型的技术特征，清楚、简要地表述请求保护的内容。

说明书附图，实用新型专利一定要有附图说明。

说明书摘要，清楚地反映发明要解决的技术问题，解决该问题的技术方案的要点以及主要用途。

(3) 外观设计专利。

外观设计专利是专利权的客体，是专利法保护的对象，是指依法应授予专利权的外观设计。中国《专利法》第二条规定："外观设计，是指对产品的形状、图案或者其结合以及色彩与形状、图案的结合所做出的富有美感并适于工业应用的新设计。工业品的外观设计，即工业品的式样。外观设计专利保护期为10年。外观设计专利的保护对象是产品的装饰性或艺术性外表设计，可以是平面图案，也可以是立体造型，常见的是二者的结合。授予外观设计专利的主要条件是新颖性，还应当符合外观设计专利是指形状、图案、色彩或者其结合的设计，必须是对产品的外表所作的设计，必须富有美感，必须是适于工业上的应用四项要求。

申请外观设计专利的流程：专利申请—受理—初审—公告—授权。

申请外观设计专利需提交的文件包括请求书、外观设计图片、外观设计简要说明。

请求书包括外观专利的名称，设计人的姓名，申请人的姓名和地址等。

外观设计图片或照片，至少两套图片或照片（前视图、后视图、俯视图、仰视图、左视图、右视图，如果必要还要提供立体图）。

外观设计简要说明，必要时应提交外观设计简要说明。

三种类型专利的比较如表7-1-7所示。

表7-1-1 三种类型专利比较

项目 \ 类型	发明专利	实用新型专利	外观设计专利
内容限定	产品、方法	产品形状、构造或其结合	产品形状、图案及其与色彩结合
授权时间	2年左右	6～8个月	4～6个月
审查程序	受理、初审、公告、实审、授权	受理、初审、公告、授权	受理、初审、公告、授权
保护时间	20年	10年	10年
确定程度	经过实审稳定性强	未实审稳定性差	未实审稳定性差

3. 专利的基本特性

专利是作为获得这种权利的前提，专利申请人必须要以专利（申请）说明书的形式公开自己所申请专利的技术内容及细节。因此，专利具有排他性、区域性、时间性和实用性等特征。中国的专利权期限均自申请日起计算。

专利说明书作为专利授予的重要文献组成部分，具有以下特点。

第一，技术新颖，报道迅速。专利制度的优先权原则，使得发明人往往在发明完成的第一时间里提出专利申请。因此，90% 以上的发明会很快地首先出现在专利文献中。所以，专利文献是跟踪技术创新领域最新进展的一个重要媒介。根据对多个专利权威机构的调查，一般 80% 以上的专利不会再以其他形式（如论文、会议等）发表。

第二，内容广泛，连续系统。经专利局批准公开的专利文献，当时都具有新颖性，一般都超过同领域的技术水平。专利文献包括所有应用技术领域，内容范围十分广泛，并具有系统性，是及时了解最新技术研究进展状况，启发思路，提高科研起点的重要文献。

第三，著录规范，格式统一。专利说明书是一种特殊类型的文献，其书写格式按照一定的格式和章法，标准化程度很高。

第四，数量庞大，重复出现。科学技术的发展使得专利申请数量越来越多。据世界知识产权组织统计，全世界有 70 多个国家公布专利文献，出版专利说明书的国家有 50 多个，每年公布的专利文献达 100 多万件。

第五，集技术、法律和经济信息于一体。专利文献不仅记载着发明的技术内容，而且记载着权利归属等法律状况。同时，从专利保护的国家、地区的地理分布，可以分析产品和技术的销售规模及潜在市场等情况。所以专利文献是将技术、法律、经济信息融为一体的重要信息源。

4. 专利文献及其结构

专利文献是指实行专利制度的国家及国际性专利组织在审批专利过程中产生的官方文件及其出版物的总称。广义的专利文献包括专利审批过程中产生的所有文献，包括申请说明书、专利说明书、专利局公报、专利文摘、专利分类表、专利主题词表，以及申请专利时提交的各种文件、法律性文件和诉讼资料。狭义的专利文献指专利说明书。

专利说明书是专利文献的主体，其主要作用一方面是公开技术信息，另一方面是限定专利权的范围。用户在检索专利文献时，最终要得到的就是这种全文出版的专利文献。

各国对专利说明书的格式、内容和要求，都有统一的规定，基本大同小异。1970 年以前，一般由标头、正文（发明内容、权利要求等）和附图三部分组成；1970 年以后，多数国家的专利说明书标头部分改为扉页。所以，中国的专利说明书采用国际上通用的专利文献编排方式（INID 代码），每一件说明书单行本依次由说明书扉页（标头）、权利要求书、说明书和附图所组成。

扉页上著录与发明人和法律等有关的各种项目，包括文献号、申请号、申请日期、国际专利分类号、国别或机构、申请人、发明人、发明项目、文摘等。扉页上采用国际上统一的识别代码 INID，如表 7-1-2 所示。

表 7-1-2　INID 代码及其含义对照表

INID	含义	INID	含义
11	专利号	54	发明名称
12	文件所属类别	55	关键词
19	公布专利的国家	57	摘要或权利要求
21	专利申请号	71	申请人

续表

INID	含义	INID	含义
22	专利申请日期	72	发明人
30	国际优先权项	73	专利权人
31	优先申请号	74	专利代理人或代表人姓名
32	优先申请日期	75	发明人兼申请人
33	优先申请国家或组织代码	80	国际组织项
43	未经审查或尚未授权的专利文献的公开日	81	PCT 申请指定国
44	审定公告日期	82	专利选择国
45	授权公告日	84	地区专利公约指定国
51	国际专利分类号（IPC）	85	PCT 申请进入国家阶段日期
52	本国专利分类号	86	PCT 国际申请的申请数据
53	国际十进制分类号	87	PCT 国际申请公布数据

正文部分的内容包括：发明背景、发明所属技术领域和技术特征等的详细叙述、权利要求等；实用新型专利说明书的正文内容主要是权利要求部分；外观设计专利只是该外观设计的若干幅图或照片。如图 7-1-1 所示。

03112624.3　　说　明　书　　第1/3页

永磁转刷轮毂电机

技术领域

本发明涉及一种永磁转刷轮毂电机。(以下简称为本电机)

本电机所采用的技术属于机械、电机设计制造技术领域。本电机特别适用于各种型式的电动车辆的驱动应用，如电动自行车、电动汽车和电动轮椅车等。本发明可以减小驱动用轮毂电机的体积、重量和生产成本，并提高其性能。其应用分类属于车辆和交通工具的驱动技术。

背景技术

本发明其主要原理与功能，以及相关技术为：

用于电动车辆驱动的轮毂电机与同转速的普通电机相比，具有结构紧凑、体积小、传动方式简单、传动效率高等特点，而且不需要占用车辆的其他有效空间来布置安装驱动电机。当今电动汽车、电动自行车和电动轮椅车的驱动普

图 7-1-1　正文部分内容

权利要求（权项），是确定专利受保护的技术范围及判定侵权依据的法律性文件。提供专利申请及请求保护的技术特征范围，一般是将发明创造的关键内容概括成若干条，第一条是专利的核心内容，后几条则是具体说明。如图 7-1-2 所示。

03112624.3　　**权 利 要 求 书**　　第1/1页

1. 永磁转刷轮毂电机，其特征为：换向器碳刷和滑环碳刷安装于旋转的碳刷架上。

2. 基于权利要求 1，该电机的电枢通过铝轮毂固定安装在静止的心轴上。而外围的环状磁轭和固定于其上的磁块，连同端盖围绕心轴旋转。

3. 基于权利要求 1，该电机的环形换向器和集电滑环是随同心轴和电枢静止不转动的。

4. 基于权利要求 1，该电机的磁极数和电枢槽数之间不存在公约数。

图 7-1-2　权利要求项

说明书附图，即发明创造的示意图。如图 7-1-3 所示。

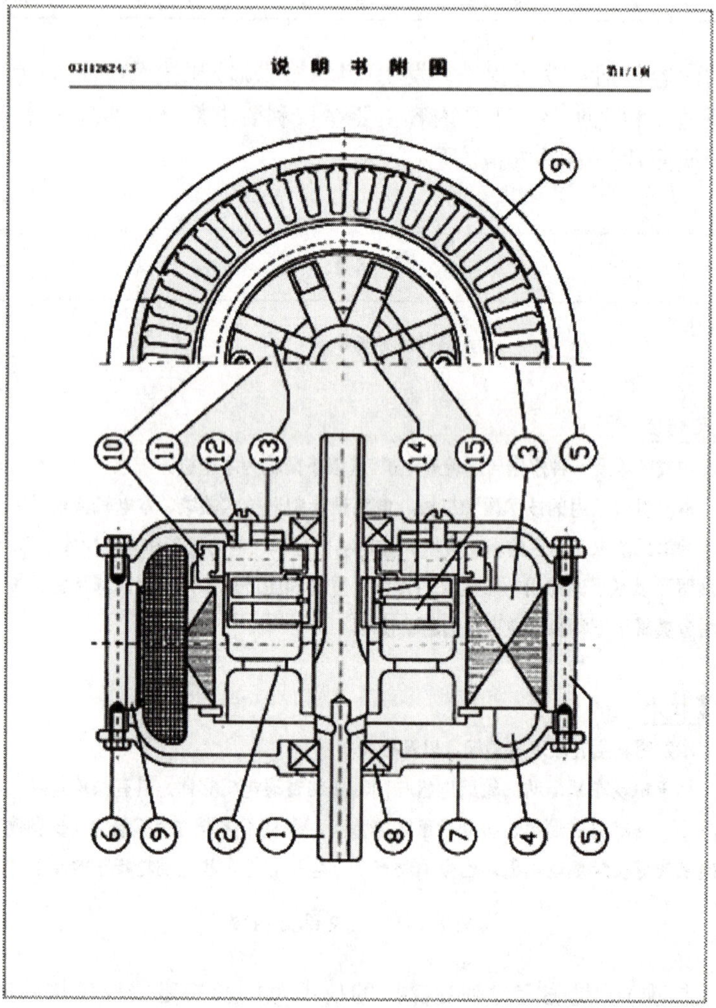

图 7-1-3　附图说明

5. 专利文献的作用

专利权是无形的知识产权，可评估作价，参与企业合作或者融资，使企业能够快速发展。这也充分体现出专利权的经济价值。下面是一则案例。

知识产权的价值

我国的企业与外国企业合资的时候，扬子电冰箱厂以其专利权作价并参与合资，这是一个成功的范例。扬子电冰箱厂与德国西门子、博世公司合资成立了“安徽博西扬制冷有限公司”，其中扬子电冰箱厂以其25项冰箱、冰柜的专利入股，并获取了高额股份，这些专利经评估机构评估作价480万美元，折合人民币4000多万元。

案例分析：专利权属于知识产权范畴，是有价值的无形资产，所以企业在合资或资产转让过程中，切不可忘记专利。扬子电冰箱厂的专利权在与外国企业合资过程中得到西门子和博世公司的认可，这种以自主知识产权获取高额股份的情况，在我国的企业中还是不多见的。

专利文献是集法律、技术和经济信息于一体的一种特殊科技文献。在倡导知识创新的当今社会，专利文献的重要价值日益凸显。

第一，法律方面。专利文献是专利申请、维权及侵权诉讼的重要依据。通过检索专利文献，将准备申请的发明创造与已有的专利进行比较，可以避免重复申请和无效申请。权利要求书以说明书为依据，说明发明或实用新型的技术特征，限定专利申请的保护范围。在专利权授予后，权利要求书是确定发明或者实用新型专利权范围的根据，也是判断他人是否侵权的根据，有直接的法律效力。

第二，技术方面。专利文献是立项和科研的重要参考资料，有助于人们掌握科技发展的水平和动向，确定新的研究方向。专利文献详细记载着发明创造的具体内容，在拟定科研课题、开发新产品或投入新项目之前，通过相关专利的检索对比，既可避免重复研究，还可了解国内外科学技术水平，吸取他人专利中的精华并从中获得启发，节省时间。

第三，经济信息方面。专利文献是重要的参考信息，有助于提高企业、商业组织的市场竞争力。在技术引进、合作和贸易以及产品经营和市场预测时，可通过对专利文献的比较、分析，掌握进出口技术、产品的技术水平和先进程度，提高自身的市场竞争能力；在专利申请和审查过程中，通过专利文献的检索，证实“新发明”的新颖性、创造性和实用性，识别失效专利、假冒专利、冒充有效专利的欺诈行为，确保企业的利益；专利是竞争情报的核心内容，通过分析竞争对手的专利信息，可了解竞争对手技术实力，预测竞争对手的发展方向。

专利属于知识产权的一种形式，其价值越来越受到国家以及企事业单位的重视。目前国家爱采用知识产权质押融资的形式，以政策扶持企业发展，获得更大的社会效益。

知识产权质押融资成为知识产权管理的重要内容。政府知识产权管理部门通过建立知识产权交易市场，使企业获得更多的政策支持，让知识产权体现无形资产的价值。一些科技型企业科研项目申请注册了专利和版权后，还没有形成产品销售，可采用知识产权质押融资模式融资，使知识产权有效商品化，转化为生产力，让企业已有的知识产权得到最大的利用与发挥。下面是一则案例。

专利融资助推企业发展

上海某通信科技有限公司是一家专注于光纤及光栅传感器的研发以及智能电网应用软件开发的公司，从成立之初的20万元注册资本，发展到目前3800万的规模，得益于知识产权质押融资。3年前，正值公司研发的关键时期，研发项目组完成了关键核心技术的研发以及上位软件的开发，并申请了专利技术和软件版权。但是，只有将技术变为产品，才能推向市场实现销售，而技术的产品化依然需要大量的资金投入。公司通过知识产权质押融资平台贷款200万元，完成了分布式光纤传感器的产品化工作，并且成为首家取得中国4公里4通道分布式光纤消防系统的国家认证的公司，对公司发展起到了至关重要的作用。

小知识

专利公报和索引

专利公报是中国专利局依法公布或公告专利申请、审查、授权等有关事项和决定的出版物。以文摘形式报道专利申请项目的内容摘要及发明人名称、地址、申请号、申请日期等各项著录，并附有当期发明专利申请公开、审定、授权索引和当期实用新型、外观设计专利申请公告、授权索引。专利公报所刊载的内容大体可分为三部分：第一部分公布专利申请和公告专利授权决定；第二部分发布专利事务公告；第三部分是索引。

1997年以前《中国专利索引》分为《分类索引》和《申请人、专利权人索引》两种。《中国专利索引》的每个条目的著录项目有国际专利分类号、公开号（或授权公告号、专利号）、申请号（或专利号）、申请人（或专利权人）、发明名称。在出现网上专利数据库之前，《中国专利索引》是检索专利的主要工具。

任务2 了解专利文献检索方法

专利文献是十分重要的文献类型，也是图书馆常说的特种文献类型之一。专利文献检索对信息技术的研发、企业产品的生产以及生产工艺的改进等都起到十分重要的作用。可以说，专利既是创新的科技成果，也是潜在或者现实的社会生产力。经济的发展、军事的强大、文化的复兴、生活的安定等等，都离不开科技创新，因为创造无处不在，创新涉及各行各业。掌握专利文献的检索方法，懂得一些专利知识十分必要。

问题导入

一个牙刷怎样卖出4.75亿美元

——传奇故事之二：发明的连续性与广泛性

开普糖果公司领导人约翰·奥舍离开公司后，开始寻找利用旋转马达能解决的新问题。经过当地沃尔玛超市内的商品货架时，看到了电动牙刷有许多牌子，但价格都高达50多美元，销售量很小。于是他推想：为什么不用旋转棒棒糖的技术，花5美元来制造一支电动牙刷呢？结果，目前美国日用品市场上最畅销的旋转牙刷诞生了，甚至比传统牙刷好卖，在2000年一年中，奥舍的公司就卖出了1000万把旋转牙刷。

宝洁公司老板派出了一名高级经理来同奥舍谈判，经过短时间讨价还价，2001年1月，宝洁公司决定收购奥舍公司：由宝洁公司首付预付款1.65亿美元，以奥舍为首的3名创始人在未来的3年内继续留在宝洁公司。但宝洁公司提前21个月结束了与奥舍等3人的合同，因为电动牙刷的销售远远超出了预期。电动牙刷通过沃尔玛在全球35个国家销售，成为席卷全球市场销售最快的一款产品。最后奥舍、汤姆·科尔曼和比尔·施洛特一次性拿到了3.1亿美元，加上原来1.65亿美元的预付款共4.75亿美元，这是一个令发明者头晕目眩的天文数字。

——资料来源：成功励志网 http://www.17coolz.com/lizhiwenzhang/69063.html

专利既然有这么大的作用，专利的收集获取与利用就显得十分重要。那么对于专利文献采用的检索方法又是怎样的呢？专利检索涉及传统的手工检索，也涉及现代网络在线检索。纸质文献检索是比较烦琐的工作，但在线查询数字化的专利文献信息，是当今青年学生必须掌握的一门技术。

基础知识

围绕专利文献检索项目目标，本项任务涉及的知识点主要包括国内专利网站检索系统概况，常用的专利检索方法、检索途径以及检索实践等。

1. 专利文献号码

（1）国际专利分类号。

国际专利分类法（International Patent Classification，简称 IPC）是各国专利局和专利申请者为确定申请专利的新颖性、创造性和实用性而进行专利文献检索的有效工具，也是广大用户查找特定课题专利情报的一把钥匙。

登录“中华人民共和国知识产权局”网站（http：//www. sipo. gov. cn/），如图 7-2-1 所示。单击导航栏“专利检索与查询”，如图 7-2-2 所示。单击“中国专利公布公告”查询，如图 7-2-3 所示。

图 7-2-1 “中华人民共和国知识产权局”网站

图 7-2-2 “专利检索与查询”界面

图 7-2-3 “中国专利公布公告”查询

国际专利分类法（IPC）采用了八部层累制结构，以等级形式，将技术内容按部、分部、大类、小类、主组、分组逐级分类，组成一个完整的分类体系。IPC 分成 A-H 八个部、118 个大类、617 个小类，五级类号由大写字母和数字构成。大类类号如下：

A 人类生活必需品（农、轻、医）

B 作业、运输

C 化学、冶金

D 纺织、造纸

E 固体建筑物（建筑、采矿）

F 机械工程、照明、加热、武器、爆破

G 物理

H 电学

一个完整的分类号由代表部、大类、小类、大组或小组的符号组合构成。

【示例 7-2-1】

日常生活中用来处理草地或草坪的手动工具专利，分类号为 AO1B 1/00 或 A01B 1/24。

A	01	B	1	/00
一级类号	二级类号	三级	四级	五级
部	大类	小类	主组	分组

在中国专利公告网站中的 IPC 查询系统中，点击“F”部类，显示 F 部类的类目信息，如图 7-2-4 所示。

如果查找“F02B1/06”，首先点击“F02”，系统出现层累制子类目树状结构类目，直至出现该类目。通过检索系统输入“F02B1/06”，点击检索，系统显示如图 7-2-5 所示。

F	部——机械工程；照明；加热；武器；爆破
└F01	一般机器或发动机；一般的发动机装置；蒸汽机
└F02	燃烧发动机；热气或燃烧生成物的发动机装置
└F03	液力机械或液力发动机；风力、弹力或重力发动机；其他类目中不包括的产生机械动力或反推力的发动机
└F04	液体变容式机械；液体泵或弹性流体泵
└F15	流体压力执行机构；一般液压技术和气动技术
└F16	工程元件或部件；为产生和保持机器或设备的有效运行的一般措施；一般绝热
└F17	气体或液体的贮存或分配
└F21	照明

图 7-2-4　IPC 国际分类号查询 F 部类的部分类目信息

图 7-2-5　IPC 国际分类号五级层累制结构

（2）专利国别代码。

专利国别代码是指专利号前面的两个英文字母，如 CA（加拿大）、CN（中国）、DE（德国）、GB（英国）、JP（日本）、WO（世界知识产权组织）等。

（3）专利申请号。

世界知识产权组织关于专利申请号的标准是：采用 12 位阿拉伯数字表示，包括申请年号（第 1～4 位）、申请种类号（第 5 位）和申请流水号（第 6～12 位）三个部分。

【示例 7-2-2】

中国的专利申请号也采用这一标准，如图 7-2-6 所示专利申请受理通知书中的申请号：200820200090.9。其中，前四位“2008”是申请年度号，第 5 位“2”是申请专利的种类号，第 6～12 位“0200090”是申请流水号，即本年度，此种类的专利申请全国第 200090 项，最后，“9”是校验号。

专利申请受理通知书

根据中华人民共和国专利法第二十八条及其实施细则第三十九条、第四十条的规定，申请人提出的专利申请国家知识产权局专利局予以受理。现将确定的申请号和申请日通知如下：

申请号： 200820200090.9

申请日：2008 年 9 月 5 日

申请人：陈敬源

实用新型名称：复合式等离子油雾净化器

经核实确认国家知识产权局专利局收到如下文件：

请求书	每份页数:2	份数:2	摘要	每份页数:1	份数:2
摘要附图	每份页数:1	份数:2	权利要求书	每份页数:1	份数:2
说明书	每份页数:5	份数:2	说明书附图	每份页数:2	份数:2
专利代理委托书			费用减缓请求书		

图 7-2-6 专利受理通知书

（4）中国专利文献的号码。

我国专利文献的号码分两种情况：一是一件发明专利从申请到授权涉及申请号、申请公布号、授权公告号、专利号四个号码；二是一件实用新型专利或外观设计专利从申请到授权涉及申请号、授权公告号、专利号三个号码。其含义和形式如下：

申请号：专利申请时，专利局给的号码。

【示例 7-2-3】

发明专利：　　200610033444.0

实用新型专利：　　200620000629.7

外观设计专利：　　200630000126.5

申请公布号：发明专利申请经形式审查合格后，公布其申请说明书时给的号码，只有发明专利有此号码，如 CN200510041465。其中，CN 为国家号码，2005 为年度号码，第 5 位 1 为专利类型“发明专利”，0041465 为本年度申请的发明专利的流水顺序号码。

授权公告号：对发明创造授予专利权时，公告其授权说明书时给的号码。

【示例 7-2-4】

发明专利：　　CN 1 1731557A

实用新型专利：　　CN 2 101654748

外观设计专利：　　CN 3 135489656

专利号：发明创造被授予专利权后，申请号即变为专利号，并在专利号前冠以 ZL 两个汉语拼音字母。

【示例 7-2-5】

分析课题：朱升和的发明专利“无铅中温汞齐”

下面给出一份发明专利证书，上面注明了发明人以及发明名称等事项，分析本项发明的编号方法。专利号为 ZL2005 1 0041465.2。

申请号 CN200510041465

申请日 2005.08.08

经过专利检索系统查询，系统会显示本专利的基本信息。

分析：我国发明专利从申请到授权涉及申请号、申请公布号、授权公告号、专利号四个号码。就朱升和的发明专利“无铅中温汞齐”而言，其专利号为 ZL2005 1 0041465.2。可知该项发明：

申请号：CN200510041465

授权公告号：CN1731557A

专利号：ZL2005 1 0041465.2

2. 专利文献检索途径

专利文献是包含已经申请或被确认为发现、发明、实用新型和工业品外观设计的研究、设计、开发和试验成果的有关资料，以及保护发明人、专利所有人及工业品外观设计和实用新型注册证书持有人权利的有关资料的已出版或未出版的文件（或其摘要）的总称。作为公开出版物的专利文献主要有专利申请说明书、专利说明书、实用新型说明书、工业品外观设计说明书、专利公报、专利索引以及涉及发明和实用新型、工业品外观设计的分类表等。

对于专利文献的检索，无论是手工检索工具还是网络检索系统，专利文献检索一般都根据专利信息的特征提供多种检索途径和多个检索字段，如表 7-2-1 所示。用户可根据已知条件和用途从检索入口选择，可以进行单字段检索或多字段限定检索。

表 7-2-1　专利检索途径

途径	字段	用途
主题检索	名称、摘要、关键词等	最常用的检索途径。主题与名称检索可进行组合
分类检索	分类号、主分类号	利用国际专利分类法 IPC，检索相同技术主题的专利文献，提高查全率适合专利查新检索
名称检索	发明人、申请人等相关自然人或者法人、代理机构	定期检索某发明人，跟踪其技术开发动态，根据检索结果，寻找企业需求的专家或可能的技术转让者
号码检索	申请号、公开公告号等	可参考各国法律和各专利组织规范
日期途径	申请日、公开日、公告日	可作技术发展时间的推算
地址途径	国籍、地址	申请人和（或）发明人国籍、地址、可显示地理及经营策略

3. 国家知识产权局专利检索系统

中华人民共和国国家知识产权局网站（http://www.sipo.gov.cn/）是国家知识产权局官方网站，是国家知识产权局对国内外公众进行信息报道、信息宣传、信息服务的窗口。该网站提供多种与专利相关的信息服务，包括概况、专利管理、国际合作、公告、统计信息等栏目。该网站提供了有关专利申请、专利审查、专利保护、专利代理等信息，并建立了与知识产权相关的政府网站、国外知识产权网站的链接，是用户通过 Internet 查找专利信息的重要途径。

国家知识产权局专利检索系统收录了 1985 年 9 月 10 日以来公布的全部中国专利信息，包括发明、实用新型和外观设计三种专利的著录项目及摘要，并可浏览到各种说明书全文及外观设计图形。说明书为 TIF 格式文件，在线浏览说明书必须安装该网站提供的专用浏览器。该检索系统主要有常规检索、表格检索两种检索方式：

常规查询：提供检索要素、申请号、公开（公告）号、申请（专利权）人、发明人以及发明名称等字段进行检索，检索范围默认世界专利（包括中国）。

单击“专利检索与服务系统”检索方法，主要支持常规检索、表格检索、概要浏览、详细浏览、批量下载等。专利常规检索主要检索项有检索要素、申请号、公开号、申请人、发明人、发明名称六大项目，如图 7-2-7 所示。

图 7-2-7 国家知识产权局专利检索与服务系统界面

【示例 7-2-6】

检索申请人“朱升和”的专利信息

登录中国知识产权局“专利检索与服务系统”。首先在检索项中选择“申请（专利权）人”，在输入框中填写“朱升和”，单击检索，如图 7-2-8 所示。

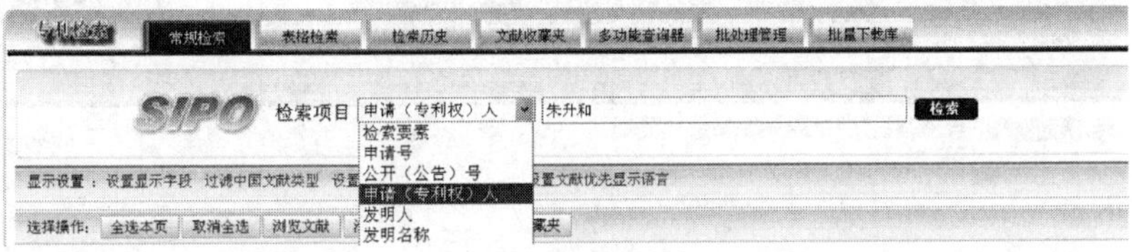

图 7-2-8 常规检索示例

系统显示专利信息列表内容，涉及 32 条专利信息。单击其中一条信息，显示如图 7-2-9 所示。申请号 CN200910034762.2，申请日 2009.09.09。

申请号：	200910034762.2	申请日：	2009.09.09
名称：	重结晶温度低于200℃的固汞		
公开(公告)号：	CN101654748	公开(公告)日：	2010.02.24
主分类号：	C22C7/00(2006.01)I	分案原申请号：	
分类号：	C22C7/00(2006.01)I;C22C13/00(2006.01)I;C22C30/04(2006.01)I		
颁证日：		优先权：	
申请(专利权)人：	高邮高和光电器材有限公司;朱升和;朱 斌		
地 址：	225606 江苏省高邮市车逻镇工业集中区		
发明(设计)人：	朱升和；朱 斌	国际申请：	
国际公布：		进入国家日期：	
专利代理机构：	南京苏科专利代理有限责任公司	代理人：	沈良菊

图 7-2-9　专利信息

摘要

本发明公开了属于制灯材料技术领域内的重结晶温度低于200℃的固汞，其为Sn、Zn、Hg组成的SnZnHg合金，其中，Hg的重量含量为SnZnHg合金重量的40%-60%；除汞以外的SnZn合金中，Zn的重量含量为5%-15%。本发明所获得的固汞，在常温下较为稳定，无汞蒸汽向外释放，也无液态汞从表面析出，保证了制灯过程中的安全可靠；在汞释出后，SnZn合金的重结晶温度在200℃以下，SnZn合金重结晶，晶格重组填满汞原子回归的空隙，可阻止汞原子回吸现象的发生，该固汞可降低制灯工艺中的难度，减少能源消耗，制成的节能灯的启动特性好，可迅速达到最大亮度。

图 7-2-10　专利信息-摘要

表格检索：也是多字段检索。专利数据检索范围可以在“中外专利联合检索”“中国专利检索”“外国及港澳台专利检索”之间切换，检索字段提供包括申请号、申请日、公开（公告）号等多个字段，选择检索数据源不同，提供的检索字段不尽相同，如图 7-2-11 所示。

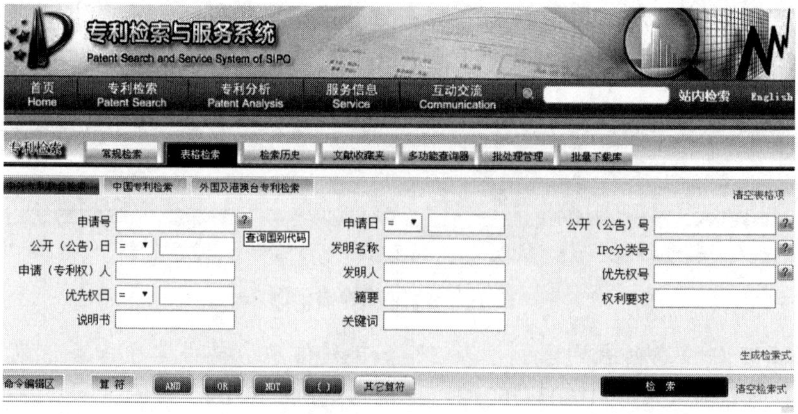

图 7-2-11　专利数据库表格查询界面

中国专利数据库检索界面提供16个检索字段，分别是申请（专利）号、名称、摘要、申请日、公开（公告）日、公开（公告）号、分类号、主分类号、申请（专利权）人、发明（设计）人、地址、国际公布、颁证日、专利代理机构、代理人和优先权。检索时可选择一个或多个检索字段，在对话框中输入相应的检索词，有些检索字段允许采用布尔逻辑算符进行复杂的逻辑运算。图7-2-12是中国专利公布公告系统界面。

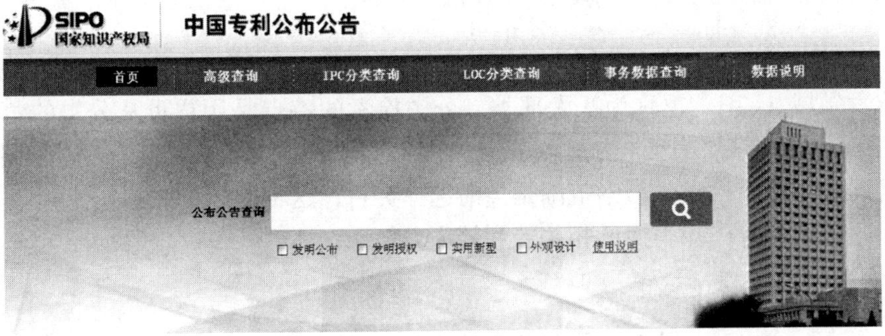

图7-2-12 中国专利公布公告系统

高级查询：可查询数据项包括下面所示的著录项目、摘要或简要说明数据。默认为对四种专利进行查询。

同一专利类型数据按照更正（按照更正公布公告时间降序）、授权、公布的顺序进行查询。只选择“发明公布”，或者同时选择“发明公布”和“发明授权”，查询结果可能会有差别。高级查询基本技巧如下：

一是支持？代替1个字符，%代替多个字符的查询，主要字段有公布公告号、申请号、申请（专利权）人、发明人、地址、分类号、专利代理机构、代理人、优先权、本国优先权、分案原申请、生物保藏、PCT申请数据、PCT公布数据。

二是申请日、公布公告日、PCT进入国家阶段日查询，输入具体时间或通过日历选择，至少应输入完整的年份，自左至右匹配查询。

三是名称、摘要/简要说明，支持布尔运算。and，or，not前后应有空格。

【示例7-2-7】

公布公告号：102853527、102853527A、%285352%、102？53？27。

申请号：2005101185097、2005？0118509、%10118%。

申请（专利权）人：如：浙江大学、惠普、董？君、马克%公司。

发明人：朱云杰、云杰、朱？杰、A%尔布赖。

地址：北京市海淀区、北京市海？区、北京市%西直门。

分类号：B61G3/04、26-05、B61G、B61G？/04、%3/04%。可通过“IPC分类查询/LOC分类查询”获得分类号后直接查询。

专利代理机构：中国国际贸易促进委员会专利商标事务所、中国%委员会。

代理人：张华辉。

优先权：102011008792.3、102011008792、102011008792.3 2011.01.18 DE。

本国优先权：2012100663195、201210066319、2012100663195 2012.03.14 CN。

分案原申请：2012100840734、201210084073、2012100840734 2012.03.28。

生物保藏：%7640%、CGMCC No.7640、CGMCC No.7640 2013.05.24。

PCT 申请数据：PCT/EP2011/005305、20111021、PCT/EP2011/005305 20111021。

PCT 公布数据：WO2012/062406、DE、20120518、WO2012/062406 DE 20120518。

申请日：20131030 或通过日历选择，输入完整的年份。

公布公告日：20131030 或通过日历选择，输入完整的年份。

PCT 进入国家阶段日：20130709、201307。

名称、摘要/简要说明：计算机 and 应用。

IPC 分类导航检索：检索系统提供了按 IPC 分类导航和检索专利文献的方法。IPC 涉及八大技术领域 A—H，也称为八大部类。分类检索的特点是用户可从分类的角度沿 IPC 分类号的“大类”—“小类”层层单击、浏览，直至找到需要的类目，还可在检索框中输入关键词进行二次检索，检索范围是当前选择类目，这种检索方式适用于同一类的族性检索，因此检索具有同一类属的相关专利较为方便。

【示例 7-2-8】

用 IPC 国际分类法查询专利 F01B11/00

首先，单击 IPC 分类查询，系统显示 A—H 八大类分类目录，如图 7-2-13 所示。单击这些目录的大类可以层层展开浏览。

图 7-2-13　IPC 分类目录查询系统

其次，单击 F 类，继续单击 F01-F01B-F01B1-F01B11/00，发现 F01B11/00 的专利类名是“无旋转主轴的往复活塞式机器或发动机”，如图 7-2-14 和图 7-2-15 所示。

选择单击“F01B11/00”，出现相关结果如图 7-2-15 所示。查询结果：发明公布 11 件，发明授权 6 件，实用新型 4 件。单击“高效能量转换”，基本信息检索显示如图 7-2-15 所示。

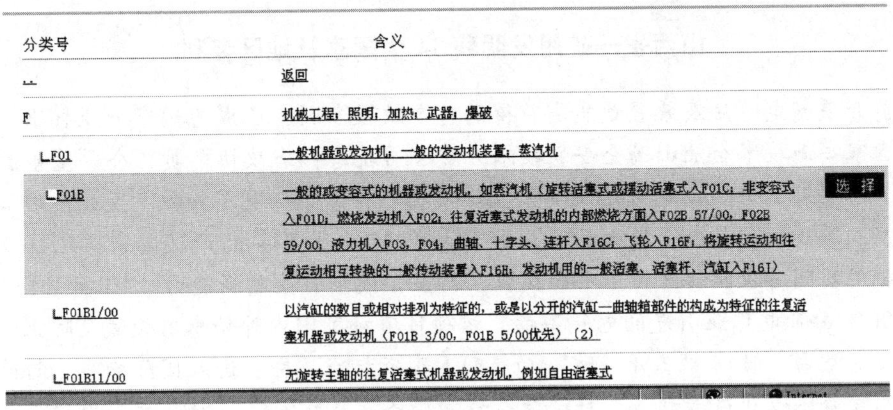

图 7-2-14　F01B11/00 类目及类名

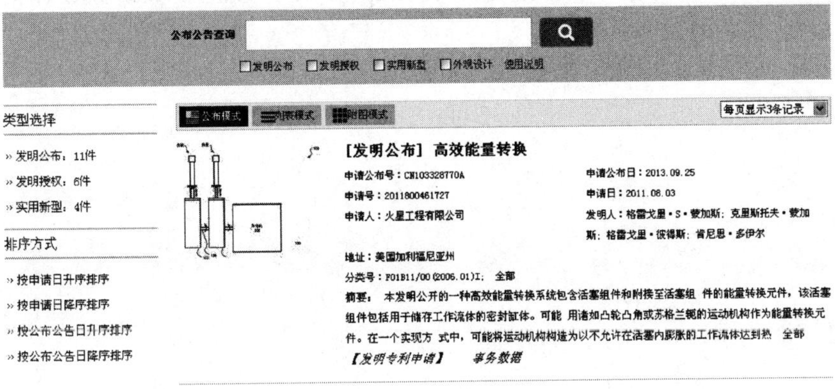

图 7-2-15　发明专利基本信息

［发明公布］高效能量转换

申请公布号：CN103328770A　　　　申请公布日：2013.09.25

申请号：2011800461727　　　　申请日：2011.08.03

申请人：火星工程有限公司

发明人：格雷戈里·S. 蒙加斯

地址：美国加利福尼亚州

分类号：F01B11/00（2006.01）I

摘要：本发明公开的一种高效能量转换系统包含活塞组件和附接至活塞组件的能量转换元件，该活塞组件包括用于储存工作流体的密封缸体。可能用诸如凸轮凸角或苏格兰轭的运动机构作为能量转换元件。在一个实现方式中，可能将运动机构构造为以不允许在活塞内膨胀的工作流体达到热。

专利的社会价值是巨大的，既可以影响一个人、一个团队以及一个企业、一个民族的创新，也可以影响社会经济与教育的发展，显而易见的是经济效益。从下面这则新闻可见一斑。

山西省一矿用发明获34个国家及地区专利

超前开盖断电方法及装置是我省获得的首个欧盟专利，已成为国家行业标准。6月19日，从国家高新技术企业山西全安新技术开发公司获悉：省政协委员、公司董事长郭春平发明的“一种超前开盖断电方法及其装置”日前获得欧盟专利局授权。至此，该项发明已获得中国、美国、俄罗斯、澳大利亚、加拿大等34个世界各大产煤国家及地区专利。这是我省矿用发明首次获得欧盟专利局授权，凸显了民企自主创新能力。“三开一防传感器”可预防90%由带电作业引发的电气事故，该项目填补了国内外传感器领域及防止带电作业领域的技术空白，日前“三开一防”功能列入国家标准，即将进入国际标准。超前开盖断电方法及装置不仅获得专利多、社会效益好，经济效益也不错。2013年，该项专利技术销售收入已达3500万元。争取产品尽快进入产煤国家，预计国内外市场约400亿元。

——资料来源：新华网，http://www. huaxia. com/zhsx/xwsc/2014/06

任务3 发明专利检索案例

任何企业都想在激烈的市场竞争中以自己的产品占领市场，企业发明专利及时申请从而获得国家授权，并得到法律保护；否则，发明创造谁都可以使用，产品谁都可以仿造，企业也就失去了占有市场的机会。授权专利在市场上具有了独占权，未经专利权人的许可，任何人都不得生产、销售、许诺销售、使用、进口该专利产品。下面是一个涉外的专利诉讼案。

1. 案例陈述

重大涉外专利诉讼案

一起我国环保领域的重大涉外专利诉讼，历时7年，最近以武汉晶源胜诉结束一审。武汉晶源围绕解决燃煤电厂二氧化硫污染这个高难问题，经过多年自主研发，于1995年12月22日提出“曝气法海水烟气脱硫方法及一种曝气装置”发明专利申请并获得中国专利授权。这种简称“海水法”的火电脱硫技术，摆脱传统脱硫方式要消耗大量淡水和石灰石的弊端，把脱硫成本直降60%。在目前实用的火电脱硫的核心领域，这是唯一一项中国发明专利。福建省高院近日委托武汉市中院宣布：武汉晶源环境工程有限公司诉日本富士化水、华阳电业有限公司专利侵权一案，现判决被告日本富士化水停止侵犯原告专利权，赔偿原告经济损失5061.24万元人民币；责成被告华阳公司，按两台机组实际使用年限，向原告支付专利使用费，每年24万元/台。

根据上述专利侵权案，请检索该专利的申请号、公开号、发明人、专利权人、授权公告号、授权日期、专利说明书页数、文摘内容。

专利检索步骤如下：

第一，进入中国知识产权局网站（http://www.sipo.gov.cn/）。

第二，选择“专利检索与查询”，在数据库选择界面选择“中国专利公布公告”数据库，选择“高级查询”。

第三，分析课题，找出关键词：曝气法；海水；烟气脱硫。

第四，构造检索表达式：“曝气法 and 海水 and 烟气脱硫”，在字段“名称”里检索。

第五，单击“查询”按钮，就可以检索到该专利的申请号和发明名称，如表7-3-1所示。

本发明涉及曝气法海水烟气脱硫方法及一种曝气装置，它包括提取海水，用海水在洗涤塔中洗涤烟气中的SO_2，将吸收了SO_2的酸性海水与未吸收SO_2的海水掺混，对该混合的海水鼓入空气，向混合海水中鼓入空气的数量，可以是空气以标准立方米/小时、海水以立方米/小时来计量，其空气与混合后的海水的比例是：空气为从0.1到1.5，海水为1；曝气时间为从2分钟到20分钟以及将曝气处理后的海水排往海域等步骤，提供了一种能利用海水资源进行高效、低成本，同时使参与脱硫的海水排入海中后不造成新的污染的烟气脱硫方法及装置。

表 7-3-1　发明专利基本信息

发明名称	曝气法海水烟气脱硫方法及一种曝气装置
申请号	951193899
申请日	1995. 12. 22
公开（公告）号	CN1045173C
公开（公告）日	1999. 09. 22
IPC 分类号	B01D53/22；C02F1/72；B01D53/50
申请（专利权）人	武汉晶源环境工程有限公司
发明人	彭斯干，唐崇武
优先权号	
优先权日	
申请人地址	湖北省武汉市卓刀泉路 168 号武汉晶源环境工程有限公司

摘要附图如图 7-3-1 所示。

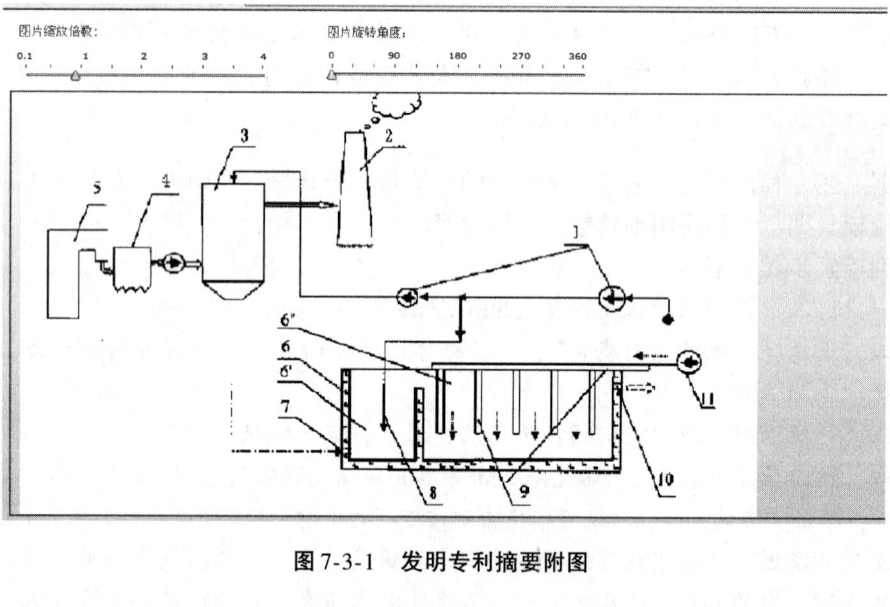

图 7-3-1　发明专利摘要附图

单击如图 7-3-1 所示的“发明专利”，即可得到发明专利说明书等文献资料共 8 页。

2. 案例分析

专利受到法律保护侵权应受赔偿处罚

多年来，关于专利侵权案件经常发生，有的诉讼案例历经多年的调查取证，才得以客观、公正的判决，赔偿胜诉方各种损失。

本起关于我国环保领域的重大涉外专利“曝气法海水烟气脱硫方法及一种曝气装置”诉讼案，历时7年，最后以武汉晶源环境工程有限公司胜诉。

发明专利是一种重要的知识产权，它是企业发展的生命线，是使企业在市场竞争中立于不败之地的技术支撑。专利就是资本，专利转化为生产力就是巨额资金。本案侵权方赔偿原告经济损失5061.24万元人民币。责成被告华阳公司，按两台机组的实际使用年限，向原告支付专利使用费，每台每年24万元。

由此可见，专利受到法律的保护，侵权应受到相应的处罚。所以，专利维权是十分重要的司法活动。

思考练习：专利文献信息检索

▶知识掌握

1. 专利的概念是什么？
2. 专利文献的内涵是什么？
3. 专利文献的特点和种类是什么？
4. 发明专利的申请流程是怎样的？
5. 实用新型与外观设计专利申请流程与发明专利有何异同？
6. 中国知识产权局专利检索系统的检索途径有哪些？
7. 中国知识产权局专利公布查询方法有哪几种？

▶知识应用

发明专利：一种污废水深度处理系统于2003年7月31日申请公布。通过中国知识产权局专利公布系统查询该项发明的申请公布号、申请号、申请人、发明人以及摘要。

▶专题实践

无汞碱性电池专利侵权案

2009年3月23日，美国最高法院驳回了美国劲量公司要求最高法院审理电池专利侵权案的申诉，至此，历时近6年之久的关于中国无汞碱性电池侵权的“337调查”案终于尘埃落定。以中银（宁波）电池有限公司（双鹿电池）为主的中国无汞碱性电池应诉企业以不侵权获得最终胜利，维护了中国企业在国际贸易中的合法权利。

2003年4月美国劲量控股有限公司与旗下的永备电池公司，以其无汞碱性电池专利——第5464709号专利（简称“709专利”）遭到侵权为由，向美国国际贸易委员会（ITC）提出申请，要求ITC对包括10多家中国公司在内的世界26家电池公司展开调查，要求禁止这些企业生产的无汞碱性电池进入美国市场，并对所有涉案侵犯709专利的无汞碱性电池及使用这些电池的下游产品实施普遍排除。2003年5月ITC就此立案。

任务要求：通过中国知识产权局专利检索与服务系统查询本案例中的专利申请号、公开号、发明人、专利权人、授权公告号、授权日期、专利说明书页数、文摘内容。

作业要求：撰写实训报告，内容包括实训情景、实训课题、检索平台、任务要求、实训过程和心得。

项目8

网络信息资源检索

项目目标

通过本项目学习，必须掌握以下知识内容和相关技能：

1. 网络信息的内涵和特点。
2. 网络信息的收集与整理方法。
3. 搜索引擎的工作原理和类型。
4. 国内外著名的综合搜索引擎。
5. 谷歌、百度搜索引擎的信息检索技巧。

信息技术的快速发展与信息资源的网络传播，加快了人类经济社会的信息交流与应用，同时，也对人们的思想及价值观产生了重大影响。人类便开始运用新的、开放化甚至是标准化的价值观念去改造现实生活，社会经济文化等发生翻天覆地的变化。迅速、便利、廉价的网络信息大大丰富了大众阅读。大众网络应用已经普及，知识获取与应用、信息交流与传播、网络购物与消遣娱乐等已经成为一种时尚，手机阅读、手机微信、手机微博等平台极大地影响着人们的日常生活。

网络信息资源检索常常使用大型的搜索引擎，方便快捷。国内外比较有名、影响较大的搜索引擎主要有“谷歌”和“百度”。谷歌和百度搜索引擎是综合性较强的大型网络信息资源搜索工具，其常用的网络文献搜索高级命令对高校师生员工的科研工作和学习有很大的帮助。

任务1　了解网络信息资源基础知识

新浪、搜狐和网易被称为中国三大门户网站，因其专门的搜索引擎和多样化的信息服务，吸引着无数网民自觉地登录，感悟网络信息活动中的操作与应用，体验“网上冲浪”的快感与兴奋。现代青年学生在了解网络阅读的同时，更应该掌握常用网络信息搜索方法，利用搜索引擎获取网络信息，提高信息的获取和处理能力。搜索引擎的应用，使得人们高效地获取网络信息成为可能，娴熟地运用搜索技巧可以极大地提高信息获取效率。

问题导入

网络信息资源

世界著名经济学家马克卢普、波拉特、贝尔等人认为，信息是后工业社会的改造资源，由此产生信息资源的概念。后来，人们对信息资源的描述不一。信息资源是一个宽泛的概念，广义的信息资源指人类社会活动中累积的信息、信息生产者、信息技术等要素的集合，是人类活动中产生并加工的有效信息。狭义上讲，信息资源是指一定载体上的文献、数据或多媒体信息内容。

那么，什么是网络信息资源，网络信息资源又有什么特点呢？我们知道，谷歌是万维网上最大的搜索引擎，为用户提供了简单易用的免费服务，可以在瞬间查询到相关的搜索结果。用户可以使用多种语言查找信息、查看新闻标题、搜索信息全文等。

网络是一个资源海量的数字图书馆，囊括了人类的众多信息，涉及教育、科学、文学、艺术、工程、文化等众多门类。因此，了解并掌握搜索引擎的目录信息搜索、全文信息搜索等技巧对高校学生来说十分重要。

网络信息资源是海量的，取之不尽，用之不竭。获取网络信息资源的技术方法也是多种多样的。对于媒体大众或者青年学生来说，从感性认识上讲，网络并不陌生，资源也很熟悉。但从理性理解上讲，网络信息资源又是什么？你真的了解吗？

基础知识

围绕网络信息资源检索项目目标，本项任务的内容和知识点主要包括网络的概念、信息资源和网络信息资源的概念、网络信息资源的分类和特征等基础知识。

1. 网络和网络信息资源

网络即计算机网络，是指将分散在各处却具有独立功能的多台计算机终端及其附属设备，通过通信设备和线路联结起来，运用功能完善的通信软件按照网络协议进行数据通信，以实现资源共享的系统。网络是物理层面的硬件和数据层面的软件构成的集合。网络信息就是指通过网络传播的信息。

网络信息资源是指借助于网络环境可以利用的各种信息资源的总和。具体来说，网络信息资源是指以电子数据的形式将文字、图像、声音、动画等多种形式的信息存放在光、磁等非印刷质的载体中，并通过网络通信、计算机或终端等方式再现出来的信息资源的总和。从以上概念可以看出，网络信息资源的内涵主要包括以下几层意思：

第一，数字化形式记录，多媒体形式表达，存储在网络计算机磁、光介质及各类通信介质上并通过计算机网络通信方式进行传递的信息集合。

第二，网络上蕴藏着的各种形式的与教育相关的知识、资料、情报、消息等集合。

第三，通过计算机网络利用的各种信息资源，包括馆藏电子文献、数据库、数字化文献信息、数字化书目信息、电子报刊等。

第四，以电子数据的形式将文字、图像、声音、动画等多种形式的信息存放在光盘等非印刷型的载体中，并通过网络通信、计算机或终端方式再现出来的信息资源集合。

第五，满足人类需求，借助计算机等设备共同开发、生产和传递，人类可以通过网络获取的信息集合。

2. 网络信息资源的特征

网络信息资源在数量、结构、分布和传播的范围、载体形态、内涵传递手段等方面都显示出新的特点。

（1）存储数字化，传输网络化。存储在光磁介质上的信息资源，存储密度高、容量大，通过网络进行远距离传送，增强了资源利用与共享。

（2）内容丰富，表现形式多样化。网络信息资源覆盖不同学科和领域，以文本、图像、音频、视频、数据库等多种形式存在，超文本、超媒体信息资源成为主要方式。

（3）数量大，增长迅速，传播速度快，覆盖范围广。根据 CNNIC（中国互联网络信息中心）2015 年 7 月 22 公布的《第 36 次中国互联网络发展状况统计报告》，截至 2015 年 6 月，中国网民规模达 6.68 亿，较 2014 年年底新增 1894 万人；互联网普及率为 48%；中国手机网民达到 5.94 亿，较 2014 年年底新增 3679 万人。中国网民通过台式电脑和笔记本接入互联网的比例分别为 68.4 % 和 42.5 %；手机上网使用率为 88.9%。中国网站总数为 357 万个，较 2014 年年底增加 22 万个。搜索引擎、网络新闻作为互联网的基础应用，使用率均在 80% 以上。由此可见，网络信息资源数量巨大，增速极快，传播范围极广。

（4）网络信息资源交互性强。网络信息传播具有交互性、主动性、参与性和操作性，人们自己主动到网上数据库查找所需的信息，网络信息的流动是双向互动的。

（5）结构复杂，分布广泛，组织无序。网络信息资源本身组织管理缺乏统一的标准和规范，信息广泛分布在不同国家和区域、不同地点的服务器上，不同服务器采用不同的操作系统、数据结构、字符集和处理方式，缺乏集中统一的管理机制。信息良莠不齐，各种不良和无用的信息大量充斥网络，形成了纷繁复杂的信息世界。

（6）动态不稳定性。Internet 信息地址、链接和内容经常变化，信息源存在状态的无序性和不稳定性使得信息的更迭、消亡无法预测，给用户选择、利用信息带来不便。

3. 网络信息资源分类

按照信息加工层次划分，网络信息资源分为网络资源指南、搜索引擎、联机馆藏目录、网络数据库、电子期刊、电子图书、电子报纸、参考工具书和其他动态信息。

资源指南是按主题等级排列的主题类目索引，类别目录是按一定的主题分类体系和排列方法组织的。常用的排列方法有字顺法、时序法、地序法、主题法等，或是多种方法综合使用。用户通过逐层浏览类别目录、逐步细化的方式来寻找合适的类别直至具体资源。资源指南是人工编制和维护的，在信息的收集、编排、HTML 编码以及信息注解上要花大量的人力、物力，如 hao123. com。

搜索引擎提供布尔逻辑、短语、模糊和自然语言等检索方式查询信息。其数据库主要是由机器人程序自动建立的，不需人工干预。常见的搜索引擎有谷歌、百度等。

联机馆藏目录是图书馆和信息机构提供的公共联机检索（OPAC）馆藏目录、地区或行业的图书馆的联合目录等。如中国国家图书馆、中科院图书馆和许多高校图书馆都有本馆的 OPAC。CALIS 联合馆藏目录公共检索系统就是典型的联合目录。中国国家图书馆在网上提供图书目录在线检索，有题名、责任者、关键词、标准书刊号、分类号、出版地、出版国等 10 个检索途径。可以利用出版时间和其他限制条件对检索结果进行限制，以缩小检索范围。另外，中国高等教育文献保障体系 CALIS 提供近 100 所高校的馆藏期刊、书目和学位论文联合查询。

网络数据库分为商业性和非商业性的数据库，包括综合性和专业性期刊数据库、专利数据库等信息资源。电子出版物是由于网上信息传播速度快，众多出版商通过网络发行的电子报刊、图书等。网络参考工具主要是大型的参考工具通过因特网在线服务，如英国大不列颠百科全书、汉语词典、学校或企业名录、国家统计局统计资料等大型工具书。

动态信息主要指各级政府机构、高等院校、团体、公司在网上发布的消息、政策法规、会议消息、研究成果、产品目录、出版目录和广告等。

4. 网络信息的收集方法

利用搜索引擎收集网络信息。搜索引擎是当前人们收集获取网络信息的主要方式。查找信息资源时，在搜索框中输入查找的关键词、短语，或者其他相关的信息，再通过超级链接，逐一访问相关网站，就可能查找到所需要的信息资源。

利用权威机构网站收集网络信息。通过国内外重要的科研机构、信息发布机构、学会的网址，及时而准确地获得这些权威机构发布的信息，了解和掌握最新的科研动态。

利用专指性强的网络专业信息资源导航收集网络信息。如中国高等教育文献保障系统（CALIS）本着共知、共建、共享的原则，以全国高等院校为依托，建立起 CALIS 工程中心和 CALIS 文理中心重点学科导航库，积累了国内外政府部门、高等院校、科研机构、学术团体的各专业网站地址，覆盖的学科全面，学术价值高，信息可靠性强，通过有效链接可以直接进入各学科专业网，既节省查询时间，又提高了查询的准确性。

利用高校图书馆网络资源。高校图书馆的学术信息资源是图书馆根据读者需求，编制网络资源导航系统，建立学科导航库，建立中外文网络数据库链接，筛选网上信息，剔除重复和无用的网络资源，引导读者最大限度地利用有效的信息资源。如建立网络信息资源链接列表、建立数据库的镜像服务网站，通过“指南”“索引”等指导读者有效地利用图书馆信息资源。

任务2 了解搜索引擎工作原理

FTP是Internet上使用最广泛的一种实时脱机服务，FTP使用TCP/IP协议通过Internet在两台位于Internet网上的计算机之间传输文本文件、二进制可执行程序、科学论文、图像文件、压缩文件、声音文件等。使用时，用户应首先成功登录到对方的主机，进行文件搜索和文件传送操作，如排列文件目录、改变当前目录、设置传送参数等。

万维网出现之前人们通过FTP来共享交流信息资源。搜索引擎定期搜集并分析FTP服务器上的文件名信息，提供查找分布在各个FTP服务器中的文件。Archie搜集的信息资源工作方式与搜索引擎相同：自动搜集信息资源、建立索引、提供检索服务，所以，Archie被公认为现代搜索引擎的鼻祖。搜索引擎是当代网络信息检索的必备工具。

问题导入

搜索引擎的历史与发展

现代搜索引擎的鼻祖Archie FAQ是1990年由加拿大的麦吉尔大学（McGill University）的三名学生发明的。Archie是第一个自动索引互联网上匿名FTP网站文件的程序，是一个可搜索FTP文件名列表，用户必须输入精确的文件名才能进行搜索。受Archie启发，内华达州立大学计算机系统服务中心（University of Nevada System Computing Services）于1993年开发了一个Gopher FAQ搜索工具Veronica FAQ。

1993年2月，六名斯坦福大学的大学生通过分析字词关系，以实现对互联网上的大量信息作更有效的检索，发布了Excite for Web Servers的搜索软件。1994年4月，斯坦福大学的博士生美籍华人杨致远和戴维·菲勒（David Filo）共同创办了雅虎目录支持简单的数据库搜索，是一个可搜索的由人工整理维护网站分类目录，用户查询通过层层单击来查找想找的网站。这些软件或者资源目录都不是严格意义上的搜索引擎。真正的搜索引擎谷歌是1998年9月斯坦福大学博士生拉里·佩奇（Larry Page）与谢尔盖·布林（Sergey Brin）发明的，因此，两人也被称为"Google Guys"。

搜索引擎是现代网络社会信息搜索应用最广泛的网络检索系统，类型不同其特点各异。搜索引擎的发展也从目录型走向索引检索型，既有专业型，也有综合型。百度、谷歌就是综合型检索工具。然而，作为青年学生，你对谷歌和百度搜索引擎了解多少呢？

基础知识

围绕网络信息资源检索项目目标，本项任务涉及的知识点主要包括搜索引擎的内涵、工作原理、搜索引擎分类等。

1. 搜索引擎的内涵

搜索引擎是指根据一定的策略，运用特定的计算机程序从互联网上搜集信息，在对信息进行组织和处理后，为用户提供检索服务，将用户检索相关的信息展示给用户的系统。它包括全文索引、目录索引、元搜索引擎、垂直搜索引擎、集合式搜索引擎、门户搜索引擎与链接列表等。

2. 搜索引擎工作原理

第一步：爬行。搜索引擎是通过一种被称为“蜘蛛”或者“机器人”的特定软件通过遵循一定规则和命令跟踪网页的链接，从一个链接爬到另外一个链接，像蜘蛛在蜘蛛网上爬行一样。搜索引擎主动派出蜘蛛程序，对一定 IP 地址范围内的互联网网站进行检索，一旦发现新的网站，会自动提取网站的信息和网址加入自己的数据库。

第二步：抓取存储。搜索引擎是通过蜘蛛跟踪链接爬行到网页，并将爬行的数据存入原始页面数据库。其中的页面数据与用户浏览器得到的 HTML 是完全一样的。搜索引擎蜘蛛在抓取页面时需要做一定的重复内容检测，一旦遇到权重很低的网站上有大量抄袭、采集或者复制的内容，很可能就不再爬行。

第三步：预处理。搜索引擎将蜘蛛抓取回来的页面，进行提取文字、中文分词、去停止词、消除噪音（搜索引擎识别并消除版权声明文字、导航条、广告等）、正向索引、倒排索引、链接关系计算、特殊文件处理等各种步骤。

除了 HTML 文件外，搜索引擎通常还能抓取和索引以文字为基础的多种文件类型，如 PDF、Word、WPS、XLS、PPT、TXT 文件等，但还不能处理图片、视频、Flash 等非文字内容，也不能执行脚本和程序。

第四步：排名。用户在搜索框输入关键词后，排名程序调用索引库数据，计算排名并显示给用户，排名过程与用户直接互动。但是，由于搜索引擎的数据量庞大，但一般情况搜索引擎的排名规则都是根据日、周、月阶段性不同幅度的更新。

当用户以关键词查找信息时，搜索引擎会在数据库中进行搜寻。如果找到与用户要求内容相符的网站，便采用特殊的算法——通常根据网页中关键词的匹配程度及出现的位置、频次、链接质量——计算出各网页的相关度及排名等级，然后根据关联度高低，按顺序将这些网页链接返回给用户。这种引擎的特点是搜全率比较高。

3. 搜索引擎分类

全文索引：全文搜索引擎从网站提取信息建立网页数据库。

目录索引：也称为分类检索，不能称为真正的搜索引擎，只是因特网上最早提供 WWW 资源查询的服务，主要通过搜集和整理因特网的资源，根据搜索到网页的内容，将其网址分配到相关分类主题目录的不同层次的类目之下，形成像图书馆目录一样的分类树形结构索引。使用目录索引只要根据网站提供的主题分类目录，层层单击链接便可查到所需网络信息资源。目录索引与搜索引擎的区别与联系表现为两个方面：一是搜索引擎自动程序搜索网站网页形成索引数据库，而目录索引则通过人工制作主题分类目录以及完成相关的程序链接。二是搜索引擎收录网站信息，符合国家法律政策规定的网站一般都能登录成功；目录索引对网站的要求则高得多。

搜索引擎与目录索引有相互融合渗透的趋势。一些纯粹的全文搜索引擎也提供目录搜索，如谷歌就借用 Open Directory 目录提供分类查询。在默认搜索模式下，一些目录类搜索引擎首先返回的是自己目录中匹配的网站，如中国的搜狐、新浪、网易等。

元搜索引擎（META Search Engine）：接受用户查询请求后，同时在多个搜索引擎上搜索，并将结果返回给用户。著名的元搜索引擎有 InfoSpace、Dogpile、Vivisimo 等，中文元搜索引擎中具代表性的是搜星搜索引擎。

垂直搜索引擎：是新兴的一类搜索引擎，不同于通用的网页搜索引擎，垂直搜索专注于特定的搜索领域和搜索需求，如机票搜索、旅游搜索、生活搜索、小说搜索、视频搜索、购物搜索等。垂直搜索需要的硬件成本低、用户需求特定、查询的方式多样。

门户搜索引擎：AOLSearch，MSNSearch 等虽然提供搜索服务，但自身既没有分类目录也没有网页数据库，其搜索结果完全来自其他搜索引擎。

小知识

FTP 和 P2P 资源

P2P 在 IT 界最初的含义是 Peer-to-peer（点对点）。现在 P2P 已经被更广泛地理解为 Pointer-to-Pointer，PC-to-PC 等。简单来说，P2P 就是指数据的传输不再通过服务器，而是网络用户之间直接传递数据。在 QQ 时代，用户与服务器的交互仅用来完成登录、维持在线状态等，用户之间的信息传递不需要服务器参与，信息传递采用用户 A—用户 B 方式，这就是典型的 P2P 应用。当信息接收方不在线时，信息会通过服务器中转，这时又变成了 C/S 模式。FTP 和 P2P 都不是传统意义上的 WWW 网站，而是直接在两台计算机之间进行的远程通信和文件传输。所以百度和谷歌这类搜索引擎对这两种信息资源的搜索往往不能奏效，但是迅雷和天网搜索引擎就可以实现。

任务3　谷歌搜索引擎检索技巧

面对海量的网络信息资源，以及这些资源的良莠不齐与无序特点，专业搜索引擎显得特别重要，特别是现代大学生在学习的过程中更应该熟知并掌握搜索引擎的使用技巧。谷歌搜索引擎是一个搜索功能十分强大的综合性搜索引擎。其功能不仅包括对文字的搜索，而且也包括对图片、地图、音乐、视频资源的搜索。对于全文搜索，其作用与影响更大。特别是学术搜索 Google Scholar 和全文搜索对学生来说更加重要。

问题导入

谷歌的市场影响力

1998 年9 月4 日，美国跨国科技企业谷歌创立，设计并管理一个互联网搜索引擎“谷歌搜索”，致力于互联网搜索、云计算、广告技术等领域，开发并提供大量基于互联网的产品与服务。1999 年启用谷歌网站，整合全球信息，人人皆可访问并从中受益。

据统计，谷歌能够搜索访问的网页超过 80 亿个，图片索引达到 10 亿幅，在全球最大的 Usenet 消息中提供的帖子超过 10 亿个。

在谷歌公司退出中国市场之前，据有关统计，2005 年年底美国网民最常用的搜索引擎分别为谷歌（96.5%）、雅虎（52.9%）和 MSN Search（28.6%）。谷歌在中国网络搜索市场上仅次于中国本土的百度，居第二位，总市场份额为 33%。2010 年 3 月，谷歌中国搜索引擎因其信息过滤和内容审查问题不符合中国有关法律和规定而退出中国大陆。

谷歌网络信息搜索引擎是国内外非常著名的综合型搜索引擎。其功能强大，可以搜索文本、音频、视频、地图等各种媒体文件，在国际市场上有着非常大的影响力。谷歌搜索引擎检索功能以个性化的特色优势吸引着众多的信息用户，那么，谷歌搜索引擎常用的检索技巧又有哪些呢？

基础知识

围绕网络信息资源检索项目目标，本项任务涉及的内容和知识点主要是以谷歌为例介绍搜索引擎常用的搜索技巧，重点是网页或者全文文本搜索高级语法的应用等。

（1）谷歌搜索引擎支持布尔逻辑检索，默认逻辑英文字符。需要指出的是，逻辑“与”，用“空格”表示。逻辑“或”，用“OR”表示。搜索包含布兰妮“Britney”或者披头士“Beatles”或者两者均有的中文网页。检索式为“britney OR beatles”或者“布兰妮 OR 披头士”。

使用大写 OR（逻辑或），小写的 or，在查询的时候将被忽略，变成了一次“与”查询。谷歌不支持通配符“*”“?”等，只能做精确查询，关键字后面的“*”或者“?”

会被忽略掉。对英文字符大小写不敏感，“GOD”和“god”搜索的结果是一样的。谷歌的关键字可以是词组（中间没有空格），也可以是句子（中间有空格），但是，用句子作关键字，必须加英文引号。

(2) 网页搜索常用高级搜索语法命令，有 site，link，inurl，intitle 等。其作用是限定搜索范围，提高搜索的准确性。

Site 网页搜索命令。格式为“关键词或者题名 site：网站域名”，限定在某类站点或某个网站内搜索。如“sina. com. cn”“edu. sina. com. cn”，或者是某个域名，如“com. cn”“com”等。如果排除某网站或域名范围内的页面，只需用“-网站/域名”。

【示例 8-3-1】

搜索中文教育科研网站（edu. cn）上所有包含“金庸”的页面。检索式为：金庸 site：edu. cn。

搜索包含“金庸”和“古龙”的中文新浪网站页面。检索式：金庸古龙 site：sina. com. cn。

Link 语法是限定链接到某个 URL 地址的网页。“link”不能与其他语法相混合操作，所以“link：”后面即使有空格，也将被谷歌忽略。

【示例 8-3-2】

搜索所有含指向华军软件园“www. newhua. com”链接的网页。检索式：link：www. newhua. com。

Inurl 网页检索命令：格式为“关键词 A inurl：英文字符 B”。url 是 Uniform Resource Locator 的缩写，简单地说，就是检索地址栏里的信息。

【示例 8-3-3】

url 中含有 ssyq 的这些网页中，寻找关于搜索引擎的信息，命令格式为：“搜索引擎 inurl：ssyq”。

论坛搜索引擎 site：sowang. com，是在 sowang 这个网站内搜索论坛搜索引擎的网页。

查找 MIDI 曲《沧海一声笑》。检索式：inurl：midi 沧海一声笑。

查找微软网站上关于 Windows2000 的安全课题资料。检索式：inurlecurity windows2000 site：microsoft. com。

在检索式中，inurl：后面不能有空格，谷歌也不对 URL 符号如“/”进行搜索。

Intitle 对 URL 进行查询，而网页标题就是 HTML 标记语言 title 中之间的部分。Title 和 Intitle 都用于针对标题进行检索，格式为：title/intitle：检索词。

【示例 8-3-4】

查找北京奥运会开幕式，格式为 title/intitle：北京奥运会开幕式。

【示例 8-3-5】

查找 GPCR 的图片集。检索式：intitle：GPCR。

PDF 文档搜索：PDF 是 Adobe 公司开发的电子文档格式，现在已经成为互联网的电子化出版标准。PDF 文档通常是一些图文并茂的综合性文档，提供的资讯比较集中、全面。

【示例 8-3-6】

搜索关于电子商务（Ecommerce）的 PDF 文档。检索式：inurl：pdf ecommerce Filetype 命令搜索，格式为：“关键词 A filetype：文件格式后缀名”。Filetype 是限定结果的文件类型。互联网上，存在大量非网页格式的资料，如 word、pdf、xls、ppt、pdf、all 等。filetype 是专门对特定格式文件进行搜索的命令。在“查询词 + 空格 + filetype：文件格式” 中“：”中英文格式皆可。

【示例 8-3-7】

个人年终总结 filetype：doc，搜索结果全都是 Word 文件。

（3）谷歌学术搜索（见图 8-3-1）提供可广泛搜索学术文献的简便方法。可以从一个位置搜索众多学科和资料来源：学术著作出版商、专业性社团、预印本、各大学及其他学术组织的经同行评论的文章、论文、图书、摘要和文章。谷歌学术搜索可帮助您在整个学术领域中确定相关性最强的研究。

图 8-3-1　谷歌学术高级搜索

谷歌学术搜索从一个位置方便地搜索各种资源查找报告、摘要及引用内容通过您的图书馆或在 Web 上查找完整的论文，了解任何科研领域的重要论文。

利用 Google Scholar 检索某一特定作者的论文，就在 Google Scholar 的检索界面的输入框输入姓名的汉语拼音。

【示例 8-3-8】

检索图书馆界吴建中教授的论文，在输入栏中输入“wu jianzhong”，google 就会自动提示是不是要查“wu jianzhong”，根据提示可查出有关吴建中教授的论文检索结果。

① Google Scholar 基本搜索。

缩小检索范围：搜索相关信息的同时，搜索出了很多与主题或意图不太吻合的结果，这时采用命令“author：姓名”缩小检索范围来达到检索目的。

精确检索某篇文章：在 Google Scholar 检索出特定文章，只要在 http://scholar.google.com/的搜索页面的搜索栏里输入以下格式：author + 文章第一作者的姓氏 + 题目中包含的三个关键词。

【示例 8-3-9】

搜索吴建中教授所著的题名为：A Dynamic Gateway to Information：Electronic Services at the Shanghai Library 的文章，只要按照 author ：wu “Dynamic Gateway to Information” 的格

式输入即可搜索到上述文章，方便、快捷。

② Google Scholar 高级搜索。利用搜索框右侧的 Advanced Scholar Search 链接进入高级学术搜索界面，可以通过布尔逻辑组配缩小搜索范围，从而得到更加精确的检索结果。

小知识

谷歌搜索引擎概况

谷歌（www.google.com）功能强大、第一个被公认为全球最大的搜索引擎，在全球范围内拥有无数的用户。谷歌搜索具有以下特色：支持多达132种语言，包括简体中文和繁体中文；只提供搜索引擎功能；速度极快，据说有8000多台服务器、200多条T3级宽带；专利网页级别技术PageRank能够提供高命中率的搜索结果；搜索结果摘录查询网页的部分具体内容，而不仅仅是网站简介；智能化的“手气不错”功能，提供可能最符合要求的网站；“网页快照”功能，能从谷歌服务器里直接取出缓存的网页。

任务4 网络信息“百度一下”案例

综合搜索引擎的高级语法检索是常用的网络资源信息检索技巧。中国本土化搜索引擎百度非常受中国网民的青睐。很多用户根据百度的特色功能以及百度的文化熟悉百度，即便是中国的儿童也知道“百度一下”。可见百度受中国用户的欢迎程度。

1. 案例陈述

查找北京大学“2014 级新生录取通知”的信息

一、检索策略

（1）分析主题，检索课题为：北京大学“关于2014 级新生录取通知书的通知”。

（2）确定检索式，格式为：检索词 + 空格 + site：网址，即 2014 级新生录取通知书 site：pku. edu. cn。

（3）确定检索路径，利用网页检索高级语法 site，检索北京大学网站上的信息。

（4）选择检索平台，百度搜索引擎。

二、检索过程

（1）打开百度搜索引擎。

（2）单击导航栏“网页”，输入：2014 级新生录取通知书 site：pku. edu. cn/，单击“百度一下”按钮，系统执行检索。

（3）单击检索结果的第一条信息：文章—关于 2014 级新生录取通知书的通知，信息显示如图 8-4-1 所示。

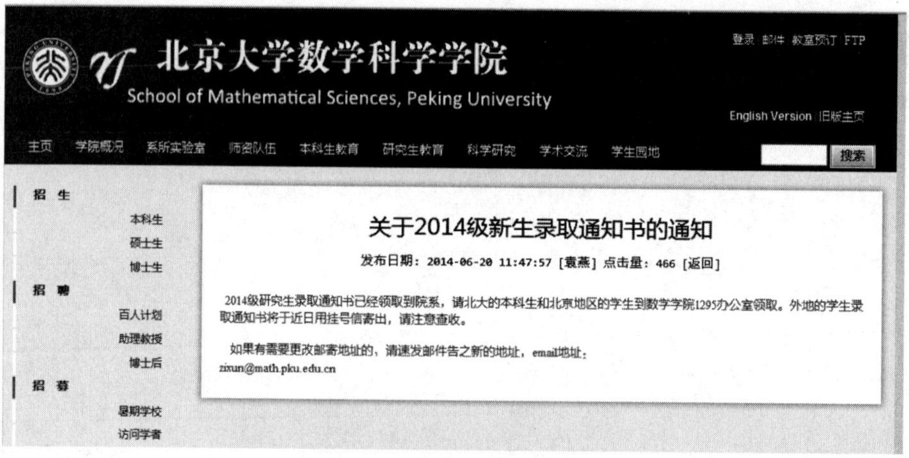

图 8-4-1 相关结果信息

2. 案例分析

网站网页信息搜索是当前综合搜索引擎常用的搜索方法，查找某一网站上含有某关键词的信息，利用高级检索语法 site 执行检索。由于谷歌公司已经退出中国，对中国不再提供信息服务，所以，目前采用百度搜索引擎可以替代谷歌搜索。尽管二者检索各有特色，其检索机制工作原理是相同的。

思考练习：网络信息资源检索

▶知识掌握

1. 网络和网络信息资源的概念各是什么？
2. 网络信息资源有哪些特点？
3. 网络信息资源是如何分类的？
4. P2P 和 FTP 的内涵各是什么？
5. 什么是搜索引擎？
6. 搜索引擎的工作原理是什么？
7. 谷歌搜索引擎有哪些特色？
8. 谷歌全文搜索技巧有哪些？
9. 谷歌学术搜索技巧有哪些？
10. 常用的网页搜索以及语法命令有哪些？

▶知识应用

1. 利用百度搜索引擎，采用 Filetype 语法命令搜索互联网上关于“信息检索方法”的 PDF 文档。

2. 利用百度搜索引擎，采用 intitle 语法命令搜索网页标题中含有“信息检索方法”的网页。

▶专题实践

实训情景：某地一职业院校大二物流专业学生即将面临到企业顶岗实习。在离开学校前夕，老师要求通过顶岗实习，调查和体验该公司的运作模式和经营状况；并上网收集典型、高效的物流企业经营模式，经过比较分析完成一项研究课题：“现代物流公司经典运作模式与所在实习企业经营现状比较分析”。

任务要求：

1. 利用百度搜索引擎、维普《中文科技期刊数据库》、万方《中国博士硕士论文全文数据库》、万方《学术会议论文全文数据库》检索物流企业经营模式的相关文章，找出比较具有典型意义的物流企业的运作模式。

2. 在实习期间，分析企业的经营实际，据此找出实习所在物流公司的经营问题。

3. 比较典型企业的运作模式与所在企业的实际状况，制定出可行性改革措施。

4. 实习结束，按照以上课题要求圆满完成本课题的各项任务，写出完整的实习报告。

作业要求：撰写实习报告，内容包括实习情景、实习课题、检索平台、任务要求、实习过程和心得。

项目9

CALIS文献信息检索

项目目标

通过本项目学习，必须掌握以下知识内容和相关技能：

1. CALIS 建设成果及其服务内容和方式。
2. CALIS 信息资源类型及检索方法。
3. 馆际互借与文献传递的内涵和流程。

CALIS 是中国高等教育文献保障系统“China Academic Library & Information System”的英文简称，是经国务院批准的我国高等教育“211”工程、“九五”、“十五”总体规划中三个公共服务体系之一。其宗旨是在教育部的领导下，把国家的投资、现代图书馆理念、先进的技术手段、高校丰富的文献资源和人力资源整合起来，建设以中国高等教育数字图书馆为核心的教育文献联合保障体系，实现信息资源共建、共知、共享，以发挥最大的社会效益和经济效益，为中国的高等教育服务。

CALIS 系统的文献信息能够实现合作条件下的资源共享，给中国许多高等院校的成员馆，特别是中小型图书馆带来实惠。目前，全国一千多个高校成员馆之间实现了信息资源，特别是书目信息资源的共建、共享和文献信息的网络传递。CALIS 系统成为当前中国高等教育教学实验、科学研究过程中不可或缺的信息获取平台。

任务1 认识 CALIS 及其信息服务

CALIS 与中国高校的教育资源建设和服务息息相关，其建设与发展为中国教育资源建设及运营服务提供了积极借鉴。如果说 CERNET 提供了一个信息高速公路，那么，CALIS 则像一辆高速公路上的快速车。CALIS 作为国家重点投资建设的服务体系建设项目，在“211”工程建设中发挥了巨大作用。

问题导入

大学生不可不知的 CALIS

CALIS 是中国高等教育文献保障系统英文的简称，是经国务院批准的我国高等教育“211”工程总体规划两个公共服务体系之一。作为国家经费支持的国家高校图书馆联盟，CALIS 的宗旨是在教育部领导下，把国家投资、现代图书馆理念、先进技术手段、高校丰富文献资源和人力资源整合起来，建设中国高等教育数字图书馆核心，文献联合保障体系，实现信息资源共建、共知、共享，发挥大社会效益和经济效益国家高等教育服务。CALIS 管理中心设在北京大学，下设文理、工程、农学、医学四个全国文献信息中心（分别设在北京大学图书馆、清华大学图书馆、中国农业大学图书馆、北京大学医学图书馆），以及华东北、华东南、华中、华南、西北、西南、东北七个地区文献信息服务中心和一个东北地区国防文献信息服务中心，如图 9-1-1 所示。十多年来，CALIS 较好地完成了引进资源、自建资源、馆际互借与文献传递等多项任务。CALIS 自建资源如图 9-1-2～图 9-1-5 所示。

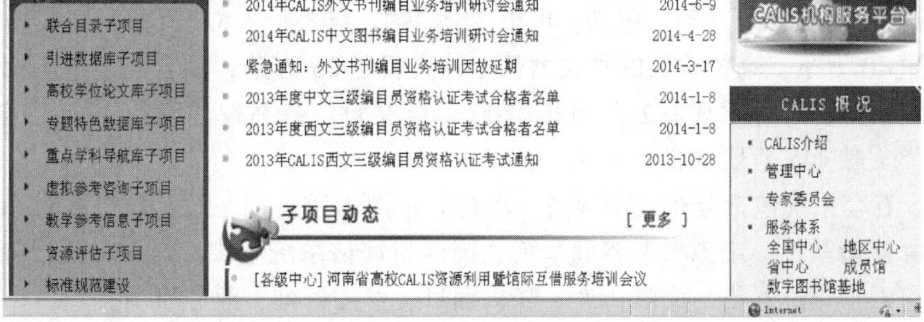

图 9-1-1 CALIS 首页

中国高等教育文献保障系统是经国务院批准，1997 年开始建设的我国高等教育“211”工程、“九五”规划和“十五”规划中三个公共服务体系（CALIS、CASHL、NSTL）之一，在“十五”期间，改称为“中国高等教育数字化图书馆”。

基础知识

围绕 CALIS 文献信息检索项目目标，本项任务涉及的内容和知识点主要包括 CALIS 的概况、资源特点、检索特色和服务项目等。

1. CALIS 的概况

CALIS 是中国高等教育文献保障系统（China Academic Library and Information System）在“十五”期间，改称为 CADLIS“中国高等教育数字化图书馆”（China Academic Digital Library and Information System）。CADLIS 是中国高等教育数字化图书馆项目，这一项目是国家在“十五”期间“211”工程经费支持下的中国高等教育文献保障体系（CALIS）二期工程与中英文图书数字化国际合作计划（简称 CADAL）两个专题项目的有机结合。CADLIS 项目是建设中国高等教育数字图书馆。该数字图书馆建设汇聚全国乃至全球重要的教育与科研文献信息资源，整合各类数字化服务手段，同时依托 CERNET，面向中国高等教育的基础信息设施，支撑所有高校图书馆的文献信息服务；并通过组织成员馆共建和大力推广建设成果，极大地促进我国信息服务行业尤其是高校图书馆的发展，提高整体服务能力。

CALIS 把国家投资、现代图书馆理念、先进的技术手段、高校丰富的文献资源和人力资源整合起来，建设以中国高等教育数字图书馆为核心的高等教育文献保障系统。这一保障体系以组织高校图书馆通过集团购买电子资源产品和数字化加工等方式，形成了以数字化图书、期刊、学位论文为主的覆盖所有重点学科的学术文献资源体系，全面地展现了高校的电子资源和纸本资源，为高校间大规模的资源共享提供了条件，确保实现资源共建、共知、共享。

2. CALIS 建设成果

CALIS 一期工程建设的主要成果中基础性且影响较大的主要有四大目录、五套系统、六类服务。CALIS 四大目录包括高校书刊联合目录、高校博硕士学位论文文摘数据库、西文期刊现刊目次数据库、高校特色文献中心数据库。四大目录可供检索的高校纸本馆藏和电子馆藏记录共 4000 余万条，包括：中外文图书书目记录约 300 万条；高校博硕士学位论文记录逾 40 万条，高校购买的外文博硕士论文目录 25 万条；整合西文纸本期刊和电子期刊 3.5 万余种，可检索其中 2 万种刊 3200 万篇文章；各高校建设的 55 个自建数据库，可检索各类文献 445 万册（件）。

CALIS 五套系统包括分布式中国高等教育数字图书馆应用系统、联机编目系统、文献传递与馆际互借系统、虚拟参考咨询系统、统计与评估系统。CALIS 六类服务包括集团采购、文献检索、馆际互借与文献传递、联机编目、参考咨询、业务培训。

3. 服务对象和服务方式

CALIS 的服务对象主要包括高校图书馆、职业学校及中小学校图书馆、公共图书馆、科研院所情报机构、图书流通机构等。

CALIS 的文献信息服务主要包括 CALIS 馆际互借与文献传递服务、CALIS 联合目录公共检索服务、CCC 西文期刊篇名目次数据库综合服务系统、CALIS 统一检索、CALIS 文科外刊检索系统。图 9-1-2 所示的是 CALIS 西文期刊目次数据库检索界面。

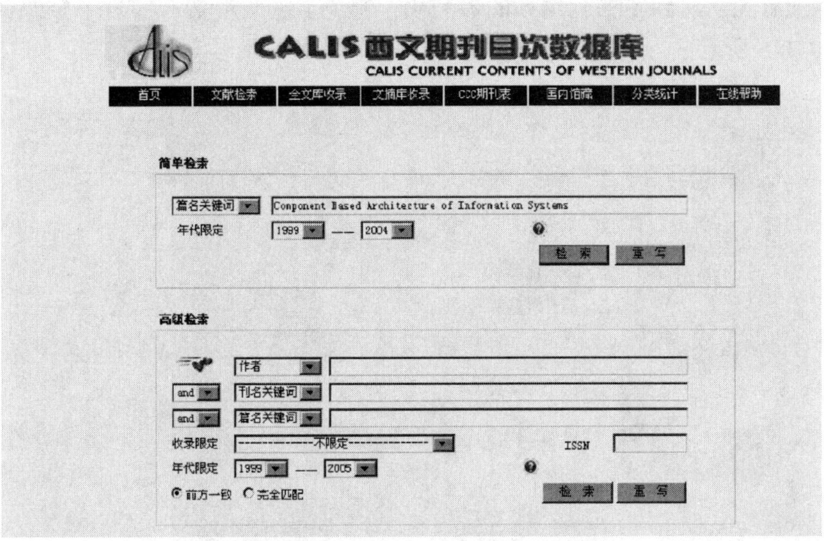

图 9-1-2 CALIS 西文期刊目次数据库

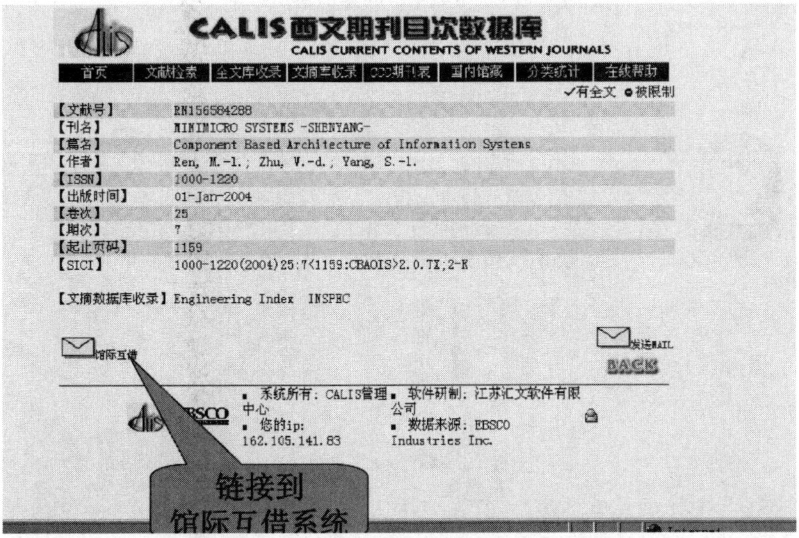

图 9-1-3 CALIS 西文期刊目次数据库信息显示

4. CALIS 资源共享与文献传递

CALIS 开展馆际互借与文献传递工作，主要通过“CALIS 馆际互借/文献传递服务网”面向全国读者提供文献信息服务。文献传递网由众多成员馆组成，包括利用 CALIS 馆际互借与文献传递应用软件提供馆际互借与文献传递的图书馆（简称服务馆）和从服务馆获取馆际互借与文献传递服务的图书馆（简称用户馆）。读者以馆际互借或文献传递的方式通过所在成员馆获取 CALIS 文献传递网成员馆丰富的文献资源。

馆际互借和文献传递包括返还式馆际借阅和非返还式文献传递两种方式。返还式馆际借阅是在协议图书馆之间实行的一种文献资源共享的服务方式，提供本馆收藏的纸本中文图书和部分外文图书的馆际互借服务。国内图书馆与图书馆之间通过签订互借协议，馆藏文献互通有无，达到图书利用率的最大化，避免了资源浪费，实现了资源共享。如图 9-1-4、图 9-1-5 所示。

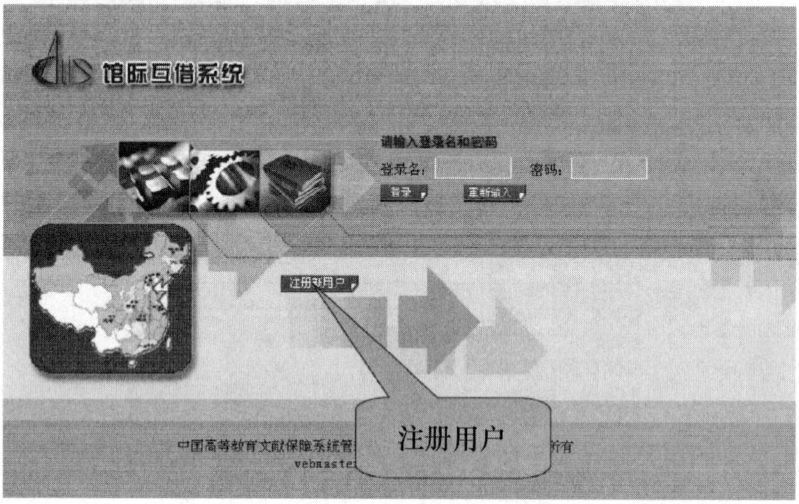

图 9-1-4　CALIS 馆际互借系统界面

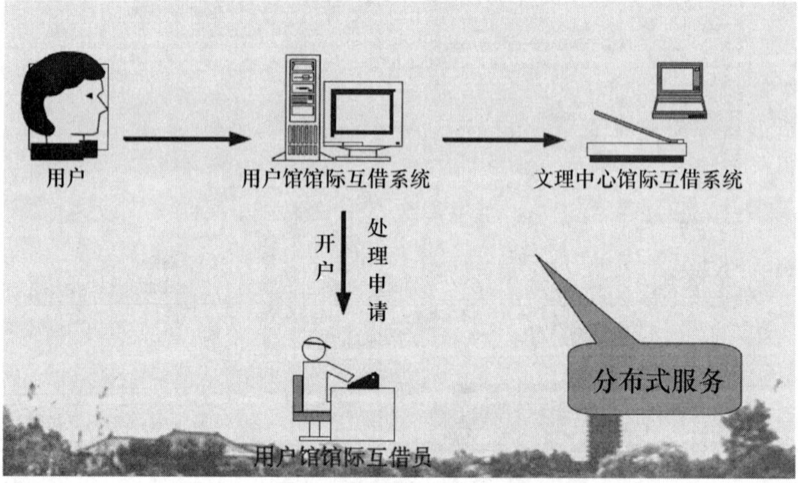

图 9-1-5　馆际互借系统与注册服务流程

非返还式文献传递是为读者索取、传递不能在本馆直接获取的各类文献原件，提供本馆收藏的期刊论文、学位论文、会议论文、科技报告、专利文献、标准等文献复制品以及可利用的电子全文数据库等。其流程是读者把所需文献的题名、来源等信息通过原文传递系统准确地提供给图书馆，图书馆通过原文传递系统为读者索取到国内外的文献，并及时提供给读者。

馆际互借服务模式是指两个图书馆之间进行文献传递服务的工作方式。文献传递服务模式通常可分为分布式和集中式两种，集中式又分为集团用户模式和个人用户模式两种。分布式文献传递服务模式指以区域性的图书馆或文献提供中心作为资源收藏和服务单位，彼此间组成文献传递服务网络，网内任何一家成员单位均可向网内其他成员单位索取所需文献，同时也有义务为其他成员单位提供文献传递服务。如图 9-1-6 所示。

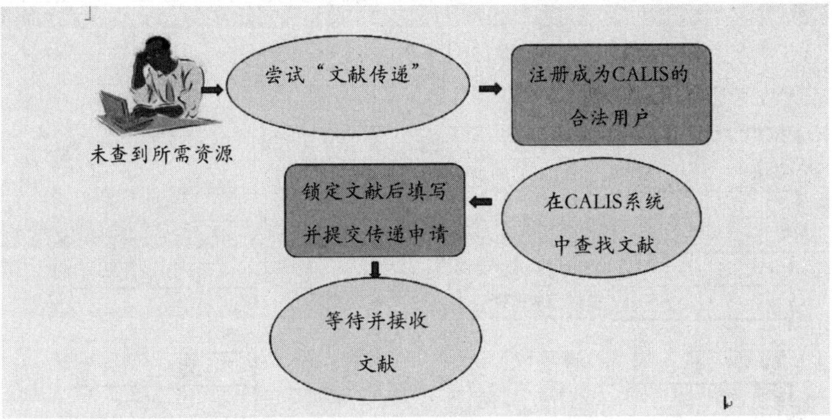

图 9-1-6 “文献传递”流程

馆际互借申请提交流程：单击“请求馆际互借”按钮，将弹出“统一认证登录页面”；对于高校读者，在相应的页面中选择要登录的高校，单击“去该馆登录”，在新页面输入用户名和口令；对于直通车用户，直接输入用户名和口令；登录后进入申请信息页面，填写相应的信息后单击“提交”，即可发送馆际互借申请。如图 9-1-7 所示。

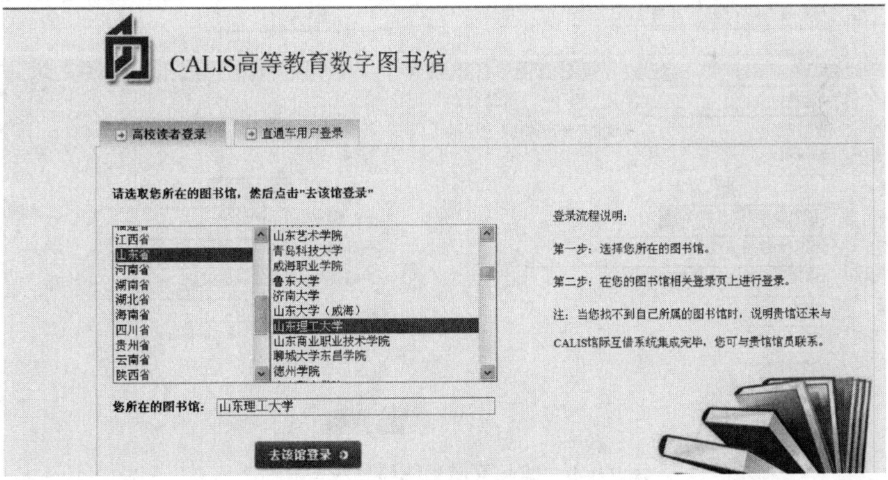

图 9-1-7 馆际互借统一认证

如果读者所属馆没有安装 CALIS 馆际互借系统，就无法实现系统之间的挂接。这时可单击“发送 E-mail”按钮，采用 E-mail 方式向馆际互借员发出馆际互借申请。

CALIS 采用分布式的运行模式，具有直接与借出馆交互、分担事务联络通畅、传输信息标准化等优势，但是需要安装馆际互借系统服务软件并自行维护；同时，用户要申请原文传递必须通过其所属成员馆的文献传递管理员申请或通过管理员注册获取文献传递账号，手续较复杂。馆际互借信息服务如图 9-1-8、图 9-1-9 所示。

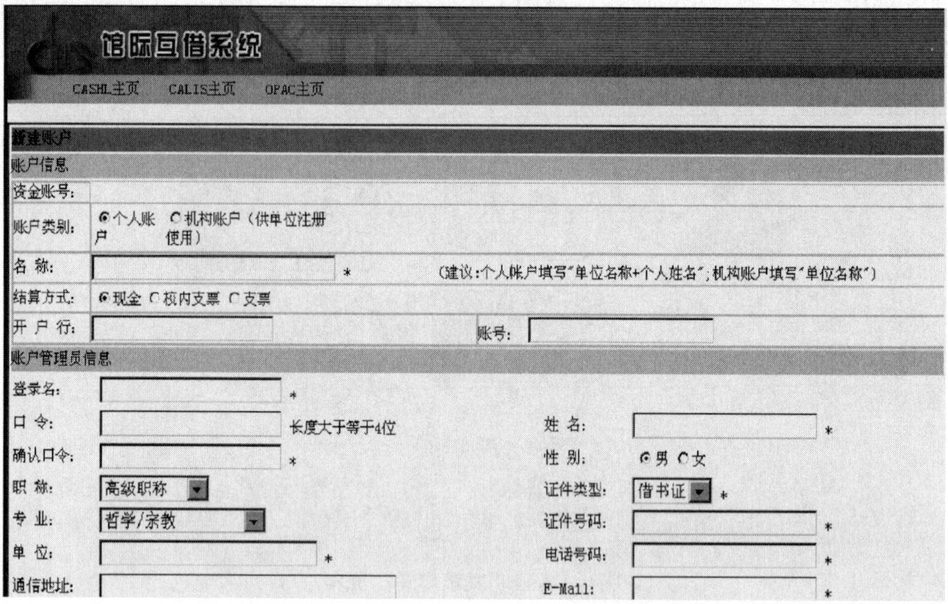

图 9-1-8　馆际互借系统信息服务界面 1

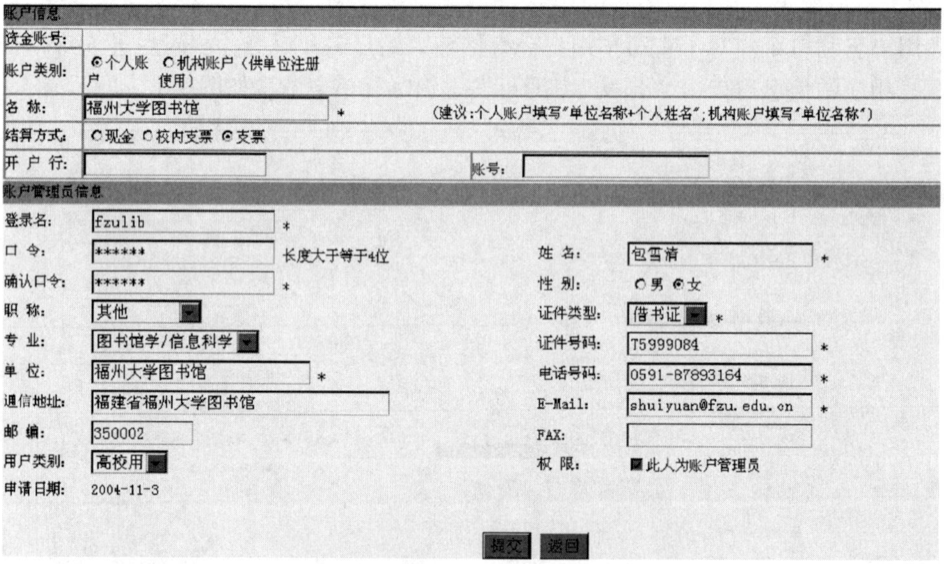

图 9-1-9　馆际互借系统信息服务界面 2

任务2 CALIS信息检索方法

CALIS信息检索服务平台是目前中国国家高等教育的文献保障系统，是面向全国高校实施联合编目、资源共享的基础设施平台。十多年的服务实践使不少高校特别是重点大学获益很大。无论是师生员工的科研课题、图书馆的数据加工，还是学生撰写毕业论文，都获得了丰富的文献信息资源。近几年，加入CALIS，可以享受该系统的各项服务和文献传递共享补贴等，但许多高职院校师生对CALIS还是比较陌生的。

问题导入

CADLIS和CALIS信息服务

以中国高等教育数字图书馆（CADLIS）为核心的高等教育文献保障系统，以组织高校图书馆通过集团购买电子资源产品和数字化加工等方式，形成了以数字化图书、期刊、学位论文为主的覆盖所有重点学科的学术文献资源体系，全面地展现了高校的电子资源和纸本资源，为高校间大规模的资源共享提供了条件，确保实现资源共建、共知、共享，特别是CALIS联机编目数据库建设以及非书资料、多媒体、电子出版物及网上资源联合目录为全国高校的读者提供了丰富的文献信息资源。

读者主要通过中国高等教育数字图书馆和CALIS联合目录公共检索系统使用CALIS资源。中国高等教育数字图书馆平台以数字化资源为主要内容，提供的服务类型主要包括e得文献获取、联合问答、高校课题服务、学苑汲古、书刊联合目录、外文期刊网、中文学位论文、电子教参书籍、外文学位论文、高校特藏资源、百万电子图书等内容。如图9-2-1所示。

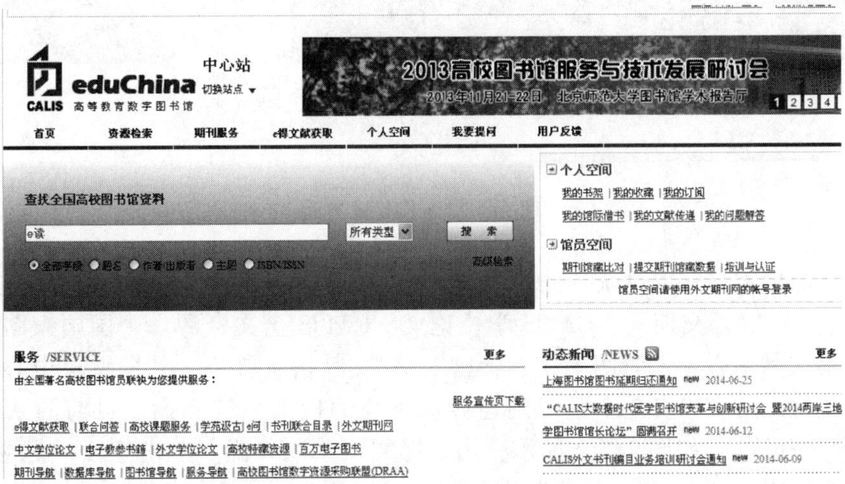

图9-2-1 CADLIS首页

CALIS 高校图书馆联盟数字化资源丰富，其中，书目信息可以由多个图书馆共享，提高编目工作效率；其他的电子文献信息，也是服务于高校教学科研的必备资源。作为一个大学生，如果不了解 CALIS 和 CADLIS，那真的很遗憾！

基础知识

围绕 CALIS 文献信息检索项目目标，本项任务涉及的知识内容主要包括 CALIS 和 CADLIS 的资源和服务、CALIS 和 CADLIS 的信息检索、文献传递等内容。

1. CADLIS 信息检索

基于 CALIS 成员馆丰富的文献资源及多样化的获取方式，帮助读者方便、快捷地获得文献信息资源的服务。

电子原文下载：读者通过 CALIS 文献检索平台查找文献时，如提供电子原文的下载功能，则表示有权限查看或下载电子原文。

原文传递：提供国内外文献服务机构的原文文献复制及原文传递服务。复制及传递的文献类型包括期刊论文、会议录文献、学位论文等，传递方式包括电子邮件、传真、快件或普通邮寄等。目前，CALIS 提供图书部分章节的复印服务。

获取途径：到所在的图书馆馆际互借系统中注册用户；访问 http://www.calis.edu.cn 或 http://www.yidu.edu.cn/检索需要的文献，如图 9-2-2 所示；找到需要的文献后，如本馆有电子馆藏，可直接下载获得，如无电子馆藏，请提交馆际互借申请；如不方便查找文献，可直接将馆际互借申请提交给 CALIS 服务中心代为查找。

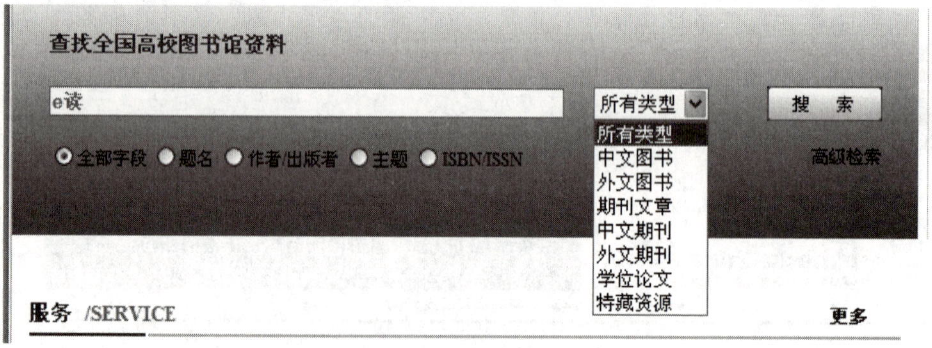

图 9-2-2　e 读检索界面

全文资源检索与获取系统界面左侧有一个服务机构的检索与服务系统，包括 CALIS 联合目录、CALIS 外文期刊、CALIS 学位论文、CALIS 全文资源、中国国家图书馆、国家科技图书文献中心、上海图书馆、韩国 Keris 文献信息服务、外国教材中心、单篇订购、代查代检。对应单击一个系统则连接该系统的检索系统界面。目前的系统默认是“CALIS 全文资源”，如图 9-2-3 所示，为 e 得文献获取界面。单击字段“题名”，然后再在输入框中输入“gone”，检索英文原版图书“飘”，获得该书信息，如图 9-2-4、图 9-2-5 和图 9-2-6 所示。

图9-2-3 e得文献获取界面

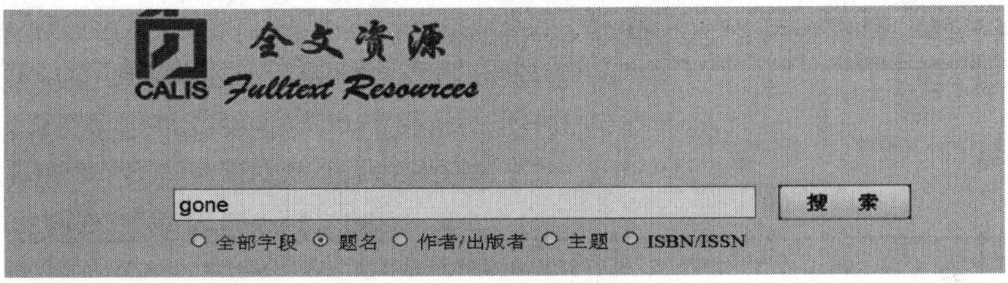

图9-2-4 输入图书“gone”

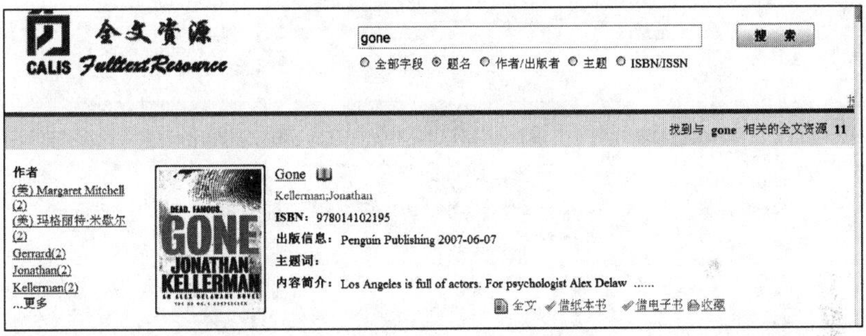

图9-2-5 图书“gone”检索结果显示

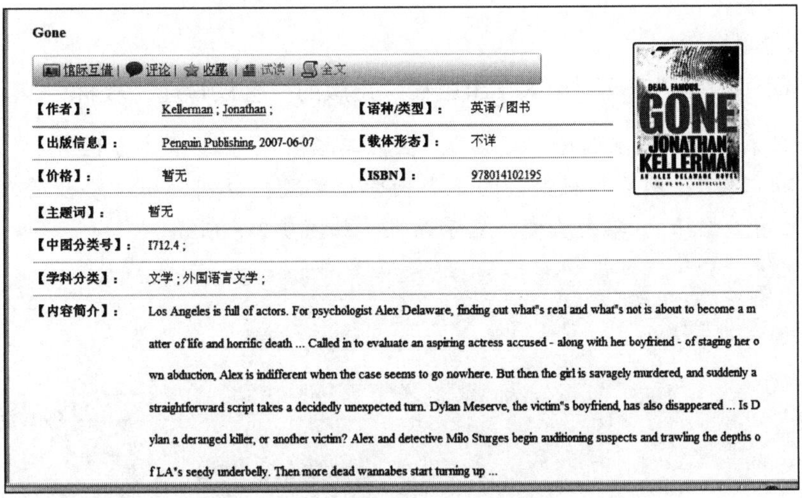

图9-2-6 图书“gone”图书信息

如果需要借纸质图书，单击“借纸本图书”，系统进入“CALIS 统一认证登录系统”。

2. CALIS 联合目录公共检索系统

用户输入网址（http://opac. calis. edu. cn/simpleSearch. do）进入 CALIS 联合目录数据库。联合目录数据库为用户提供了简单检索和高级检索两种便捷的检索方式。

简单检索：为用户提供了 9 个检索项，分别为题名、责任者、主体、全面检索、分类号、所有标准号码、ISBN、ISSN、记录控制号。用户根据自己的检索实际选择检索项，并在检索条件框中输入相应的检索内容，然后单击“检索”，便可看到检索结果。

【示例 9-2-1】

检索关于“化学工业”的文献

在检索项选择框中选择“主题”，然后在输入框输入关键词“化学工业”，单击“检索”，结果显示：当前检索条件：主题 = “化学工业”，检索结果 261 条，其中中文 144 条，日文 117 条等。

高级检索：系统为用户提供了 16 个检索项，如图 9-2-7 所示，并且各个检索条件之间可用逻辑“与”“或”“非”等进行组配。另外，系统还提供了对内容特征、数据库、出版时间、形式的限定来确保检索结果的精确性。

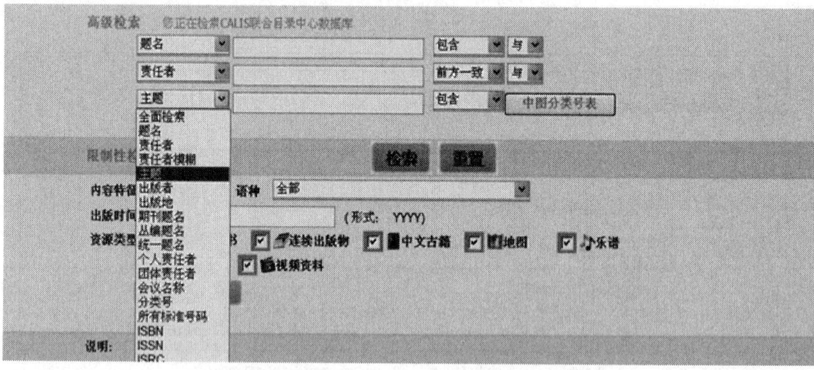

图 9-2-7 CALIS OPAC 高级检索界面

【示例 9-2-2】

查找“胡伟”在“东北财经大学出版社”出版的“会议管理”教材。

首先，在第一检索项中选择“题名”，在第二检索项中选择“责任者”，在第三检索项中选择“出版者”；然后对应前面的三个检索项字段，分别输入“会议管理”“胡伟”“东北财经大学出版社”，单击检索，显示结果。如图 9-2-8 所示。

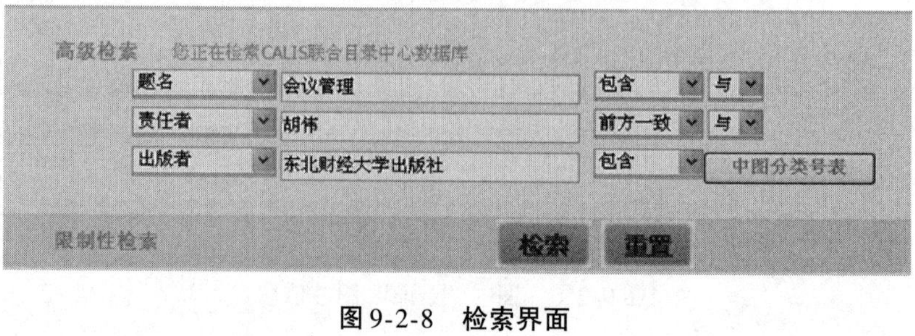

图 9-2-8 检索界面

检索条件：((题名 = *会议管理*) and (责任者 = 胡伟*)) and (出版者 = *东北财经大学出版社*)

题名 会议管理 / 胡伟，成海涛，王凌编著

责任者 胡伟编著

责任者 成海涛编著

责任者 王凌编著

出版项 大连：东北财经大学出版社，2009

载体形态 269 页；图；24cm

丛编 21 世纪高职高专精品教材·秘书专业

主题 会议—组织管理学—高等教育—教材

中图分类号 C931-47

附注 有书目（第 268—269 页）

附注：本书编者根据高职文秘专业学生实际，提出了具有创新性的“以成果为导向、项目为主体、任务为引领、服务为载体”的“教、学、做”一体化的教学模式，可简称为“成果导向，任务引领”教学模式，又可再简称为“成果导向型教学模式”。

ISBN 978-7-81122-503-7 CNY28.00

任务3 CALIS书目信息检索案例

CALIS书目信息检索系统是应用十分广泛的信息检索途径，特别是高校的教师员工和学生，在学习、教学和科研工作中常常用到，因为资源共享和文献传递成为当今的信息资源搜集的重要渠道之一。对加盟的高校图书馆来说，规模大的图书馆可以提供其优势资源，规模小的图书馆可以通过信息检索和文献传递为其读者提供其他成员馆的资源，共享优势资源，减少铺张浪费。

1. 案例陈述

检索张玉强主编的"新编会计学原理"书籍信息

一、制定检索策略

1. 检索方式：简单检索。

2. 检索字段：题名。

3. 检索平台：CALIS联合公共目录检索系统。

4. 检索词：新编会计学原理。

二、检索过程

1. 在"检索项"下拉菜单，选择"题名"字段。

2. 在输入框输入图书题名信息"新编会计学原理"，单击"检索"，检索结果显示"81"条。

3. 单击第"13"条信息：张玉强等主编的"新编会计学原理"一书，显示该书的基本信息。

4. 继续单击"馆藏信息"查看该书的馆藏地，结果显示为该书是"东北地区""吉林农业科技学院图书馆"的馆藏图书。如果需要该书的文献内容，可以通过文献传递获取文献复印件或者电子版信息资料。

文献传递的复印件可通过邮政系统邮寄，或者物流快递系统寄送，加入CALIS的图书馆读者可以通过部分CALIS国家补贴以及个人的部分费用支付有关费用；电子材料可以通过扫描存储电子图片格式，通过电子邮件寄送，或者QQ离线文件传递。

2. 案例分析

CALIS文献信息检索和文献传递是实现资源共享的服务模式。该服务立足于国内高校图书馆联盟，根据不同地区图书馆读者的不同需要，实现馆际合作，共享有限的国家文献信息资源。文献传递，需要根据CALIS的有关规定办理相关手续，通过固定的服务流程实现。

思考练习：CALIS 文献信息检索

▶**知识掌握**

1. 简述中国高等教育文献保障系统。
2. 简述中国高等教育数字图书馆。
3. 简述 CALIS 的服务类型。
4. 简述 CADLIS 有哪些资源类型？
5. CALIS 的检索途径和特色是什么？
6. CADLIS 的检索途径和特色各是什么？
7. 什么是文献传递？其流程是怎样的？

▶**知识应用**

利用 CALIS 联合公共目录检索系统，采用高级检索途径，检索刘继修教授的专著《PLC 应用系统设计》，写出本书的基本著录信息和内容简介。

▶**专题实践**

实训情景：某一职业学院化工专业的大二学生在“污水处理”专业实验过程中，遇到一些技术问题，需要查找一些有关文献参考。请利用 CALIS 联合公共目录检索系统查找相关的图书，并通过文献传递获取这些文献。

任务要求：

1. 采用简单检索查找有关图书；写出有关的检索结果，找出符合条件的图书。
2. 查找以上相关图书的基本信息和内容简介，并做出相关记录。
3. 根据以上相关图书的馆藏信息，请求文献传递；写出文献传递的流程。

作业要求：撰写实训报告，内容包括实训情景、实训课题、检索平台、任务要求、实训过程和心得。

项目10

科技论文写作规范

项目目标

通过本项目学习，必须掌握以下知识内容和相关技能：

1. 论文、科技论文与毕业论文的内涵。
2. 科技论文的特点与结构。
3. 科技论文与毕业论文的写作规范。
4. 撰写本专业科技论文和毕业论文。

科技论文，即科学技术论文，是在科学研究和科学试验的基础上，对科学和技术领域的某些现象或问题进行科学的分析或阐述，从而揭示这些现象和问题本质及其规律性的一种论文形式，是科学技术研究成果的文字体现，是成果推广和交流的有力手段。创新性和理论性说明了科技论文具备的核心内容，科学性和准确性则体现了科技论文的价值。

科技论文写作是一项创造性较强的科学研究活动。写作过程就是对信息的处理、加工和知识再造的过程。科学具有继承性。曾经有人估计，一项创造性的科学研究项目，90%的知识可以从前任相关的研究文献当中获得。所以，检索文献、获取文献、处理信息进而最大程度地利用资料，这些工作是做好科学研究、写好科技论文的先决条件。

任务1 了解科技论文写作基础知识

科技论文也是关于科学知识、技术实验和实践的论述性文章，因此，其应用范围十分广泛。它不仅应用于教育科研领域，如大学生的实验报告、毕业设计和毕业论文、发表的科研成果等，还应用于企业、行业等领域。在写作过程中，论文准备即收集、占有材料，是撰写毕业论文的基础和前提。因此，有人说，“课题研究工作，谁占有的材料多谁就有发言权”。美国和日本的有关部门曾做过一项统计证明，在完成一项科研项目时，用于收集材料的时间占50.9%，思考、研究的时间占32.1%，撰写的时间占9.3%。由此可见，信息检索显得特别重要。

问题导入

科技论文的理论价值

科技论文的科学性要求尊重事实，尊重科学。具体来说，包括论点正确、论据必要而充分、论证严密、推理符合逻辑、数据可靠、处理合理、计算精确、结论客观等。准确性是指对客观事物即研究对象的运动规律和性质表述的接近程度，包括概念、定义、判断、分析和结论要准确，对研究成果的估计要确切、恰当。

科技论文的理论价值是指论文应具有一定的学术性。学术性是指对实验、观察或用其他方式所得到的结果，要从一定的理论高度进行分析和总结，形成一定的科学见解，包括提出并解决一些有科学价值的问题；对自己提出的科学见解或问题，要用事实和理论进行符合逻辑的论证与分析或说明，将实践上升为理论。只有这样，论文所报道的发现或发明才具有实用价值和理论价值。

面临优越的信息环境，面对竞争激烈的职场竞争，写好科技论文，掌握科技论文的写作方法与规范要求，不失为一个大学生个人竞争力的又一体现。那如何才能写好科技论文呢？写好科技论文需要勤奋，而且要善于写，更重要的是要掌握相关的基本理论与写作技巧。

基础知识

围绕科技论文写作规范项目目标，本项任务涉及的知识内容主要包括科技论文的内涵、特点、基本结构和写作要求等。

1. 科技论文的内涵和特点

科技论文是在科学研究、科学实验的基础上，运用科学的原理和方法，对自然科学和专业技术领域的某些现象或问题进行专题研究，运用概念、判断、推理、证明或反驳等逻辑思维手段，分析和阐述，揭示出这些现象或问题的本质及其规律性而撰写的论文。科技论文区别于其他文体的特点，在于对创新科学技术研究工作成果的科学论述，是某些理论性、实验性或观测性新知识的科学记录，是某些已知原理应用到实际工作中取得的新进展、新成果的科学总结。

科技论文具有一般议论文的特点，由论点、论据、论证构成；同时还具有学术性、创造性、科学性、规范性、准确性和可读性等特点。

2. 科技论文的类型

科技论文就其发挥的作用来看可分为学术论文、学位论文和毕业论文。

学术论文是指科技工作者向科技部门送交的或供各专业性杂志发表的论文，反映了各学科领域内最新、最前沿的科学技术水平，反映了本学科发展的动向，它对科技事业的发展和交流起着积极作用。根据其内容分类，一般分为专题研究论证型论文、科技报告型论文、发现发明型论文、设计计算型论文、文献综述型论文。

学位论文是学位申请者为申请学位而提交的论文，具有一定学术价值。学位论文依学位高低分为学士论文、硕士论文和博士论文三种。学位论文必须反映出作者具有专门的知识和技能，有一定的独创性，在老师指导下完成。

毕业论文是高等学校毕业生提交，在教师指导下独立进行科学研究所取得成果的文字记录，是学生参与社会实践活动的成果，也是检验学生掌握专业知识程度及运用所学理论展示分析问题、解决问题的综合能力的论述性文章。毕业论文有一定学术价值，也是学生学习成果的综合性总结，具有汇报和检测作用，并且具有指导性、习作性和层次性特征。

3. 科技论文写作要求

根据《科学技术报告、学位论文和学术论文的编写格式》和《中国高等学校自然科学学报编排规范》的有关规定，科技论文的写作要求如下。

第一，论点正确、新颖。论点是科技论文的核心内容，表明作者的独到见解。论点正确是指全篇的概念和判断要有一个明确的含义，不允许含糊不清，而且要从客观实际出发，避免主观、武断和片面。只有准确，才能保证论文的正确性。见解新颖是指其论点是作者首先提出或发现的，也包括有的论点虽然前人已经提到过，但作者有了进一步的认识，有了新的看法，做了重大的补充或修正。

第二，论据充分、可靠。科技论文必须有充分的证明材料，并且要充分、可靠，具有真实性、典型性。经过精选的材料——论据，来源于事实和理论两个方面。作者从亲自实践过的现实材料中抽象出来的理论或有代表性的事例，是证明论点的主要论据；前人的理论、经验、总结和一些统计数据等，可以用来作为进行实验的参考，用来分析、比较以证明论点的正确性。作为论证材料的证据，既是作者或前人实践检验过的，又必须是能够反映事物本质、有普遍意义的典型材料。只有符合这种条件的论据，才能有很强的说服力。

图表经常被用来作为科技论文的论据，这是因为由代表性的实验数据所制成的图表，是事实的概括和总结，形象、生动、具体，可以节省大量文字篇幅。

第三，论证符合逻辑。论证是运用论据来证明论点的过程，反映了论点与论据之间的逻辑关系。论文中所收集、精选的材料，是为了证明所提出论点的需要，全部材料应与论点统一。除利用典型的正面材料外，还可以利用反面的材料进行对比，使自己的论点更鲜明。

论证过程离不开推理，而推理一定要尊重逻辑规律。具体地说，就是论文中的论点与论据、论据与论证、图表与文字、开头与结尾全部合乎逻辑的一致性。如果在论证中出现逻辑错误，其结论必然是主观、片面的，不会符合客观实际。

4. 科技论文选题原则

选题是论文成败的关键，选题即说明论文内容写什么。只有先明确写作对象及研究内容，才可以动笔。并且，选题是否合适、恰当也决定了论文写作及其产生的社会价值和效果。因此，选题是论文成败的关键。论文的选题要坚持价值性、可行性、合理性、科学性和创造性原则。

(1) 价值性原则。

价值性原则是论文选题的首要原则。所以，选择各个学科领域中一些亟待解决的生产性、建设性问题或者基础理论问题等，特别是一些开创性的课题对学科的发展具有很大的指导作用。

(2) 可行性原则。

可行性原则是科技论文选题的又一重要原则。选题必须是切实可行的，必须从研究者的主、客观条件出发，有利于题目的展开。所以，科技论文选题围绕可行性要做到以下两点。一是专业要对口。每个研究者都有自己的业务专长，选择的课题要与自己所学专业对口，是自己的特长和感兴趣的问题，确保对研究内容具有一定的基础知识。基础理论扎实而又有特长的研究者，可选择侧重理论性的课题；实践经验丰富者，可选择技术性课题。只有这样扬长避短，才能相得益彰，才有可能取得优秀的成果。二是课题大小要适中。课题大小适中才便于研究、发挥出应用的水平。一般来说，课题不宜过大，提倡小题大作。题大但写不深透，就没有价值。论文的质量并不取决于题目的大小。一个重要的小课题，如涉及学科中的关键问题，能够深入其本质，抓住要害，探讨得深透，有独创之处，论文就有分量。

(3) 合理性原则。

合理性原则主要是指课题本身是否合理。所谓合理，就是看其是否合乎事物发展的客观规律。不合理的研究课题，即使其他条件都具备，也不能列为选题。因此，有些科学论文的选题需要进行充分的论证后才能最后确定。

(4) 科学性原则。

科学性原则是指论文选题必须符合最基本的科学原理和客观实际，必须有科学理论作依据，既要尊重事实、尊重科学理论，又要杜绝迷信权威、受传统观念束缚，要用科学的方法来反映客观事物的真实面貌，正确揭示客观事物的发展规律和本质。如果违反科学原理和客观规律，就没有科学性而言。所以，科学性是论文选题的生命。科技论文的科学性就是要求论文观点正确，论据确凿、真实、典型，推理合乎逻辑，语言准确，概念明确，并且符合当前科学技术现状和社会发展实际。一旦论文的选题失去了科学性，其写作就会变得毫无意义。

(5) 创造性原则。

创造性原则是指选题要有创造性，就要从基本文献材料入手，了解本学科的研究历史与现状，明确过去的研究成果已经达到的程度与今后要解决的问题，从而选定题目。因为学术发展是一个积累的过程，新的研究只能在前人研究成果的基础上继续进行。如果不了解本学科的研究历史，就不能明确本学科迄今已经做过哪些研究，以及取得了哪些成果；不了解本学科当前研究动态，就不能明确现阶段的研究达到了什么程度、尚未解决的问题以及发展的方向。因此，要重视检索文献资料，从基本文献材料入手，充分发挥创造性的想象力，积极思考，探索出新的课题来。创造性选题要突出一个“新”字，可以是前人没有接触过的课题，也可以是虽已有人接触过，但尚可深入挖掘的课题。可以在前人基础上做进一步研究，提出创造性的见解。力求论据确凿，试验可靠，言之有理，内容新颖。

5. 科技论文的构成

科技论文的基本结构包括前置和主体两大部分。前置部分一般由题名、作者（署名）、作者单位、摘要、关键词、中图分类号、英文题名、英文作者、英文作者单位、英文摘要、英文关键词（英文项目有的刊物放在文后部分），如图 10-1-1 和图 10-1-2 所示。

前置部分：
- 题名
- 作者
- 作者单位
- 摘要
- 关键词
- 中图分类号
- 英文题名
- 英文作者
- 英文作者单位
- 英文摘要
- 英文关键词

（英文作者、英文作者单位、英文摘要、英文关键词：有的刊物放在文章后边）

图 10-1-1　科技论文前置部分

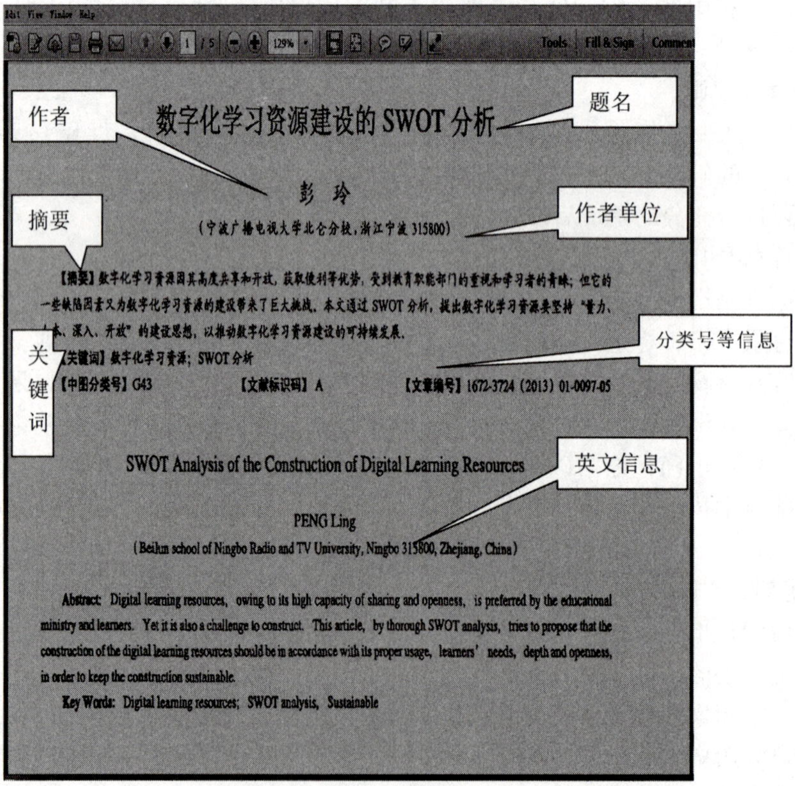

数字化学习资源建设的 SWOT 分析

彭　玲

（宁波广播电视大学北仑分校，浙江宁波 315800）

【摘要】数字化学习资源因其高度共享和开放，获取便利等优势，受到教育职能部门的重视和学习者的青睐；但它的一些缺陷因素又为数字化学习资源的建设带来了巨大挑战。本文通过 SWOT 分析，提出数字化学习资源要坚持“量力、本、深入、开放”的建设思想，以推动数字化学习资源建设的可持续发展。

【关键词】数字化学习资源；SWOT 分析

【中图分类号】G43　　【文献标识码】A　　【文章编号】1672-3724（2013）01-0097-05

SWOT Analysis of the Construction of Digital Learning Resources

PENG Ling

（Beilun school of Ningbo Radio and TV University, Ningbo 315800, Zhejiang, China）

Abstract: Digital learning resources, owing to its high capacity of sharing and openness, is preferred by the educational ministry and learners. Yet it is also a challenge to construct. This article, by thorough SWOT analysis, tries to propose that the construction of the digital learning resources should be in accordance with its proper usage, learners' needs, depth and openness, in order to keep the construction sustainable.

Key Words: Digital learning resources; SWOT analysis, Sustainable

图 10-1-2　科技论文前置部分示例

论文主体部分包括引言、正文、结论、致谢、参考文献等几个部分。如图 10-1-3、图

10-1-4 和图 10-1-5 所示。

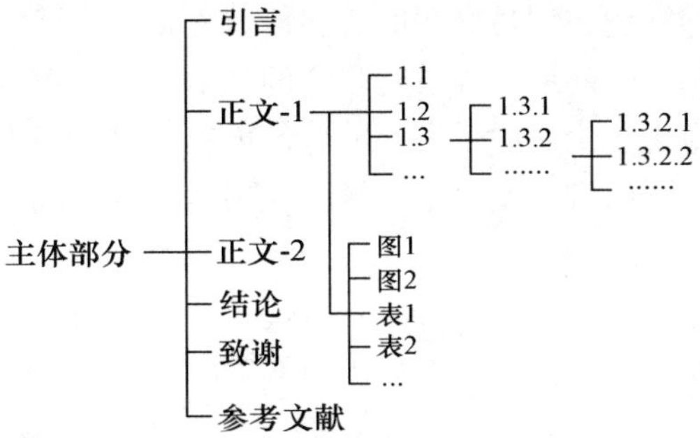

图 10-1-3 科技论文主体部分结构

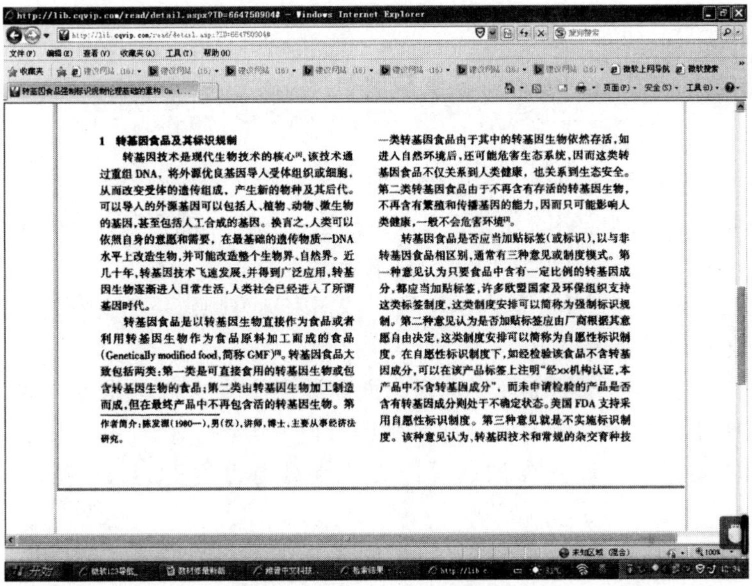

1 转基因食品及其标识规制

转基因技术是现代生物技术的核心[1]，该技术通过重组 DNA，将外源优良基因导入受体组织或细胞，从而改变受体的遗传组成，产生新的物种及其后代。可以导入的外源基因可以包括人、植物、动物、微生物的基因，甚至包括人工合成的基因。换言之，人类可以依照自身的意愿和需要，在最基础的遗传物质—DNA 水平上改造生物，并可能改造整个生物界、自然界。近几十年，转基因技术飞速发展，并得到广泛应用，转基因生物逐渐进入日常生活，人类社会已经进入了所谓基因时代。

转基因食品是以转基因生物直接作为食品或者利用转基因生物作为食品原料加工而成的食品（Genetically modified food，简称 GMF）[2]。转基因食品大致包括两类：第一类是可直接食用的转基因生物或包含转基因生物的食品；第二类由转基因生物加工制造而成，但在最终产品中不再包含活的转基因生物。第一类转基因食品由于其中的转基因生物依然存活，如进入自然环境后，还可能危害生态系统，因而这类转基因食品不仅关系到人类健康，也关系到生态安全。第二类转基因食品由于不再含有存活的转基因生物，不再含有繁殖和传播基因的能力，因而只可能影响人类健康，一般不会危害环境[3]。

转基因食品是否应当加贴标签（或标识），以与非转基因食品相区别，通常有三种意见或制度模式。第一种意见认为只要食品中含有一定比例的转基因成分，都应当加贴标签，许多欧盟国家及环保组织支持这类标签制度，这类制度安排可以简称为强制标识规制。第二种意见认为是否加贴标签应由厂商根据其意愿自由决定，这类制度安排可以简称为自愿性标识制度。在自愿性标识制度下，如经检验该食品不含转基因成分，可以在该产品标签上注明“经××机构认证，本产品中不含转基因成分”，而未申请检验的产品是否含有转基因成分则处于不确定状态。美国 FDA 支持采用自愿性标识制度。第三种意见就是不实施标识制度。该种意见认为，转基因技术和常规的杂交育种技

作者简介：陈发源（1980—），男（汉），讲师，博士，主要从事经济法研究。

图 10-1-4 论文正文实例

生活在一个有着稳定的福利制度的国家”。因而，构建公正合理的国际政治经济新秩序，推动社会财富在更大层面上的合理再分配，才是解决这一问题的根本途径，不一定非得通过或者主要通过推广具有较大未知风险的转基因技术来解决。当然，包括转基因食品标识规制在内的转基因技术政策属于典型的非关税“绿色”壁垒，也的确可能成为限制自由贸易的不当借口，但如在国际贸易中恰当适用，是完全可以达致伦理地通往保护环境、维护生态平衡和尊重地球的美好境界。包括从重商主义到自由贸易在内的国际贸易史一再表明，发达国家自身也是以本国利益为立足点坚持或者调整其贸易政策。单纯强调自由与竞争而不重视合作与互惠的贸易政策不仅不具有可持续性，也不具有伦理正当性。发展中国家完全有权、也完全可以借助转基因食品强制标识制度、知识产权滥用的反垄断规制等方式，减少转基因食品对于国内经济文化的冲击。这一选择符合国际政治伦理的基本精神，有助于平衡各国间在转基因技术水平及其市场化能力上的差距，维护公平正义。

此外，不同国家对于转基因食品标识政策的不同选择，除了前述国际政治层面的考量外，还与自身的社会文化传统密切相关，这类考量在一定程度上可以统摄于政治伦理的范畴。比如某些宗教的信仰者认为，自然是上帝制造的，转基因食品技术改变、操纵了生物的本质，挑战了上帝的至上性，违背了上帝的已的责难。这些情况的存在，与转基因食品标识政策的理论基础不够坚实、伦理论证不够充分有着相当关系。尽管各国的标识规制政策间仍有较大差异，但实行强制标识规制的国家和地区越来越多，必要的标识规制政策也被国际自由贸易法律体系所容许，并成为环境保护国际规范所倾力追求的目标。转基因食品技术及其标识规制，涉及国家、社会、经营者、消费者等多元主体及其相互之间的复杂关系。很显然，转基因食品强制标识规制的伦理正当性论证，并非消费伦理观或生态伦理观所能完全概括。转基因食品强制标识规制政策伦理基础的重构，应当建立在生态伦理、经济伦理与政治伦理之间理性互动的基础之上。

参考文献：

[1] 周长玲.风险预防原则下生物技术专利保护的再思考[J].政法论坛,2012(2):188-191
[2] 毛新志.转基因食品生态安全的伦理探析[J].华中科技大学学报:社会科学版,2005(1):115-119
[3] 朱俊林.转基因技术应用的伦理思考[D].湖南师范大学硕士学位论文,2006:31-36
[4] 侯守礼,顾海英.转基因食品标签管制与消费者的知情选择权[J].科学学研究,2004(1):461-466
[5] 廖爱玲. 转基因食品标识混乱 专家建议修法对管理加以规定[EB/OL].http://www.ce.cn/cysc/sp/info/201311/05/t20131105_170-7499.shtml,[2014-4-1]
[6] 付文佚.转基因食品标识的比较法研究[M].云南:云南人民出版

图 10-1-5 论文结论、参考文献实例

科技论文结构要求：

第一，论文题名。即标题，用最简明的文字揭示文章的主题和中心内容，是文章内容的高度概括，阐明文章论述的问题，并具有强烈的吸引力。国家标准规定：题名是以最恰当、最简明的词语反映报告、论文中最重要的特定内容的逻辑组合。因此，论文标题的拟定，应准确表达文章的主要内容，实事求是地反映出研究的范围与本研究所达到的深度。

【示例 10-1-1】

数学家杨乐、张广厚的一篇数学论文的标题《亚纯函数与其各级导数的方值》就相当简明、准确，合乎上述要求。

当一个标题过长或语意未尽时，可加副标题说明，一般可在主标题下一行用“——”（破折号）引出。

【示例 10-1-2】

数理战术学

——公理化方法在战术研究中的突破

标题拟定语言要精确、简练，高度概括地表述出论文的深刻内涵。

标题拟定要便于信息检索的分类和引证。杨乐、张广厚的上述论文的标题，不但文字简洁、准确、鲜明，更是便于读者识记和检索分类。

标题拟定长短要适当。论文题名的字数，按国家标准规定：中文题名一般不宜超过 20 个字，外文题名一般不宜超过 10 个实词。

第二，论文署名。国家标准规定，在封面和题名页上，或学术论文的正文前署名的个人作者，只限于那些参与选定研究课题和制订研究方案、直接参加全部或主要部分研究工作并做出重要贡献，以及参加撰写论文并能对内容负责的人，按其贡献大小排列名次。

署名的作用包括肯定成果的归属，便于读者与作者之间联系，同时表示作者对作品负责。

第三，论文摘要。国家标准规定：摘要是对报告、论文的内容不加注释和评论的简短陈述。摘要内容包括研究目的、研究对象、研究方法、研究结果、所得结论、结论的适用范围及意义等。其中，研究对象与结果是每篇摘要必不可缺的内容，按论文具体内容灵活编写。

摘要编写，要以简练、准确的文字将论文主要内容概括出来，不得简单重复题名中已有的信息。摘要编写要求高度浓缩，字数一般不超过正文字数的 3%～5%，如一篇 5000 字的论文，摘要以 200～300 字为宜；摘要的编写要相对完整和独立，即无须阅读正文就能获得论文最本质的要义，使读者判定有无必要去阅读全文；摘要编写要采取第三人称客观陈述，不必使用“本文”“作者”等词汇，尽量给出具体数据。

摘要分为报道性摘要、指示性摘要、报道—指示性文摘。报道性摘要一般用来反映科技论文的目的、方法及主要结果与结论，在有限的字数内向读者提供尽可能多的定性或定量信息，充分反映该研究的创新之处；指示性摘要只简要指明一次文献的论题及取得的成果的性质和水平，使读者对该研究的主要内容有一个轮廓性了解；报道—指示性文摘是以报道性摘要的形式表述一次文献中信息价值较高的部分，而以指示性摘要的形式表述其余部分。

【示例 10-1-3】

《生物武器及其未来发展》一文的摘要

摘要：综述了生物武器发展的历史、现状，并根据《禁止生物武器公约》影响的有限性，探讨了生物武器的未来发展。——摘要简明扼要，为指示性摘要。

第四，关键词。国家标准规定：关键词是由文献标引工作从报告、论文中选取出来用以表示全文主题内容信息款目的单词或术语。每篇报告、论文选取 3～5 个词作为关键词，以显著的字符另起一行，排在摘要左下方。如可能，尽量参考《汉语主题词表》。

【示例 10-1-4】

下面两篇文章的关键词：

(1)《汽车排气中铅的消除》一文

关键词：汽车、排气、铅、消除

(2)《高校图书馆的信息产业化》一文

关键词：高校图书馆、信息化、产业化

关键词是论文信息最高度的概括，是论文主旨的概括体现。因此，选择关键词必须准确、恰当，真正反映论文主旨，选择不当就会影响读者对论文的理解，也影响检索效果。首先，要认真分析论文主旨，选出与主旨一致、能概括主旨、使读者能大致判断论文研究内容的词或词组；其次，选词要精练，同义词、近义词不要并列为关键词；再次，关键词的用语必须统一规范，要准确体现不同学科的名称和术语；最后，关键词的选择大多从标题中产生，但要注意，如果有的标题并没有提供足以反映论文主旨的关键词，则还要从摘要或论文中选择。

第五，引言。国家标准规定：引言文字表述言简意赅，简要说明研究工作的目的、范围、相关领域的前人的研究工作，理论基础和分析及研究设想、研究方法和实验设计、预期结果和意义等。引言要有启发性，以开拓读者的思路；引言要有吸引力，能够吸引读者，提高阅读兴趣，酝酿读者情绪。

第六，正文。国家标准规定：正文内容包括调查对象、实验和观测方法、仪器设备、材料原料、实验和观测结果、计算方法和编程原理、数据资料、经过加工整理的图表、形成的论点和结论等。正文写作必须实事求是、客观真切、准确完备、合乎逻辑、层次分明、简练可读。

正文写作应该围绕主题取材，论证合乎逻辑，观点鲜明、正确。一个科研成果是通过实践、认识、再实践、再认识的过程形成的。论文的观点一定要统率材料，从成果完成的过程中挑出与主题有关的材料，以基本论点为中心，用材料说明论点。

科技论文正文的写作由于其理论研究的科学范畴不同，其写作方式也有异。对于实验型论文一般使用归纳法，遵循实验—分析—结论的逻辑路线；对于理论型论文一般采用演绎法，遵循理论—推理—结论的逻辑过程。

实验型论文的正文主要包括两部分：实验装置、方法和过程；实验结果及分析。实验所用装置、仪器、材料、实验条件需说明，必要时应给出实验装置的结构示意图，但不宜叙述得过于烦琐。如果实验装置或仪器是标准的，只说明其名称和型号即可。实验测试仪器的精度应予以说明，以便判断实验结果的可靠性和准确性。

实验方法和过程描述，一般按照实验进行的前后顺序来写，也可按照作者的认识过程，从感性到理性认识的逻辑顺序来安排。不宜插入实验结果和结论，否则容易造成层次不清。实验过程有成功，也有失败。一般论文中只写成功的一方面，但有必要时，也可以写失败的过程，从反面论证自己的论点。

实验结果是实验过程中所测得的数据或所观察的现象，是推出论点的依据。首先，必须准确、可靠，绝不能用推测来代替实验数据。实验中若产生反常的实验现象和结果，可在论文中加以特别说明。其次，实验结果或数据应足够充分，保证论证充分、有力，用科学的处理方法整理相关论据资料，选出最能反映事物本质的数据。实验结果可归纳为几条列出，也可用图表说明。另外，实验装置、方法、过程和结果的描述应为实验的再现性提供足够的条件和可能。

理论型论文的结论一般是由定律、定理或理论经逻辑推理而得来的，即根据定律、定理或理论，用演绎思维得出结论。如数学上的定理及其证明常见的格式为：根据已有的公理、定理，经推理证明求得新的定理。理论论文格式为：提出问题—分析问题—解决问题。

科技论文的正文结构：归纳提出命题，阐明研究方法，得出研究结果，给出明确结论。

科技论文的章条序码统一用阿拉伯数字表示，章条层次可以分为若干级，各级号码之间加一小圆点，末尾一级码不加小圆点。层次分级一般以不超过四级为宜，如图 10-1-3 所示。

第七，结论。结论是科技论文末尾的总结性文字。其目的是：便于读者查阅文献时节省时间，当读者看了论文的题目、摘要，读完结论，就可以决定是否再阅读全文；便于读者做笔记；有利于文摘专业工作者撰写摘要。内容较简单的论文，可省去结论。

结论的内容是作者对实验结果和观察所得的各种数据材料，经过去粗取精、由表及里的处理和综合分析，提炼出典型论据，构成若干概念和判断，再经过逻辑推理，形成最终的总体论点，并做出恰当评价。因此，结论的内容是进一步得出的科学论断。结论以正文论述为基础，表述更精练、完整、准确、集中、典型、有价值。结论部分有时还包括作者的建议、下一步研究工作的设想、尚待解决的问题等。

第八，参考文献。科研成果绝大部分是前人研究的继续，所以应引用参考文献。其目的是：便于查阅原始资料中的有关内容；有利于缩短论文的篇幅；表明论文有其真实的科学依据；尊重他人的劳动成果。参考文献要按文献在文章中出现的先后编注数码，依次列出。完整的参考文献写法应列出文献的作者（译文注明译著）、名称、出处、页数、出版者、出版时间、版次等，并且要按照国家标准 GB 7714-2005《文后参考文献著录规则》中规定的格式标注和著录。

小知识

国内期刊常识

学术理论类期刊是能反映国内学术水平、论点明确、论据充分，并具有创新性、探索性和较高学术价值的期刊，目前国内大约有 2397 种。学术论文只能发表在学术理论类期刊上。

我国的合法期刊分为正式期刊和非正式期刊。正式期刊也叫正规期刊，是由国家新闻出版广播电影电视总局与国家有关部委厅局在商定的权限内审批，并编入“国内统一刊号”。国内外公开发行的正式期刊具有国内统一刊号 CN 和国际刊号 ISSN，一号一刊，这是公开发行正式刊物最基本的标志。

CN 刊号标准格式是：CNXX-XXXX/X，CN 为中国的国名代码，前 2 位数字为地区代码，后 4 位数字为地区连续出版物序号，最后的字母为分类号。期刊分类法按《中国图书馆分类法（第 4 版）》的基本大类划分。

如《读者》杂志的刊号为 CN62－1118/Z，62 是甘肃省的地区代号，1118 是它的序号，Z 表示该杂志为综合类刊物。

非正式期刊是指通过行政部门审核，领取“内部报刊准印证”作为行业内部交流的期刊，不得公开发行。

非法刊物是指未经国家新闻出版管理部门批准擅自出版的刊物，具体表现有：无刊号的非法刊物；假造刊号的非法刊物；冒用刊号的非法刊物；使用境外刊号的非法刊物；完全套用其他刊物名称、刊号的非法刊物。登录国家新闻出版广播电影电视总局网站查询，或致电新闻出版主管部门，按照刊名就可以查询、核实一些期刊是否属于正规期刊。

任务2 认知毕业论文写作规范

毕业论文写作过程实际上是学生对其专业知识的学习、梳理、消化和巩固的过程。在调查研究、搜集材料、深入实际的过程中，学生可以学到许多课堂上和书本里学不到的常识和经验，从而可把所学知识理论加以梳理和总结，起到温故知新、融会贯通，将知识转化为能力的作用。所以，撰写毕业论文既要系统地掌握和运用专业知识理论，又要有一定的自我创新能力和实际操作能力。因此可以说，毕业论文能够全方位地、综合地展示和检验学生掌握所学知识的程度和运用所学知识解决实际问题的能力。

问题导入

毕业论文写作，并不神秘

经过几年大学的学习和积累，有了较深厚的专业基础知识，具备了写作论文的基础技能，只要树立信心，通过勤奋训练，就能写出好文章。要想写出内容充实、说理透彻的文章，在一篇论文的整个写作过程中，一定要做到眼勤、耳勤、笔勤、腿勤、脑勤这“五勤”。眼勤以观察，耳勤以听取，笔勤以记写，腿勤以访查，脑勤以思索。五勤齐全，即可写出好文章。

循序渐进，照章行事。朱熹曾有治学名言：“未得乎前，则不敢求其后；未通乎此，则不敢志乎彼，如是循序渐进……”学习是这样，写论文也是这样。

论文写作，一定要按照“选题—集材—研究—写提纲—撰写—修改—定稿”环节进行，形成有序的工作流程。搜集素材就是信息检索、积累资料的过程；分析材料、联系实际问题、想出办法制定措施和验证论点的过程就是研究的过程；写作则是最后的环节，遵循写作规范和要求做好充分准备，进而才可撰写论文。

毕业论文写作是学生的一个学习与科研环节，也是其知识与能力的综合展示。毕业论文的优劣直接反映学生的学习效果、对知识理论的掌握程度以及分析问题、解决问题的能力。所以，对学生来说，学习与掌握毕业论文的写作是非常有帮助的。

基础知识

围绕《科技论文写作规范》项目目标，本项任务涉及的知识内容主要包括毕业论文的写作方法、写作程序、论文的基本格式与规范要求。

1. 毕业论文的性质

毕业论文是高等学校毕业生提交，对在教师指导下独立进行科学研究所取得成果的文字记录，是学生参与社会实践活动的成果，也是检验学生掌握专业知识程度及运用所学理论展示分析问题、解决问题的综合能力的论述性文章。毕业论文有一定学术价值，也是学生学习成果的综合性总结，具有汇报和检测作用；并且具有指导性、习作性和层次性特征。

2. 毕业论文的种类

理论性论文，一种是以纯粹的抽象理论为研究对象，研究方法是严密的理论推导和科学论证，有的也涉及实验与观测，用以验证论点的正确性；另一种是以对客观事物和现象的调查、考察所得资料以及有关文献资料数据为研究对象，研究方法是对有关资料进行分析、综合、概括、抽象，通过归纳、演绎、类比，提出某种新的见解。

毕业论文按议论的性质不同分为立论文和驳论文。立论性毕业论文是指从正面阐述、论证自己的观点和主张。驳论性毕业论文是指通过反驳别人的论点来树立自己的论点和主张。

3. 毕业论文的规格

毕业论文的规格是指毕业论文的质量标准。专科学生毕业论文字数在3000～5000字，通过毕业论文大致反映作者能否运用在学期间所学到的专业知识来分析和解决本学科内某一基本问题的学术水平和能力。选题不宜过大，内容不应过多，要有一定的创见性。

4. 毕业论文的写作原则与要求

内容和形式要求是考核毕业论文成绩的基本依据之一。毕业论文写作坚持理论联系实际、科学性与专业性、继承与发展等原则，还要坚持论点新颖、论据翔实、论证严密等要求。

5. 毕业论文的写作步骤

完成毕业论文撰写大致有选择课题、研究课题两步。

第一，选题。这是撰写论文的关键。国家教育主管部门对大学生的毕业论文提出的选题途径和基本要求：理论联系实际。结合本单位或本人从事的工作提出论文题目，报所在学院审查同意后确立；也可在学校公布的论文题目中选择。毕业论文的总体要求应与普通全日制高等学校相一致，做到通过论文写作和答辩考核，检验学生综合运用专业知识的能力。因此，论文选题要结合自己的兴趣、能力，以及研究的价值、条件来确定选题方向和内容。充足的资料来源、浓厚的研究兴趣、与业务和工作实际相结合是选题和研究的重要保障。

第二，准备材料和课题研究过程。围绕选题，通过调查、实验、观察实践或者阅读文献等方法收集第一、二手资料，然后按照必要性、可靠性、新颖性、典型性、充分性原则筛选资料，去粗取精，去伪存真，保留符合选题的材料精华。所以，搜集资料是基础，研究资料是重点，明确论点和选定材料是核心。

在研究阶段，撰写论文是梳理研究过程、论证研究观点、实现课题研究的攻坚环节，是最关键的一个环节。而接下来的修改定稿则是论文的保障。论文修改一般分为酝酿构思中的修改、动笔后的修改、初稿后的修改、在教师指导下的修改，经过一系列的修改最后形成论文。

6. 毕业论文的格式

毕业论文一般由标题、摘要、关键词、正文、致谢、参考文献和附录等内容构成。标题要直接、具体、醒目、简明扼要。摘要要摘出文中要点，精练概括，放在论文的正文之前，方便读者阅读。关键词一般是文章中词频最大的 3～5 个，对论文的主要内容能够概括的主题词，用于文献的存储与计算机检索。如图 10-2-1 所示。

毕业论文的正文是毕业论文的核心内容，包括序论、本论、结论三大部分。

第一，序论。序论也叫前言、引言、导论或绪论，是论文的开头部分。主要包括：选题背景、缘由、意义，以及研究目的、范围、方法及所取得的成果；简单回顾本课题研究的历史，对本课题研究现状进行分析，简单介绍论证方法；本文基本观点、本论部分的基本内容的扼要介绍。如图 10-2-2 所示。

基于 UML 的电厂信息管理系统建模研究

摘　要　电厂作为国民经济发展的基础支柱产业之一，其生产效率直接影响着人民生活质量水平的提高，而企业的生产效率一般以数字形式体现在企业的各种生产报表中，电厂信息管理系统是快速、精确形成各种生产报表、及时给领导提供决策依据的有效手段之一。

结合企业生产综合指标的统计要求，在对生产环境数据的分布、采集特点、数据统计的复杂关系等各方面进行综合分析的基础上，采用目前国际上流行的标准建模语言 UML 作为标准，对该系统的功能需求作了详细的分析，阐述了 UML 建模的基本步骤、UML 与关系数据库的映射关系，建立了相应的用例图、类图、状态图、协作图、组件图、展开图等模型图，使系统的开发有一个合理的模型基础，满足系统的易维护性和扩充性。

关键词： 指标，UML，关系数据库，图表

图 10-2-1　毕业论文的标题、摘要和关键词部分

1 绪 论

生产效率是企业追求的一个综合指标，它代表着企业的生命力，而作为一个发电企业，日发电综合指标和月发电综合指标是体现企业效益的标准。……在系统设计方案上，我们不仅要满足基本数据处理的需求，而且要面向企业的可扩展化、规范化、集成化的高指标要求，为此，在结合企业实际生产环节的各种数据基础上，结合计算机技术的最新发展来规划和实现系统的体系化分析和设计。……

图 10-2-2　毕业论文的绪论部分

序论开头交代论文写作背景、缘由和目的意义，并开宗明义，将本文的基本观点或主要内容揭示出来，还应提示本文的论述范围，阐释题目中和文中出现的基本概念。

序论开篇要触及文章的中心，使读者了解文章的基本内容，且叙述引人入胜，抓住读者，让读者对文章产生良好的初始印象，产生阅读兴趣。序论语言应简洁、有力，文字不宜过长。

第二，本论。本论是论文的主体部分，是分析问题、论证观点的主要部分，也是代表论文研究成果和学术水平的最重要部分。本论部分最主要的内容是组织论证，以理服人。

作者要证明自己的观点正确、可信，必须围绕论点，展开充分的论证，结构严谨，条理清楚，按一定的次序来安排文章内容，体现论证效果。

毕业论文的层次可采取并列、递进或者混合式结构。并列结构围绕中心论点划分出几个按分论点平行排列的层次，分别从不同角度、不同侧面论证中心论点；递进结构对需要论证的问题，采取层层深入的结构安排，使层次之间呈现递进的逻辑关系，使中心论点得到透彻论证；混合式结构的层次关系把并列和递进式结合起来，各层次前加小标题、序码等明显标志。

观点和材料相统一。本论部分的内容由观点和材料构成，要将观点和材料有机结合起来，以观点统制材料，以材料证明观点。材料应按照各自所要证明的观点来安排，可先摆观点，后列材料，也可先列材料，再摆观点，或者边摆观点边列材料，夹叙夹议。

第三，结论。结论是论文的收尾部分，是以研究成果和讨论为前提，经过严密的逻辑推理和论证所得出的最后结论。应体现论证结果，做到首尾呼应，同时要提出对课题研究的展望及进一步探讨的问题与可能的解决途径等。如图 10-2-3 所示。

毕业论文的结论部分提出论证结果，是对全篇文章所论证内容的归纳，提出自己对问题的总体性看法和意见，还可指出进一步研究的方向，及课题研究中所存在的不足，为他人继续研究指明方向、提供线索。致谢，即写在结论部分的后面，向在本篇文章的撰写过程中曾给予自己帮助的人表示谢意。如图 10-2-4 所示。

结 论

全球化是当今国际经济发展的基本趋势，世界经济体制发生了重大变化，越来越多的国家开始接受国际贸易共同的游戏规则，实行金融自由化和贸易自由化政策；再加上科学技术的飞速发展，特别是交通、通信技术的突飞猛进，都使经济全球化的进程大大加快。中国企业的伦理理念不仅受到进入中国市场的跨国企业伦理文化理念的影响。因此，关注全球化及其对中国企业商业伦理发展的影响，反思如何在全球化的实践中既增进共识，维系合作与稳定，从而在反思与探讨中国特色的商业伦理体系建设过程中增强中国企业对外竞争力和对内凝聚力。

首先，必须明确企业的利润目标与社会责任之间的关系问题。只有明确了两者之间的关系，中国企业在走向全球化的过程中才能正确处理普遍伦理和文化多样性的关系或全球化与本土化冲突、人类整体与企业发展的冲突、国际经济规则和市场秩序的冲突、企业利润与社会责任的冲突、全球化与民族文化认同危机等价值冲突与矛盾关系。

其次，全球化是一种对世界越发成为一个整体意识的强化，与不同文化间的冲突与融合共生。全球化的影响涉及到经济、政治、文化、社会等方方面面，使得人们在日常生活中形成并遵守的规范、习俗、交往方式和互动模式这一文化形态由于受到外来文化(表现为全球化文化的扩张)的影响而发生变化。

图 10-2-3　毕业论文结论部分

第四，尾注。尾注包括注释和参考文献，即把撰写论文过程中研读并参考过的一些主要文献列在文后。一般规定，毕业论文使用参考文献应不少于 5 项。

致　谢

三年的学习生活即将结束，在毕业论文完成之际，谨向指导、关心、帮助过我的老师、同学、家人和朋友表示诚挚的感谢。

首先我要衷心感谢我的导师××× 教授。在我上学期间，老师一直在学业、生活等方面给予我关心、指导、帮助和鼓励，我的每一点进步都离不开他。他丰富渊博的理论知识，严谨的治学态度，一丝不苟的工作精神，注重理论和实践相结合的科研作风，使我在学业和人生方面都受益匪浅，各方面都得到了很大的提高，在此我深深的表示感谢和祝福。

在论文写作期间，与同年级的×××，×××，×××等同学共同学习和讨论问题，使我的知识面更加丰富，视野更加宽广。同时他们对我的论文提出了一些宝贵的修改意见，使我能够顺利完成论文，在此表示衷心的感谢。

感谢我的父母和朋友不断给我鼓励和关怀，他们的呵护与支持是我求学的动力和源泉，给我追寻梦想的勇气和信心。

最后，衷心感谢论文评审委员会的各位老师对我论文评阅付出的辛勤工作。

图 10-2-4　毕业论文致谢词

注释是对论文某一特定内容的解释或说明，一般能在文中加圆括号注释的，尽量不单独列出。不随文列出的注释用阿拉伯数字连续编码，用①、②、③……标注在需要注释的词、词组或文句的右上角。

小知识

期刊的级别

现在国内期刊一般分为“核心期刊和普通期刊”两类。按照期刊审核主管部门的级别分为省级期刊、国家级期刊。按照期刊文献的集中与分散规律和期刊的“核心效应”，根据布拉德福定律以及引文率集中度等相关参数，分为核心期刊和非核心期刊。

省级期刊指由各省、自治区、直辖市及其所属部、委办、厅、局主办的期刊以及由各本、专科院校主办的学报（刊）。如陕西省教育厅主办的《陕西教育》。

国家级期刊指由国家部委、全国性团体及组织、机关、学术机构主办的刊物。如中华全国商业信息中心主办的《现代商业》。

核心期刊：目前国内有7大核心期刊（或来源期刊）遴选体系，凡是以下来源期刊目录里包括的刊物均可认定为核心期刊：

北京大学图书馆“中文核心期刊”；南京大学“中文社会科学引文索引（CSSCI）来源期刊”；中国科学院文献情报中心“中国科学引文数据库（CSCD）来源期刊”；中国科学技术信息研究所“中国科技论文统计源期刊”（又称“中国科技核心期刊”）；中国社会科学院文献信息中心“中国人文社会科学核心期刊”；中国人文社会科学学报学会“中国人文社科学报核心期刊”。

任务3 毕业论文格式案例

大学生面临毕业的时候，文科学生必须撰写毕业论文；理工科的学生一般是搞毕业设计或者毕业实验，撰写设计报告或者实验报告。这些论文和报告都是科技论文的重要内容。根据不同的学科和专业要求，按照科技论文的基本格式撰写或者编写科技文献是十分重要的学习环节。

1. 案例陈述

完整的毕业论文，包括论文封面、开题报告、论文任务书、论文正文、论文目录、致谢、相关说明。

一般来说，毕业论文封面上必须注明题目、学院、专业、姓名、学号、指导教师等，这些都是毕业论文的基本信息。下图示例的论文的前置部分，包括题目、摘要、关键词，如图10-3-1所示。

全球化时代下中国企业的商业伦理研究

摘　要

全球化是一种以经济为先导、以价值观为核心、以政治为辅成、以广义文化为主体的社会合理化与一体化浪潮。20世纪七八十年代，随着全球化浪潮的不断深化，企业经营理念发生了很大的改变，商业伦理的国际化趋势也越来越明显。企业的伦理观不仅影响企业的生存和发展，而且还关系到整个国家和民族的形象，因此，面对其他国家重视商业伦理建设的现实，中国企业更应该通过商业伦理建设来提升自己的竞争力，只有这样，中国企业才能在激烈的国际竞争中求得生存和发展。

本文是从阐释商业伦理的基本理论知识入手，系统地介绍了国内外商业伦理的发展、现状及问题，着重探讨了全球化浪潮对西方发达国家企业的伦理观以及对中国企业的影响，详细地介绍了一种比较认可的商业伦理问题分析方法——利益相关者分析方法，通过一个典型案例解析如何运用利益相关者分析方法分析伦理问题。最后，针对当前中国企业商业伦理发展的现状以及存在的问题和不足，从政府、企业、学校科研机构三个角度探讨了如何构建中国特色的商业伦理体系。

关键词：全球化中国企业商业伦理

图10-3-1　毕业论文前置部分示例

2. 案例分析

大学生要写好毕业论文，首先要明白为什么写毕业论文，其次要清楚毕业论文写什么内容，再次是如何写好毕业论文，最后就是本人的毕业论文应如何写。如果明白了这四点原则并做好相应准备，就能写出一篇完整、优秀的毕业论文。

通过检索题名获取“全球化时代下中国企业的商业伦理研究”全文，分析其结构和研究内容等，“全球化时代下中国企业的商业伦理研究”这篇论文符合大学生毕业论文的格式，其结构是规范的。

思考练习：科技论文写作规范

▶知识掌握

1. 什么是科技论文？
2. 简述科技论文的特点。
3. 简述科技论文的基本格式。
4. 简述科技论文的类型。
5. 简述科技论文的写作要求。
6. 简述科技论文的构成要素。
7. 什么是毕业论文？
8. 简述毕业论文的种类。
9. 简述毕业论文的写作步骤。
10. 简述毕业论文的格式规范。

▶知识应用

1. 通过《中文科技期刊数据库》检索、下载一篇本专业的科技论文，按照科技论文的基本格式和写作规范与要求，分析其结构是否符合规范，写出分析报告。

2. 通过万方数据《中国博硕士论文全文数据库》检索并下载一篇本专业的硕士论文，按照毕业论文的基本格式和写作规范与要求，分析其结构是否符合规范，写出分析报告。

▶专题实践

写作要求：

1. 模拟写作科技论文。根据本人在大学几年的学习与实践，结合本项目的学习内容，写一篇符合科技论文规范的关于本专业相关知识的科技论文，不少于2500字。

2. 模拟写作毕业论文。按照毕业论文的选题、计划、搜集资料、写作等过程，以及毕业论文的规范格式与要求，模拟写作本人的毕业论文，毕业论文不少于5000字。

参考文献

[1] 朱俊波，张静．信息检索与论文写作［M］．成都：西南交通大学出版社，2010.
[2] 贺霞等．信息检索与实践［M］．北京：人民邮电出版社，2010.
[3] 许忠锡，等．信息检索与利用新编教程［M］．杭州：浙江大学出版社，2007.
[4] 陈茁新．信息检索与利用实用教程［M］．北京：国防工业出版社，2011.
[5] 伍雪梅．信息检索与利用教程［M］．2 版．北京：清华大学出版社，2014.
[6] 梅松华．现代应用文写作［M］．北京：北京交通大学出版社，2006.
[7] 吴慰慈，董焱．图书馆学概论［M］．修订版．北京：北京图书馆出版社，2002.
[8] 袁学松，宋雯斐．现代信息检索［M］．北京：中国水利水电出版社，2007.
[9] 谢灼华．中国图书和图书馆史［M］．武汉：武汉大学出版社，2005.
[10] 张三夕．中国古典文献学［M］．武汉：华中师范大学出版社，2003.
[11] 潘振宽．现代教育技术［M］．济南：山东大学出版社，2008.
[12] 国家图书馆《中国图书馆分类法》编辑委员会．中国图书馆分类法［M］．5 版．北京：北京图书馆出版社，2010.
[13] 中国国家图书馆联机公共目录查询系统 http://opac.nlc.gov.cn/F/
[14] 中国知网 http://www.cnki.net/
[15] CALIS 联合目录公共检索系统 http://opac.calis.edu.cn/opac/simpleSearch.do
[16] eduChina 高等教育数字图书馆 http://www.calis.edu.cn/educhina/pages/portal.jsp
[17] 上海图书馆目录检索系统 http://ipac.library.sh.cn/ipac20/ipac.jsp?
[18] 中华人民共和国国家知识产权局 http://www.sipo.gov.cn/
[19] 万方数据知识服务平台 http://www.wanfangdata.com.cn/
[20] 维普期刊资源整合服务平台 http://lib.cqvip.com/
[21] 超星发现系统 http://www.chaoxing.com/
[22] 工业标准咨询网 http://www.csres.com/